中华经典名著·新华哲学丛书

品悟论语

段文洋◎编著

新华出版社

图书在版编目（CIP）数据

品悟《论语》/ 段文洋编著.
北京：新华出版社，2024.12.
ISBN 978-7-5166-7778-0

Ⅰ. B222.2

中国国家版本馆 CIP 数据核字第 2024MB1674 号

品悟《论语》

作者：段文洋

出 版 人：匡乐成	出版统筹：沈　建　王永霞　赵怀志
责任编辑：徐文贤	封面设计：刘宝龙
特约校对：许晓徐	编辑邮箱：xuwenxian@vip.qq.com
出版发行：新华出版社有限责任公司	
（北京市石景山区京原路 8 号　邮编：100040）	
印　　刷：河北鑫兆源印刷有限公司	

成品尺寸：145mm×210mm 1/32	印张：12.5　字数：360 千字
版次：2025 年 1 月第 1 版	印次：2025 年 1 月第 1 次印刷
书号：ISBN 978-7-5166-7778-0	定价：58.00 元

版权所有·侵权必究
如有印刷、装订问题，本公司负责调换。

微店

视频号小店

抖店

京东旗舰店

扫码添加专属客服

微信公众号

喜马拉雅

小红书

淘宝旗舰店

序 言

　　文化自信是一个国家、一个民族对自身文化价值的充分肯定，是对文化生命力的坚定信念。文化自信是支撑道路自信、理论自信、制度自信、历史自信的基础，是更基本、更深沉、更持久的力量。弘扬中华优秀传统文化，要坚持"创造性转化、创新性发展"。要坚持把中华优秀传统文化、革命文化、中国特色社会主义先进文化相融合相统一。《论语》是中华优秀传统文化经典，蕴含着深邃的思想、崇高的道德和无尽的智慧，是中华民族思想道德文化的主要源泉，对中国乃至世界文化发展影响深远。在某种意义讲，《论语》可以说是中华民族的家训。

　　《论语》共二十篇。初看好像由不相关联的语录构成，实则为环环紧扣的系统学说，素有"半部《论语》治天下"的美誉。它是一本教科书，从"学而"篇到"尧曰"篇，由浅入深，循序渐进，系统阐述了为学、为人、为事、为政等大道真理。细细品味，可使人们对古老"大同社会"和现代"共产主义"理想以及"人类命运共同体"的构想更进一步理解和认识。

　　各个时期的学者对《论语》的研究作品数不胜数，然而这本《品悟〈论语〉》却独树一帜，拥有独特的视角与深刻的洞察力。作者段文洋立足现实，经过十余年的研究整理，注重把"仁政"思想与"为民"

理念相结合，把德治礼治与依法治国相结合，把"学者为己"与"学习强国"相结合，把"子罕言利"与"资本论"相结合等。特别是在解读过程中，结合时代要求，运用马克思主义立场观点，对历史史料再认识、再总结、再升华，对《论语》章句进行系统分析研究并创造性转化，使《论语》所表达的思想与现代社会经济文化发展、治国理政的时代价值相融合，起到了以古为鉴，以古为源，古为今用的价值作用。

《品悟〈论语〉》分导语、原文、注释、译文、解读、品悟六个部分。由浅入深，易学易懂，可作为不同层次学生、教师学习理解"第二个结合"的参考读物和广大党员干部理论学习，提升修养的辅助教材。

是为序。

王杰

2024 年 12 月 20 日

序言作者系中央党校（国家行政学院）教授、博士生导师、中国实学研究会会长、曲阜论语研究会名誉会长

目 录

学而第一 / 1

为政第二 / 15

八佾第三 / 34

里仁第四 / 55

公冶长第五 / 74

雍也第六 / 96

述而第七 / 118

泰伯第八 / 144

子罕第九 / 159

乡党第十 / 181

先进第十一 / 200

颜渊第十二 / 221

子路第十三 / 241

宪问第十四 / 263

卫灵公第十五 / 294

季氏第十六 / 323

阳货第十七 / 337

微子第十八 / 358

子张第十九 / 368

尧曰第二十 / 387

后 记 / 392

学而第一

> **导　语**

　　《学而》篇是《论语》的开篇之作。《论语》篇名一般取于对应篇章的前二三个字。《学而》篇共 16 个章节，内容主要涉及学习的意义、内容、方法和目标等。人生从学习开始，终身不辍，才能走在时代前列。

> 子曰:"学而时习①之,不亦说乎?有朋自远方来,不亦乐乎?人不知而不愠②,不亦君子③乎?"

【注释】① 时习:时,常常,终身。朱熹在《四书集注》一书中把"时"解释为"时常"。"习",含有温习、实习、练习的意思,也可以理解为实践。 ② 愠:恼怒,怨恨。 ③ 君子:指有道德、有文化、有地位的人。具有高尚人格的人可称为君子。如现在所说的共产党员、先进分子、道德模范等德高望重的人。

【译文】孔子说:"学习并实践着,不是很愉快吗?有志同道合的人从远方来谈经论道,相互交流,不是很令人高兴的吗?别人不了解自己,也不怨恨、恼怒,不也是一个有德行的人吗?"

【解读】☞ 学而时习　不亦乐乎

　　学习是快乐的源泉,这种快乐非同一般,是发自内心深处永恒的,持久的愉悦,比那些简单的说笑和无事闲聊更有意义。学习蕴含了快乐人生、和谐人生、君子人生、理想人生。学习能使人开阔视野,壮大胸怀,提升境界;学习能使人与圣贤为伍,与天地共语,与万物和谐;学习能使人立身行道,乐以忘忧,永不言败;学习能使人成为一个高尚的人,一个纯粹的人,一个脱离低级趣味的人,一个有益于社会的人,即成为一个真正的君子。

　　古今中外,人们对学习十分重视。老子云:"为学日益";孔子曰:"学而时习之,不亦乐乎";《荀子·劝学》中讲:"学不可已矣";马克思认为:"在科学上没有平坦的大道,只有沿着陡峭山路攀登的人,才有希望达到光辉的顶点";列宁讲过:"我们一定要给自己提出这样的任务,第一是学习,第二是学习,第三还是学习";毛泽东同志提出:"好好学习,天天向上"等。可见在中华优秀传统文化及世界文化中对学习重要性和必要性的认识是何等深刻!

【品悟】学习是开启人生智慧的金钥匙,是通向理想彼岸的好途径。宋代学者朱熹认为学习是"入道之门,积德之基"。

有子①曰:"其为人也孝弟,而好犯上②者,鲜矣;不好犯上,而好作乱者,未之有也。君子务本③,本立而道④生。孝弟也者,其为仁之本⑤与!"

【注释】① 有子:孔子的学生,姓有,名若。② 犯上:犯,冒犯;上,指在上位的人。③ 务本:务,专心、致力于。本,根本。④ 道:在中国古代思想里,道有多种含义。此处的道,指孔子提倡的仁道,即以仁为核心的人生观、价值观和世界观,以及这些思想在现实生活当中的具体体现。简单地讲,就是治国做人的基本原则。⑤ 为仁之本:仁是孔子伦理道德准则。为仁之本,即以孝悌作为仁的根本。还有一种解释,认为古代的"仁"就是"人"字,为仁之本即做人的根本。

【译文】有子说:"孝顺父母,尊敬兄长,却喜欢冒犯上级,这种人是很少的;不喜欢触犯上级,却喜欢造反,这种人从来没有过。君子是专心致力于根本的,根本建立了,道就会产生。孝顺父母,尊敬兄长,这就是仁的根本啊!"

【解读】☞ 孝弟者也　为仁之本

学习学什么呢?学习为人之道,这是学习的首要目标。何为人呢?孔子说"仁者,人也",意思是"仁就是人"。仁的首要表现是孝悌,这是做人的根本,所以学习孝悌是做人的开始。为什么这样说呢?有若认为:一个人如果能够在家中对父母尽孝,与兄弟和谐,那么他就不会犯上作乱,因为父母兄长都是身居上位的,在家能敬爱父母,在外就能敬仰国君,敬仰国君就可以对国家尽忠,这是一种家国情怀。家是最小国,国是千万家。

【品悟】孝者知根,弟者知仁,孝弟皆知,人之道也。

子曰:"巧言令色①,鲜矣仁!"

【注释】① 巧言令色：朱熹注曰"好其言，善其色，致饰于外，务以说人"。巧和令都是美好之意。但此处应释为伪装出和颜悦色的样子。

【译文】孔子说："花言巧语，伪装出和颜悦色的样子，这种人很少有仁爱之心。"

【解读】☞ 花言巧语　鲜以为仁

儒家崇尚质朴，反对花言巧语，主张说话应谨慎小心，言而有信，先做后说，反对说话办事随心所欲，只说不做。孔子主张"先行其言，而后从之"。空话浮言、心口不一反映了内心不仁。所以，做人要从学习说话开始，要说真话，办真事；说好话，办好事。这种务实态度和质朴精神对中国人的生活习惯和人生态度产生了深刻影响，成为中华传统思想文化中的精华。

【品悟】巧言者，言不由衷；令色者，内恶外善。两面之人不可为。

曾子①曰："吾日三省②吾身：为人谋而不忠③乎？与朋友交而不信④乎？传不习⑤乎？"

【注释】① 曾子：姓曾，名参，字子舆，生于公元前505年，鲁国人，孔子得意门生，以孝出名。② 三省：省，检查、察看。三，表示多次的意思。③ 忠：尽己之能谓之忠。④ 信：信者，诚也。⑤ 传不习：传，受之于师谓之传，教之与人谓之授。习，与"学而时习之"的"习"字一样，泛指实践等。

【译文】曾子说："我每天多次反省自己：为人做事是否尽心竭力了呢？同朋友交往是否诚实守信了呢？老师传授的学业是否践行了呢？"

【解读】☞ 三省吾身　修身良法

学习的方法很多，但把学习与实践结合起来是最佳之法。曾子讲的"省"

就是思考和感悟，是把所学之道与具体的实践结合起来的一种方法。如"与人谋"，"与朋友交"，"传不习"等具体的方面，再由具体方面扩充到更广大的范围。

"三省吾身"，就是要经常检视自己，完善自己在某种程度上可以说就是"自我革新"或"改过自新"。

【品悟】"三省吾身"乃自我反省和自我革命。加强自身建设是战胜一切困难的法宝。

子曰："道①千乘之国，敬事而信，节用而爱人，使民以时②。"

【注释】① 道：本或作"导"，动词用法。这里是治理的意思。② 使民以时：时，指农时。农耕时代以农业为主，要使百姓按照农时耕作与收获，如果行劳役不能影响百姓的作业。

【译文】孔子说："治理一个拥有一千辆兵车的国家，要严守规矩，公事公办，恪守信用，诚实无欺，要节俭爱民，役使百姓要在农闲时间。"

【解读】☞ 敬事爱民　仁之政也

执政者应严肃认真地办理国家各方面事务，恪守信用；节制用度，爱护大众；尊重百姓，役使百姓应注意不误农时等。这是治国安邦的基本点。现代社会的国家治理，越来越重视民意了。在治理国家的过程中常把民意放到重要位置。在中华优秀传统文化中，"民本"思想早已存在。

马克思主义诞生以后，"饥寒交迫的奴隶"站了起来。世界进入了新的发展时期，共产党人成了全世界人民的大救星。在世界东方，中国共产党领导中国人民高举马克思主义旗帜并把马克思主义基本原理与中国具体实际相结合，完成了中国社会主义革命的根本任务、进行了中国特色社会主义建设和改革开放的伟大实践，中国人民实现了从站起来、富起来到强起来的伟大飞跃，中国特色社会主义进入了新时代。中国共产党取得如此巨大成就的根本原因就是中国共产党在马克思主义指导下，始终把人民放在心中的最高位置。

【品悟】心中有敬，万事可能；言而有信，可得民心；节用财货，可以惠民；使民以时，百姓不伤，民心向上。上下一心，则国可治也。

子曰："弟子①入则孝，出则弟，谨而信，泛爱众，而亲仁，行有余力②，则以学文③。"

【注释】① 弟子：一是指年纪较小的人；二是指学生。② 行有余力：指有闲暇时间。③ 古代文献知识。

【译文】孔子说："弟子应该在家孝顺父母，出门尊敬师长，言行谨慎则诚实可信，博爱大众，亲近有仁德的人，这样躬行实践后，有剩余时间，就再去学习文化经典。"

【解读】☞ 行有余力　则以学文

孔子要求弟子们首先要致力于孝悌、谨信、爱众、亲仁，培养良好的道德观念和道德行为。如果还有闲暇时间和余力，则用以学习古代典籍，增长文化知识。这表明，孔子的教育思想是以德教为中心，重在培养学生的德行修养。他把对亲人的孝敬作为培养仁爱思想的起点，由近及远，由此及彼，拓展仁德，并通过"行有余力，则以学文"的努力，巩固仁爱提升自我，把大爱根植于人的内心，用于治国平天下的实践。

【品悟】在家行孝，出门守悌，与人有信，为事谨慎。有余学文，可以固仁。

子夏①曰："贤贤②易③色；事父母，能竭其力；事君，能致其身④；与朋友交，言而有信。虽曰未学，吾必谓之学矣。"

【注释】① 子夏：姓卜，名商，字子夏，孔子的学生，比孔子小44岁，生于公元前507年。孔子死后，他在魏国宣传孔子的思想主张。② 贤贤：第一个"贤"字作动词用，尊重的意思。贤贤即尊重贤者。古时候没有动词、名词之说，但人们心中知道这个字在这里如何用。③ 易：有两种解释；一是改变的意思，此句即为尊重贤者而改变好色之心；二是轻视的意思，即看重贤德而轻视女色。有人这样理解，说孔子对女性不重视，其实不然。这里的"色"是脸色，脸色代表着你高兴不高兴，高兴了脸色就好，不高兴脸色就不好。这里的意思：见到了有贤能的人就自然表现出高兴的脸色。④ 致其身：致，意为"尽全力"。

【译文】子夏说："一个人在见到贤德者时能表现出尊敬的态度；侍奉父母，能够竭尽全力；服侍君主，可以为其献出自己的生命；同朋友交往，说话诚实可靠。这样的人，虽说没有学习文化，我一定说他已经学习过了。"

【解读】☞ 贤贤易色　可谓学矣

　　子夏是一个教育家，曾在魏国创办学校。这句话的意思：有的人虽然没有上过学，但他的做法和想法与上过学的一样，甚至比上过学的还要高一个境界。从古至今，社会上不缺乏这样的人：没有文凭但有水平，没有地位但有权威，没有权力但有能力。有的人没有上过一天学，但他懂得孝道，懂得诚信，懂得忠诚。忠孝诚信，这是做人的基本品质。有的人上过学，学历还不低，但却丧失了做人的基本品质。从古至今，人们一直认为：学习的目的就是要做一个真正的人。如果一个人学习了一辈子还没有做到"忠""信""仁""孝"，那么这种人等于没有真正地懂得学习意义，这是令人伤感的。有人受西方价值观的影响，片面追求所谓"个性""自由"等，从而淡化了中华优秀传统思想的精华，这是非常有害的。

【品悟】事父竭力，事君致身，交友有信，礼在其中。

> 子曰:"君子①不重②则不威,学则不固③,主忠信④。无友不如己⑤者。过则勿惮⑥改。"

【注释】① 君子:有道德的人。犹如当今的真正的共产党员。② 重:庄重、自持。③ 学则不固:有两种解释,一是与上句相连,所学也不巩固;二是好学才不会顽固、鄙陋。④ 主忠信:以忠信为主。⑤ 无友不如己:无,一说同"毋","不要"的意思;一说没有。不如己,一般解释为不如自己。意思是没有一个朋友不如自己,每个人身上都有自己应学习的东西,以示谦虚好学。这样解释更符合孔子的思想。⑥ 惮:害怕、畏惧。

【译文】孔子说:"君子不庄重就没有威严,所学也不会巩固;为人要以忠信为主。没有朋友不如自己(结交的朋友都有自己的闪光点)。有了过错,就不要怕改正。"

【解读】 ☞ 过则勿惮改

君子要庄重,要谨言慎行,严守规矩,善于改正错误。因为君子是先进者的代表,其一言一行代表着先进的力量和形象,代表社会前进的方向。这种庄重表现在言行举止、学习态度、结交朋友、有过能改等各个方面,是当时社会的榜样。中国共产党是中国人民心中的君子。所以,我们共产党员要为人民树立榜样,要在这四个方面加强修养,特别是在对待错误和过失的态度方面,要做到"过则勿惮改"。这样才能保证共产党员的先进性。

【品悟】 庄重则不轻言陋行,忠信则诚而有敬,改过则日日有进。

> 曾子曰:"慎终①追远②,民德归厚矣。"

【注释】① 慎终:人死为终。这里指父母的去世。也可泛指所有人。② 追远:追思,思念。远,指祖先、逝者。

【译文】曾子说:"慎重办理丧事,追思先人厚德,民众的德行就会归于忠厚淳朴。"

【解读】☞ 慎终追远　民德归厚

孔子提倡孝道，"孝"包括对生者的孝顺和对死者的追思。大多数时候人们只考虑在世时的孝，但夫子不仅考虑在世时候的孝，而且考虑到去世之后的孝。本章重点讲述去世后的孝。死后之孝在于谨慎地办理丧事和葬后的守孝追思。"慎终追远"是对生命的敬畏，是对人生的思考。人死后，虽然身体已不在，但其思想、精神尚存，其事业或目标尚未完成。每一个人活着的时候对周围的人和事都可能产生过影响，或是正面的，或是负面的。只要认真地去分析他的一生，对后人总会有所启发。如果有益，我们发扬；如果无益，则以此为教训。"慎终"和"追远"对活着的人都是一种学习和借鉴，也是对同类的一种尊重。这种做法可使我们能更加慎重地对待人生，珍爱生命。

【品悟】 先人之志，在于传承。德厚则长，德薄则短。社稷近远，归于长短。

> 子禽①问于子贡②曰："夫子③至于是邦④也，必闻其政，求之与，抑⑤与之与？"子贡曰："夫子温、良、恭、俭、让以得之。夫子之求之也，其诸异乎人之求之与？"

【注释】① 子禽：姓陈，名亢，字子禽。孔子的学生。② 子贡：姓端木，名赐，字子贡，卫国人，是孔子的弟子，善辩，富商，儒商的鼻祖，春秋著名的商业家。③ 夫子：古代对君子的尊称，指孔子。孔子曾为鲁国的司寇，学生们称他为"夫子"。后来，因此而沿袭以称呼老师。《论语》书中所说的"夫子"，大多是指孔子。④ 邦：指当时的诸侯国。⑤ 抑：还是。

【译文】 子禽问子贡说："老师到了一个国家，总是能知道这个国家的各种政事，这是他自己求得呢，还是那些国家人们告知他的呢？"子贡说：

"老师靠温和、善良、恭敬、节俭、谦让得来的。他获得的方法,和别人获得的方法,不相同吧?"

【解读】☞ 深入实际　必闻其政

只有守礼才能与人民融为一体,才能听到人民的呼声,才能真正了解社情民意。要治理好一个地方必须知道这些基本信息。在当时,由于交通通信的局限,一般官员需要花费大量时间才能了解这些情况,但是孔子总是在短时间内了解了详细情况。得到这些信息的办法就是他一切以礼而为,礼的表现:温和、善良、恭敬、俭朴、谦让这些具体的品格。例如,温和,才能平易近人,了解事物的真实情况;善良,没有恶意,不会伤害人,人愿意主动结交这样的朋友,反映实情;恭敬,是一种认真的态度,能得到人的信任;俭朴,体现一个人的淳朴本质,受人敬重;谦让,先人后己,得到尊重。这些优秀的品质是我们现代人应该学习和借鉴的。

【品悟】知行合一,可得民心。深入实际,可适时宜。平易近人,可见民情,可知民意。

子曰:"父在,观其①志;父没,观其行②;三年③无改于父之道④,可谓孝矣。"

【注释】① 其:子女。 ② 行:指行为举止等。 ③ 三年:多年,不一定仅指三年的时间。 ④ 道:善道,合理志向,心愿。

【译文】孔子说:"父亲在世的时候,要观察子女的志向;父亲去世后,要考察他的德行;多年不改父母的善德善行,就算是守孝道的人了。"

【解读】☞ 子承父志　忠孝者也

所谓孝,不仅表现在如何对待活着的亲人,而且表现在如何对待去世亲人的态度上。"无改于父之道"是孝的重要内容。"父之道"是指"正道""善道"以及父辈对后人的期望,而不是歪门邪道。我们所讲的"子承父志"或"子承父业"，不可理解为父母所从事的职业，而应理解为父辈对后人的期望。每个父母都希望子女成为对社会有用的人才，成就一番事业，过上幸福生活，这才是真正的"父之志"。少年时，也许不知父母的良苦用心，等到将来的某一天，父母不在时方才明白父母的一片好心。"三年不改"表现了对父母意愿的尊重和坚守，更能反映子女对父母的感恩之情。本章的意义在于不忘父母，不愧父母，以显父母的大义之举。

【品悟】生前之孝是谓养，终后之孝是谓念。生之孝易，终之孝难。

有子曰："礼①之用，和②为贵。先王之道③，斯为美。小大由之，有所不行。知和而和，不以礼节④之，亦不可行也。"

【注释】① 礼：既指《周礼》，礼节、仪式，也指人们的道德规范。② 和：调和、和谐、协调。③ 先王之道：指尧、舜、禹、汤、文、武、周公等古代帝王的治世之道。④ 节：约束。

【译文】有子说："礼的作用，以万物和谐为贵。过去圣明君主的治世之道，可贵之处就在这里。小事大事都应依礼而行。如行有不通时，为了和谐而和谐，不用规矩来约束，也是不可行的。"

【解读】☞ 礼之用　和为贵

礼的作用和意义在于"和"。"和"是儒家所特别倡导的原则。什么叫"和"？《中庸》中有关和的解释："喜怒哀乐之未发谓之中，发而皆中节谓之和。""和"就是适当、恰当、正好，是表示做人做事要把握分寸，恰到好处。和是有原则的，不是得过且过。

【品悟】礼之用在于和。天地之和万物有，人生之和福禄寿，社会之和可得久。世界之和民之求。

> 有子曰:"信近于义①,言可复②也。恭近于礼,远耻辱也。因不失其亲,亦可宗③也。"

【注释】① 义:道义。② 复:实践的意思。朱熹《四书集注》云:"复,践言也。"③ 宗:主、礼的根本。

【译文】有子说:"所守的约言符合义,(符合于义的)话才能践行。恭敬于人,态度合乎于礼,才能远离耻辱。依仁德才能不失亲人朋友及天下人,这样才是礼的根本。"

【解读】☞ 心存仁德 远耻辱也

言行一致可谓信,意思是说话算话,说到做到。如果答应别人的事是合乎道义的,我们可以去做;如果不符合道义,就不能去做。"言可复也",意思是:不符合义的话不能讲,不符合义的事不能做,做了也不是"信"而是"贼"。"恭"是对人表示敬意和尊重的礼法和态度;"恭"讲究适度,过度的恭维就有点谄媚和讨好别人了。"不失其亲"指不失"仁"这个根本,孔子讲过"泛爱众,而亲仁",这里的"亲"指"亲仁",即不能离开仁。这才是礼的宗旨,也是弘扬礼的态度和方法。

【品悟】忠信恭敬,仁义之行,依礼而行,耻辱远矣。

> 子曰:"君子食无求饱,居无求安,敏于事而慎于言,就①有道②而正③焉,可谓好学也已。"

【注释】① 就:靠近、看齐。② 有道:指有道德或有才艺的人。③ 正:匡正、端正。

【译文】孔子说:"君子饮食不求饱,居住不要求安逸,做事勤勉,说话小心谨慎,到有道的人那里去匡正自己,这样可以说是好学了。"

【解读】☞ 君子求道不求食

　　君子是知书达礼，具有一定社会地位的人。他们在社会生活中起着表率作用和引领作用，君子之风可以带动民风，民风就是社会之风。所以孔子认为君子除了物质追求以外，更重要的是精神追求。人类社会发展的动力来源于精神，而精神领域的追求比物质的追求更难。精神领域的追求虽然看不见，但是精神上的满足更能增强人们的获得感和幸福感。所以，古今中外，人们对在思想领域作出重大贡献的伟人无不表示深深的敬仰。

【品悟】 物质上先人后己，精神上向上看齐，工作上追求优秀。孜孜以求，向善向上，此为君子之风。

　　子贡曰："贫而无谄①，富而无骄，何如？"子曰："可也。未若贫而乐②，富而好礼者也。"子贡曰："《诗》云，'如切如磋，如琢如磨③'，其斯之谓与？"子曰："赐④也，始可与言《诗》已矣，告诸往而知来者。"

【注释】 ① 谄：意为巴结、奉承、谄媚。② 贫而乐：虽贫穷却快乐。③ 如切如磋，如琢如磨：相互学习，取长补短。④ 赐：子贡之名。

【译文】 子贡说："贫穷而不谄媚，富有而不骄傲，怎么样？"孔子说："这也不错了。但总不如虽贫穷却乐于学习修道，既富裕而又谦让好礼。"子贡说："《诗经》上说，'如切如磋，如琢如磨'，就是讲的这个意思吧？"孔子说："赐呀，现在可以与你谈论《诗经》了，告诉你一件事，你能有所发挥，举一反三了。"

【解读】☞ 如切如磋　如琢如磨

　　孔子希望他的弟子及天下百姓都能通过学习和交流提高思想认识，开拓人生的境界，实现人生的理想。在人生道路上，一般人通过学习可以做到"贫而无谄，富而无骄"。但孔子对弟子们的要求更高，他认为"贫而乐，富而好礼"是人生的更高境界。他希望弟子们都能达到这样的标准。

【品悟】贫富之别,自古皆有。莫因贫困而降志辱身,莫因富贵而骄奢淫逸。相互学习,互相进步才是正道。

子曰:"不患①人之不己知,患不知人②也。"

【注释】① 患:忧虑、害怕。 ② 人:为人之道,为人之本;在此也可以引申为认识世界。

【译文】孔子说:"不怕人们不了解自己,只怕自己不了解别人。"

【解读】☞ 人之所患　在于无知

　　学习的目的不是为了出名,而是为了认识世界。只有认识世界的本质规律,才能处理好人与人、人与自然、人与社会的关系,从而达到和谐共进,天下大同的理想之境。老子说过"知人者智,自知者明",其意是告诉人们:认识人和世界,可称为"智",认识自己可称为"明"。但是,在现实社会中,能够认识外部世界的大有人在,但是能够认识自己的人却为数不多。所以古今中外的哲人们总在强调:人要认识自己,因为只有认识自己,人生才会有正确的方向和目标,人们才会摆正自己在社会中的位置,充分发挥自己的作用,从而达到改造世界,造福人类的目的。

【品悟】知人者智,自知者明。知人知己,方可成人。

为政第二

导 语

《为政》篇共 24 章。本篇是承接第一篇的,主要阐述学习的最终目的是修身、齐家、治国、平天下。为政的意思是"正己、正人、正社会风气、立江山社稷"等。

子曰:"为政以德①,譬如北辰②,居其所③而众星共④之。"

【注释】 ① 为政以德:为政,修养自己和治理国家;以,用;以德,以德而治。 ② 北辰:北极星。 ③ 所:处所,位置。 ④ 共:同"拱",环绕之意。

【译文】 孔子说:"治理国家应以德治为主,有德之君如北极星那样,安然不动,而群星都会环绕在它的周围。"

【解读】 ☞ 为政之本　在于德治

执政者的德行如北辰一样,在黑暗中能给人指明方向。孔子结合中国的历史,从实际出发,提出了"德治"并辅之以"礼治"的执政思想。"德"主要指人的行为道德。对于执政者来说就是指政治素养和执政能力,强调的是政治站位,讲求的是政治意识;"礼"主要指行为准则、法则等,强调的是礼法,讲求的是规矩意识。这种理念反映了中国社会的执政规律,成为影响中国几千年的治国思想和理念。"以德治国"和"以礼而治"相结合是孔子学说中重要的组成部分,为新时代治国理政提供了很好的借鉴。

【品悟】 为政重在一德字,以德而治,众星共之,德礼结合,国之久也。

子曰:"《诗》三百①,一言以蔽②之,曰:'思无邪③。'"

【注释】 ①《诗》三百:《诗》,指《诗经》,现存305篇。 ② 蔽:概括。 ③ 思无邪:思,思想;无邪,纯正、正直。

【译文】 孔子说:"《诗经》三百篇,用一句话来概括它,就是'思想纯正'。"

【解读】 ☞ 《诗经》之义　在于无邪

有君子之德之才方可治国。孔子周游列国,传经授道,主张人们学《诗》、学《礼》,以此培养人们的高尚道德。他告诉,《诗经》所表达的中心思想是"思无邪",意思是思想纯正无邪念。通过学习《诗》来品悟人生大道,端正内心世界。同时,他还告诉人们学《诗》的好处:"《诗》可以兴,可以观,可以群,可以怨"。由此可见,学习《诗》不仅可以使人学会说话,还可以结交朋友,观察事物,表达感情,丰富人们的生活。所以修养德行应从学《诗经》开始。孔子主张众人学习《诗经》,就如同我们共产党人学习《党章》,学习马克思主义原文原著一样重要。

【品悟】《诗经》要义在于纯正无邪。德教之始,起于学《诗》。朴实无华,和谐有益。

子曰:"道①之以政,齐②之以刑,民免③而无耻④;道之以德,齐之以礼,有耻且格⑤。"

【注释】① 道:有两种解释,一为"引导";二为"治理"。前者较为妥帖。② 齐:整顿、约束。③ 免:避免、躲避。④ 耻:羞耻之心,知止之心。⑤ 格:正也,格其非心。

【译文】孔子说:"用政令来引导百姓,用刑法来约束百姓行为,百姓只是求得免于犯罪受惩,却不知道廉耻之心;用道德教化引导百姓,再用礼制去统一百姓的言行,百姓不仅会有羞耻之心,还能懂得为什么羞耻的道理。"

【解读】☞德法兼治　有耻且格

孔子对"德治"和"法治"关系进行了分析。孔子认为:以法治为重点的治国方式,只能使人避免犯罪,免除刑罚的痛苦,也许社会能够得到暂时的安宁,但不能使人懂得犯罪可耻的道理,这种治国方式不会长久;而以德治理国家比刑罚强制要高明得多。以德治国,既能使百姓心存敬畏,遵守规矩,又能明白规矩的意义,从而达到高度的自治。"德治"的好处在于从根本上解决百姓"想不想"的问题,而法治则是解决了百姓"敢不敢"的问题。"德治"强调了内治，法治则重于外治。孔子在此表达的思想并不是反对法治，而是要两者结合，以德为主。他提出的"礼"就是约束、引导和规范人们的言行。这种规矩虽然没有法律的严格，却可以通过具体的"礼"来唤醒人们内心深处的敬畏和爱心。正所谓礼中有法，法中有礼。严格行礼，自然便形成法了。

【品悟】 "德治"重在治"心"，"礼治"重在治"行"。有心有行，相互结合，治可久也。

> 子曰："吾十有①五而志于学，三十而立，四十而不惑，五十而知天命②，六十而耳顺③，七十而从心所欲，不逾矩④。"

【注释】① 有：同"又"。② 天命：各种规律。③ 耳顺：能听得进不同意见。④ 从心所欲，不逾矩：顺从意愿，不越过法度。逾，越过；矩，法度。

【译文】孔子说："我十五岁立志于学习，三十岁能够自立，四十岁能不被外界事物所迷惑，五十岁懂得了上天的意旨，六十岁能正确对待各种言论，七十岁能随心所欲而不会越礼法度。"

【解读】☞ 学养有次第　人生有目标

人的一生应该如何度过？孔子分享了自己的人生经历，大约分为六个阶段：即十五岁、三十岁、四十岁、五十岁、六十岁、七十岁，前边是两个十五年，第一个十五年是学习积累知识，逐步认识世界的过程；第二个十五年是在初步认识世界的基础上，从自身经历和社会实际出发，学习相关专业知识，增长自身本领，并有所建树；接下来是四个"十年"，人生每隔十年对社会和人生的认识都应达到一定的高度。第一个十年是经过实践进一步检验和认识世界，达到分清是非的高度，即"四十而不惑"。第二个十年是对世界更进一步的认识而达到"知天命"的境界；

第三个十年是发现并掌握规律，从而达到"耳顺"的境界；第四个十年是运用自己所掌握的规律指导实践而达到"从心所欲，不逾矩"的境界。"人生七十古来稀"，古时人均寿命不长，能达七十岁，已阅人阅事无数，知晓人间真理。在这个阶段，人的道德修养达到了最高的境界，所言所行也更加符合自然，接近真理。这是孔子描述自己成长的过程，也是孔子寄寓人们的希望。

【品悟】人生之道，从学而始，学从少时，道可得也，有道则进，无道则退，踏实而进，可成君子。

孟懿子①问孝。子曰："无违②。"樊迟③御，子告之曰："孟孙问孝于我，我对曰，无违。"樊迟曰："何谓也？"子曰："生，事之以礼；死，葬之以礼，祭之以礼。"

【注释】① 孟懿子：鲁国的大夫，三家之一，姓仲孙，名何忌，"懿"是谥号。其父临终前要他向孔子学礼。② 无违：不要违背（礼节）。③ 樊迟：姓樊，名须，字子迟。孔子的弟子。他曾和冉求一起帮助季康子进行革新。

【译文】孟懿子问什么是孝。孔子说："孝就是不要违背礼。"后来樊迟给孔子驾车，孔子告诉他："孟孙问我什么是孝，我说孝就是不违背礼。"樊迟说："不违背礼是什么意思？"孔子说："父母活着的时候，要以礼侍奉；父母去世，要以礼而葬；父母葬后，要以礼而祭。"

【解读】☞ 为政先为孝　为孝礼先行

要想治理好国家首先要从端正自己开始，端正自己要从为孝开始。孟懿子是三家之后，其家违礼，故其问孝时孔子回答："无违。"无违的意思不仅是指父母在世时的要求，而且父母去世后要以礼而为，所以夫子又继续解释：生时要合礼，死时也要合礼，死后祭祀也要合乎礼。一句话是：

终生都要坚持依礼而行。

【品悟】生死之礼,孝之行也。民风以此,一则生命,二则传承。生死之礼长久,家国生生不息。

孟武伯①问孝。子曰:"父母唯其疾之忧②。"

【注释】① 孟武伯:孟懿子的儿子,名彘。"武"是他的谥号。 ② 父母唯其疾之忧:其,代词,指父母;疾,缺点、毛病、坏习惯、疾病等。

【译文】孟武伯向孔子请教孝道。孔子说:"父母只为子女的疾病发愁。"

【解读】☞ 子女之疾　父母所忧

"父母唯其疾之忧"可有多种解读:一是父母为子女的健康担忧;二是子女为父母的健康担忧;三是父母为子女一生能不能健康成长所忧,特别是能不能走上正道成为对国家和社会有用的人。"其疾",是指缺点、毛病、疾病、危险等。《孝经》讲,"身体发肤,受之父母,不敢毁伤,孝之始也"。孟武伯为三家之后,因受家庭影响,有不良习性,常有危险隐患。故孔子告诉其应当注意修养,不要因此而伤,否则父母最为担忧。让父母伤心最为不孝。此处更体现了孔子的因材施教。

【品悟】孝者,使父母安心,使自己心安。父母之忧在于子女之疾,国君之忧在于百姓之疾。人无疾,天下和。

子游①问孝。子曰:"今之孝者,是谓能养。至于犬马,皆能有养;不敬,何以别乎?"

【注释】① 子游:姓言,名偃,字子游,吴国人。

【译文】子游问什么是孝。孔子说:"当今所谓的孝子,是能够养活父母。然而,就是犬马都能得到饲养;如果不敬重父母,那么养活父母与饲养犬马又有什么区别呢?"

【解读】☞ 孝之重点　恭敬为先

孝敬是晚辈对父母及长辈的一种义务和责任。它体现的是后人对前人的感恩和敬重。孝的核心在于使父母心安,使自己安心。衣食住行的满足只是基本的生活保障,可以让父母安身,离心安尚有差距。生老病死乃自然规律,人无法抗拒。然而以恭敬的态度,体察父母之意,并与父母经常沟通,使父母内心喜悦,这才是真的孝敬。衣食之孝是孝之表,内心恭敬才是孝之根本。在新时代,我国社会主要矛盾转化为人们日益增长的美好生活需要和不平衡不充分的发展之间的矛盾,人们对美好生活的向往在不断提升,对孝文化的内涵和意义也要作出更深入的思考。

【品悟】养生之孝重于物,养心之孝重于敬,孝敬之德贯穿生死,可传千秋,可利万代。小孝治家,大孝治国。

子夏问孝。子曰:"色难①。有事,弟子服②其劳;有酒食,先生③馔④,曾④是以为孝乎?"

【注释】① 色难:侍奉父母,以和颜悦色最为难得,和颜悦色。难,不容易。② 服:从事、担负。③ 先生:指长者或父母。④ 曾:难道。

【译文】子夏问什么是孝。孔子说:"尽孝道,最不容易的就是对父母和颜悦色。有了事情,子女主动为父母效劳;有了酒饭,先让父母吃喝,难道这就算是孝了吗?"

【解读】☞ 和颜悦色　表里如一

孝与不孝主要表现在态度上。一般人认为,做儿女为父母操劳,有美味酒食，先让长辈享用，就算是尽到孝道了。但孔子认为这只是奉养之事，是为人的基本责任，最难得的是对父母的态度。有深爱者，必生和气，和气必有愉色，有愉色必生婉容。真正的孝是发自内心，同时能表现在外表的言行和状态，这一点是人们最难做到的。

【品悟】孝者为善，内外一也。若有"色难"，孝不正也。父母闻善而喜，见善而乐，其不快乎？

> 子曰："吾与回①言终日，不违②，如愚。退而省其私③，亦足以发，回也不愚。"

【注释】① 回：姓颜，名回，字子渊，鲁国人，孔子的得意门生。② 不违：没有反对意见和问题。③ 退而省其私：课后与同学讨论学习心得。

【译文】孔子说："我整天给颜回讲学，他从来不提反对意见，像个愚笨的人。课后，看他与同学之间交流学习的言论，发现他对我所讲授的内容有所充实和发挥，可见颜回并不愚笨。"

【解读】☞ 为学如为孝

为政的智慧主要表现在方法和能力上，本章讲述颜回学习方法和能力。孔子认为，颜回能够"退而省其私，亦足以发"，那么为政也就不在话下了。有人认为本节意在批评学生上课不敢提问题。其实不然，孔子在教学过程中主张"不愤不启，不悱不发"，他先让学生认真听课，深入思考，不到实在想不通时，老师不去解答。其意在于鼓励学生多思考，这样才能学有所得，学有所固。颜回的"不违"是课堂上与老师观点一致，课后还能与学友分享，所以才有"亦足以发"。

【品悟】不违曰忠，心有诚，行有敬，出言慎重。愚者，如朴，至诚也。其深信夫子之言，故慎言。

> 子曰："视其所以①，观其所由②，察其所安③。人焉廋④哉？人焉廋哉？"

【注释】① 所以：做事动机，出发点。② 所由：做事方式，方法。③ 所安：做事态度或结果。④ 廋：隐藏、藏匿。

【译文】孔子说："了解一个人，首先要看他做事的动机，再观察他做事的方式，最后考察他做事的态度和结果。那么，这个人怎样隐藏得住呢？这个人怎样隐藏得住呢？"

【解读】☞ 学会识人

为政的重点在于相互共事，共事的前提是对人要进行全面了解。不论是上级、同事，还是下级，如果不相互了解就不可能把工作做好。孔子教人相互了解的办法，他强调了识人的三个重点环节：首先，看其"所以"，即做事的目的。如果是一心为公，那么这个人有公心；如果一心为己，又不顾忌别人，那么这个人私心重，很难胜任工作。其次，看其"所由"，即做事的方式。如果以正道来做事，这个人一般是君子；如果用歪门邪道的手段做事，那么这个人就心无敬畏，一定要远离。最后，看其"所安"，即做事的态度和结果。通过这些重要环节了解身边的人和事，这样在选人、用人、交友等方面就不会有什么大问题了。

【品悟】为政之道，实乃识人用人之道。识错一人，可失十人；用错一人，伤及万千。

> 子曰："温故而知新①，可以为师矣。"

【注释】① 温故而知新：温习学过的知识，可以得到新的理解和体会。

【译文】孔子说："温习学过的知识，可以得到新的理解和体会，就可以当老师了。"

【解读】☞ 常学常新　可以为师

"温故而知新"是孔子对我国教育学的重大贡献之一。他认为，不断学习感悟所学的知识并能创新成果，才可以成为老师。这里要着重理解三个字：一是"温"，即不断学习思考；二是"故"，即学过的知识及过去的历史文献知识等；三是"新"，即创新思维，达到闻一知十。这三个字，总体来说就是要不断地把所学知识与实践结合并在实践中得到丰富和发展，使原有的认知上升一个新的高度。能够做到这一点，才可称得上合格的老师。本章启示人们，在学习过程中不能生搬硬套，要活学活用，不断创新，只有创新的知识，才更具有生命力。

【品悟】 温故者可深耕，深耕者必有得，有得者谓之新，此谓温故而知新也。

子曰："君子不器①。"

【注释】 ① 器：器具。

【译文】 孔子说："君子不像器具那样（只有某一方面的用途）。"

【解读】☞ 胸怀天下　放眼世界

君子是要担当大任的。作为君子不应当像器皿一样供有所限，更不能如具体的东西成为摆设。君子要有大担当和大作为，要像一把万能钥匙，能打开任何一把锁。君子受人们所敬仰，应具有较高的才德，为人们作出榜样，为世界谋求更大的发展，为人类谋求更多的福祉。这是孔子对君子的要求。孔子在"樊迟请学稼"这则故事里讲述了君子应有的格局和使命。他认为：作为执政者，应当把更多的精力放到"学礼""学信""学义"上。有人认为，这段话是孔子不重视农业，看不起百姓的表现，这种理解是错误的。他要求君子要胸怀天下，心存仁慈，要引导和教育百姓，心存敬畏，有礼有信，让每个人都充满理想和信念。这样天下百姓才会工作有目标、生活有信心、人生有意义。

【品悟】千里马志在千里，不可与驽马并驱。君子应当大任，不可为一器之用。有志之士，应有大境界，大担当，大作为。

子贡问君子。子曰："先行其言而后从之。"

【译文】子贡问怎样做一个君子。孔子说："你想说的话，先做到了再说出来（这就能够说是一个君子了）。"

【解读】☞ 行胜于言

孔子主张君子要慎言谨行，因为君子是引领社会前进的榜样，如有过失，不仅会影响君子的形象，还会给社会造成大的伤害。所以孔子强调"君子一言，驷马难追""君子言之不出，耻躬之不逮也"等。君子最担忧的是说出的话，没有办到；答应的事，没有兑现。子贡是孔子优秀弟子之一，有苛责于人的毛病。所以孔子在回答子贡问君子的问题时，强调了"先行其言而后从之"。其意在于提醒子贡注意慎言。可以看出，孔子对弟子的要求很有针对性。

【品悟】言既出而行未至，难以信人；言不出而行已至，众人从之。实践，理论，再实践，再理论，既可行之，亦可论之。

子曰："君子周①而不比②，小人比而不周。"

【注释】① 周：以道义来团结人。② 比：营私，勾结。

【译文】孔子说："君子合群而不拉帮结派，小人拉帮结派而不合群。"

【解读】☞ 和而不同　君子之道

在人际交往中，各人表现不尽相同：君子胸怀坦荡，与人交往不讲私利，不论贵贱，办事公道，能与人和谐相处。而小人则不同，小人因学养不够，认识肤浅，私心较重，所以常结党营私，为个人和他人谋取利益。

历代执政者都强调要"亲贤臣，远小人"，这样才能保持国家的和谐安定，百姓幸福。我们共产党人在任何时候都提倡光明正大，不搞阴谋诡计。在对外关系上我国实行"不结盟政策"，就是典型君子之行。

【品悟】 君子依礼而行，以道相交，以和为贵，行中庸之道。中庸之义在于"中正"不偏，并非无原则，无立场。小人以利为则，有利者则近之，不利者则远之。

子曰："学而不思则罔①，思而不学则殆②。"

【注释】① 罔：迷惑，意思是感到迷茫而无所适从。② 殆：疑惑。

【译文】孔子说："只读书学习，而不思考总结，就会惘然无知；只空想而不通过读书去深刻领悟其中的意义，就会一无所获，陷入迷途。"

【解读】☞ 学思结合　能得其义

为政的重点在于分清是非。分清是非需要智慧，要获得智慧必须通过学习。学习方法正确，就有收获，方法不对，就一无所获，有时还可能陷入迷宫不能自拔。学习的重要方法有二：一是学而时习；二是思考领悟。说白了要往深里走，往实里走，往心里走，特别是要结合实际去感悟。这二者不能偏废，只学不思，容易生搬硬套，犯教条错误；只思不学，容易主观臆断，陷入泥潭。只有将学习与思考紧密结合，才能使自己真正学到知识，得到智慧，取得成功。

【品悟】 学思一体，不可分割。只学而不思考，只能停留在事物的表面，认不清事物的本质；只思考不学习，会失去现实基础，容易陷入唯心主义。

> 子曰:"攻①乎异端②,斯害也已。"

【注释】① 攻:指责,抨击。 ② 异端:不合乎道的学说。

【译文】孔子说:"批判那些不合乎道的学说,是有害的。"

【解读】☞ 坚守正道 远离是非

春秋战国时期,礼崩乐坏,各国纷争,各个学术流派为了宣传自己的政治主张著书立说,一些异端邪说也充斥其中。孔子不主张攻击那些不合乎道义的学说,认为攻击异端对自己有害。因为异端邪说有其形成的根基,如若攻之,必先自强,若不自强,自身难保。孔子认为:"学者为己",即通过学习明辨是非,掌握规律,用实事求是的方法治理国家,国家得治,异端邪说不攻自破。如果不学正道,提升自我,却一味地去攻异端,恐怕会反受其害。坚持正确的观点,就是对错误观点的反对。自古邪不压正,异端邪说本不符合大道,终有一天会自然消亡,所以,孔子不主张人们有意地去攻击异端邪说,实践和自然才是最好的武器。

【品悟】异端无道,无道不长,不长自灭,攻之何用?

> 子曰:"由①!诲女②知之乎!知之为知之,不知为不知,是知③也。"

【注释】① 由:姓仲,名由,字子路。孔子的学生,长期追随孔子。 ② 女:同"汝",你。 ③ 知:同"智",智慧。

【译文】孔子说:"由,教给你对待知与不知的正确态度吧!知道的就是知道,不知道就是不知道,这就是智慧。"

【解读】☞ 自欺欺人 无知者也

学习要有一个正确的态度,即诚实奋进。孔子教弟子学习要有诚实的态度,不可自欺欺人。"知之为知之,不知为不知"这才是真的智慧。子路本是个率直的人,学习方法单一,做事粗枝大叶,只求大概,不求全面。孔子针对子路的缺点,指出学习态度不诚实,只求表面,不求甚解,是人心浮躁、急于求成的表现。在生活中,往往有一些人稍有一点知识,就自以为了不起,甚至还好为人师,实在是害人害己。针对这种情况,孔子要求弟子,在学习上要坚持实事求是的态度,不可弄虚作假。这种观点在现代社会也不过时。

【品悟】 学习是学和习的结合,来不得半点虚伪,弄虚作假者害人害己,一事无成。

> 子张①学干禄②,子曰:"多闻阙③疑④,慎言其余,则寡尤⑤;多见阙殆,慎行其余,则寡悔。言寡尤,行寡悔,禄在其中矣。"

【注释】①子张:姓颛孙,名师,字子张,孔子的学生。②干禄:干,求的意思;禄,即古代官吏的俸禄;干禄就是谋求职业。③阙:缺。此处意为放置在一旁。④疑:疑点。⑤寡尤:寡,少的意思。尤,过错。

【译文】子张请教求官谋职的办法。孔子说:"多听,有怀疑的事先搁置不说,其余有把握的事也要谨慎说,这样就可以少犯错误;多看,有怀疑的事先搁置不做,其余有握的事也要谨慎地去做,就能减少后悔。说话少过失,做事少后悔,俸禄就在这里了。"

【解读】☞慎言慎行　禄在其中

一份职业就是一份责任。学有所用,回报社会是孔子执政思想的内容之一。他教学生们在谋职的过程中要谨慎小心,处处以君子的标准严格要求自己,这样就可以担当起责任了。在执政过程中,"一言可以兴国,一言可以亡国",所以孔子特别强调谨言慎行。直至今天,我们在谋职时,总是要通过一系列的考查,如笔试、面试、问答等程序,来确定最后的录用人选。如果应聘者考查合格就被录取，否则就落选。

【品悟】多闻是一种学习，可以提高自己；多见是一种见识，可以开阔自己的视野；慎言慎行可以少出错。保持工作顺利，则禄在其中也。

哀公①问曰："何为则民服？"孔子对曰②："举直错诸枉③，则民服；举枉错诸直，则民不服。"

【注释】① 哀公：姓姬，名蒋，"哀"是其谥号，鲁国国君。② 对曰：臣下对君上的回答称"对曰"，以表示尊敬。③ 举直错诸枉：举，选拔；直，正直公平；错，放置；枉，不正直。

【译文】鲁哀公问："怎么做才能使百姓服从呢？"孔子回答说："提拔重用优秀人才，并置于不正直的人之上，百姓就会服从；提拔重用不正直的人，放置在优秀人才之上，百姓就不会服从。"

【解读】☞ 举直错枉　民服国安

"任人唯贤"是孔子德治思想的重要组成部分。这里主要讲述了如何选拔人才和使用人才的问题，孔子主张，"举直错诸枉，则民服"。这里有两层含义：一是如何选人；二是如何服人。选人用人是历代当政者治理国家的重要举措，"关键少数"是治国理政的主要力量。如果能把优秀人才选在重要岗位上，百姓们就会心悦诚服，甘愿听从安排。同时，百姓对国家和执政者就会满怀信心。如果不能重用优秀人才，那么，百姓就会失去希望和信心。能不能重用人才，反映了执政者的智慧和能力，关系着国家的前途和命运。这就要求当政者要懂得如何"知人""用人"。正如，我们党在选拔任用干部时要坚持"德才兼备，以德为先"的原则和标准。

【品悟】选人用人，执政之要。直者可为国之栋梁，若在其位，大有可为；枉者，能力不足，若在直上，直不可以为，政不可以治，民何以服？

> 季康子①问:"使民敬、忠以②劝③,如之何?"子曰:"临之以庄,则敬;孝慈,则忠;举善而教不能,则劝。"

【注释】 ① 季康子:姓季孙,名肥,"康"是他的谥号,鲁哀公时任正卿,是当时政治上最有权势的人。② 以:连接词,与"而"同。③ 劝:勉励。这里是自勉努力的意思。

【译文】 季康子问道:"要使老百姓恭敬、忠诚而勤勉,应该怎样去做呢?"孔子说:"用严肃庄重的态度对待他们的事情,百姓就会恭敬你;对上孝对下慈,百姓就会忠诚;选用有德才的人,教育能力不足的人,百姓就会勤勉。"

【解读】 ☞ 庄敬孝慈 民则以劝

季氏僭礼,孔子有针对性地回答了季康子的问题。季康子想解决三个问题:一是民敬;二是民忠;三是民劝。孔子一针见血地指出:上庄重则下有敬;上仁慈则下有忠;上行善则民能劝。言外之意:百姓的工作态度和生活态度,取决于上位者的德行。想让百姓做到的事,自己先要做到,要为群众树立好的榜样。所以,领导干部要经常"照镜子,正衣冠"。这正是"为政以德"的具体实践,古今皆如此。当前,我们进入了新时代,党中央提出了从严治党的要求,并指出要抓"关键少数","关键少数"是我们党的领头人,是人民群众的主心骨。只要"关键少数"树立了良好的榜样,就能得到人民群众的拥护和支持。

【品悟】 君乃标杆,君直民则直,君重则民敬,君慈则民忠。君举枉错诸直,则民不服矣。何以谈忠劝?

> 或①谓孔子曰:"子奚②不为政?"子曰:"《书》③云:'孝乎惟孝,友于兄弟,施④于有政。'是亦为政,奚其为为政?"

【注释】 ① 或:有人。② 奚:疑问词,相当于"为什么"。③《书》:

指《尚书》。④施：施行或延及。

【译文】有人对孔子说："你为什么不从政呢？"孔子回答说："《尚书》上说：'孝敬父母，友爱兄弟，把孝悌之道用于政事。'这也就是从政，为什么定要去做官才算是为政呢？"

【解读】☞ 孝悌忠信　是亦为政

为政就是以文正己、正人、正天下。季康子曾问政于孔子，孔子说："政者，正也。子帅以正，孰敢不正？"其中的正就是政，是端正自己。那么怎样才能端正自己呢？先学会孝悌之道就是为政的第一步。端正自己就给人树立了良好的榜样。这种榜样，如北极之星，照亮并指引着人们前进的方向。孔子周游列国，传道授业，其核心就是讲仁爱之道、讲孝悌之道、讲学习之道等。孔子虽然很少直接参政，但他的执政思想却影响了几千年的中国历史，成为中国历史的盛世法宝。他创办教育，培养了无数的政治家、思想家。在他看来，教育就是最大的政治舞台。

【品悟】为政之政，其义甚广；教育之事，亦为大政。孔子为政理念超越时代。

子曰："人而无信，不知其可也。大车无輗①，小车无軏②，其何以行之哉？"

【注释】① 輗：古代大车辕端横木，缚枙以驾牛者。② 軏：古代小车辕端上曲，钩衡以驾马者。

【译文】孔子说："一个人不讲诚信，不知道那（指代诚信）怎么可以。就好像大车没有輗、小车没有軏一样，它靠什么行走呢？"

【解读】☞ 人而无信　不可行也

信，是儒家思想的核心内容之一。孔子认为，孝悌是立人之本，信是立身之本。没有"信"，就像车无輗軏一样不可行走。因为輗軏是车的一个关键部件,没有輗軏,虽有马和辕,车也不能行走。孔子在与子贡的对话当中也曾说过:"民无信不立。"其中"信"的意思可解为:信心、自信、信仰。因为人有信仰才有方向和目标,有了目标就有了动力。心中有信仰,脚下有力量。我们共产党人要始终牢记:人民有信仰,国家才有力量,民族才有希望。

【品悟】信者,可谓理想、信念、信仰之意。有信仰才有目标,有方向。信则至诚,至诚不移,真信真干,可以成事。

子张问:"十世①可知也?"子曰:"殷因②于夏礼,所损益③,可知也;周因于殷礼,所损益,可知也。其或继周者,虽百世,可知也。"

【注释】① 世:古时称三十年为一世。 ② 因:沿用、继承。 ③ 损益:减少和增加,即优化、继承和发展之义。

【译文】子张问孔子:"今后十世(的礼仪制度)可以预先知道吗?"孔子回答说:"商朝沿用了夏朝的礼仪制度,所减少和所增加的内容是可以知道的;周朝又沿用了商朝的礼仪制度,所废除的和所增加的内容是可以知道的。将来有沿用周朝礼仪制度的执政者,就是一百世以后的情况,也是可以预先知道的。"

【解读】☞ 以史为鉴　可以长久

历史就像是一面镜子。如何为政,历史会给我们答案,因为只有历史才会把许多故事传承下来,使后人能从中汲取成功的经验,总结失败的教训。通过学习历史还能从中悟出真理,从而在真理的指导下进行实践。孔子认为历史是在不断地前进和发展着的,在发展过程中既有继承又有丰富,如孔子所说的"损益",马克思主义者称之为"扬弃"。但"扬"什么,"弃"什么,历史已经作出了回答,只要是能够留下的就是值得我们思考的。如果是真理那就要坚持下去，真理是永恒的。孔子在回答子张"十世可知"之问时说："虽百世可知也"其义在于：周以前的历史因有圣人存在，社会与民间都有相传和记载，故可知也。周以后的历史，更有孔子及其弟子在整理和弘扬，并形成一套系统理论，所以更能传播百世，供后世借鉴。学习和继承历史的经验，也是为政的内容之一。总归一句话：不忘历史，才有未来。

【品悟】夏之文明，殷得之而昌；殷之文明，周得之而盛；周之文明，孔子传而未绝，故百世可知，传者之故也。

子曰："非其鬼①而祭之，谄②也。见义不为，无勇也。"

【注释】① 鬼：有两种解释，一是指神秘的事物；二是指人死去后留下的精神财富。这里泛指鬼神。② 谄：谄媚、阿谀。

【译文】孔子说："不该自己祭祀的鬼神，却去祭拜，这是谄媚。见到应该挺身而出的事情，却袖手旁观，就是无勇。"

【解读】☞ 初心不变　勇于担当

　　本章是为政篇的总结，阐述了为政者必须坚定信念，忠诚担当。正如孔子所讲："不在其位，不谋其政"的执政观，这里特别强调了责任和担当，同时告诉人们，无论哪一个行业，要专心去做，切勿出位、错位和越位。把自己的本职工作做好，才能有望做好其他工作。执政者要有为政目标，并为目标终生奋斗，不可动摇意志和见异思迁。正如孟子所说："贫贱不能移，威武不能屈。"认准正确目标，坚持不懈。更如我们共产党人一样，无论任何时候都要坚定自己的理想信念，要为共产主义奋斗终身，永不叛党。

【品悟】为政须认准道义，忠于职守，在位谋政。不可做"两面人，两面派"。

八佾第三

导 语

《八佾》篇包括26章。本篇重点讲"礼"的重要作用和意义,对如何传承、发展礼仪,维护中华民族的礼仪制度有着重要参考。

孔子谓季氏①,"八佾②舞于庭,是可忍③也,孰④不可忍也?"

【注释】 ① 季氏:鲁国正卿季孙氏,即季平子。 ② 八佾:行列的意思。古时一佾8人,八佾就是64人,据《周礼》规定,只有周天子才可以使用八佾,诸侯为六佾,卿大夫为四佾,士用二佾。季氏是正卿,只能用四佾。 ③ 可忍:可以忍心。一说可以容忍。 ④ 孰:什么事。

【译文】 孔子谈到季氏时,说:"他在自家庭院组织只有天子才能享用的八佾舞,这样的事他都敢去做,还有什么事情不敢去做呢?"

【解读】 ☞ 小事无礼 大事无成

僭礼是不守规矩、心无敬畏的表现,也是走向危险的开始。春秋战国时期,社会动荡,礼崩乐坏,犯上作乱之事频发。八佾舞本是天子的专属舞蹈,他人不可有此规格,但季氏却公开享用。季孙氏是鲁国的重臣,本应模范地遵守礼制,但他却带头僭越,是典型的不守规矩的表现。歌舞的享用看似小事,其实不小。从小事上可看出人的内心世界。内心没有恭敬,是犯上的开始,如不自省可致严重的后果。况且季氏又处上位,他的一言一行对世人影响很大,一级跟着一级学,层层违规,习惯成自然,最终导致家国动乱,甚至灭亡。孔子以"是可忍也,孰不可忍也"来警醒人们。

【品悟】 违礼之行,源于内心。心无君主,行敢越君,无君无臣,必乱矣。故有"勿以恶小而为之,勿以善小而不为",此之谓也。

三家①者以《雍》②彻。子曰:"'相维辟公,天子穆穆'③,奚取于三家之堂④?"

【注释】 ① 三家:孟孙氏、叔孙氏、季孙氏。他们都是鲁桓公的后代,又称"三桓"。② 《雍》：《诗经·周颂》中的一篇。古代天子祭宗庙完毕撤去祭品时唱这首诗。③ 相维辟公，天子穆穆：《雍》诗中的两句。相，助；维，语气助词，无意义；辟公，指诸侯；穆穆，庄严肃穆。④ 堂：待客祭祖的地方。

【译文】孟孙氏、叔孙氏、季孙氏三家在祭祖完毕撤去祭品时，奏唱《雍》歌。孔子说："（《雍》诗上这两句）'助祭的是诸侯，天子严肃静穆地在那里主祭'，这样的意思，怎么能用在你三家的庙堂里呢？"

【解读】☞ 心无敬畏　行则乱矣

凡事都讲究规矩。古时候国家规定，朝廷应享用八佾之舞，天子祭祀结束应用《雍》这首诗歌收尾，其如当今国家举行重大活动时的规格来代表国家礼仪。然而季、孟、叔"三家"却不守规矩，把国家级规格礼仪用于家事活动，这是公开越礼行为。由此可以看出，"三家"心无敬畏，胸无核心，目无国君。这是对中央政权的蔑视，是很严重的事件。孔子表示十分不满。

【品悟】心无敬畏，行则无畏，行若无畏，则无所不用其极。自古如此，应以警示。

子曰："人而不仁，如礼何？人而不仁，如乐何？"

【译文】孔子说："做了人，却没有仁德，怎样来对待礼仪制度呢？做了人，却没有仁德，怎样来对待音乐呢？"

【解读】☞ 人而不仁　礼乐何成

僭越的根源是心中无仁。不仁可致无礼，无礼则无所不为。礼是一种仪式，是对仁德思想的巩固和维护，乐是仁德情怀的表达和弘扬。如果一个人心中无仁德，那么他就不会正确对待礼乐。孔子在此要告诉人们：仁德是习礼和行乐的前提。如果内心不正，那么他所言所行就会出错，即使行礼行乐，也只能是做做表面文章而已，没有什么意义，甚至还会使礼乐流于形式，使民不知所向。

【品悟】礼乐之义，在于仁和。不仁不和，何成礼乐？非礼非乐，亡党亡国。

> 林放①问礼之本。子曰："大哉问！礼，与其奢也，宁俭；丧，与其易②也，宁戚③。"

【注释】① 林放：鲁国人。② 易：治理。此处译为办理丧事周到。③ 戚：心中悲痛。

【译文】林放问什么是礼的本质。孔子回答说："你问得好啊！就礼节仪式而言，与其奢侈，不如节俭；就丧礼而言，与其仪式上的周备，不如内心真正哀悼。"

【解读】☞ 礼之本　在于孝

　　心中无仁德，就不会有真正的礼乐。本章以林放之问，阐述礼的本质特征。孔子时期，有人认为，礼的形式越隆重、花费越大就越表示对礼的重视，这是一种错误的观点。孔子指出，过分地注重礼的形式和花费是违背礼的初衷的，只求物质上的礼是一种浪费。礼是内心的崇敬，是文明的象征，与物质的多少不成正比，能够做到尽心尽力便可以了。夫子一针见血地指出："丧，与其易也，宁戚。"他用丧礼作比方，丧礼是看对失去亲人有没有痛楚和思念的情愫，而不在于是否把场面办得很风光。比如：有人为了显示自己有钱，大操大办婚丧嫁娶之事，在社会上造成了不良影响；有人为了出风头，在一些不适当的场合播放国歌、《国际歌》等，这些都是不知礼的行为。孔子对礼的本质的阐述，有着重大的现实意义和深远的历史意义。直至今日，仍有不少人对礼的作用和意义没有深刻理解，所以在实践当中没有发挥礼的作用，失去了礼的意义。

【品悟】礼之根本，源于仁，仁之本，在于敬。敬不在奢易，而在于内心。

心有敬，可以俭；情之切，才是真。

> 子曰："夷狄①之有君，不如诸夏②之亡③也。"

【注释】① 夷狄：泛指边远之地。② 诸夏：古代中原文化发达地区。③ 亡：同"无"。

【译文】孔子说："文化落后的夷狄之地，虽有君主，还不如中原诸国没有君主呢。"

【解读】☞ 文明之邦　无君亦安

夏朝是我国开始有文字记载的历史时期，礼仪制度基本形成，社会和谐稳定，百姓淳朴善良，其文明深入人心，对后世的发展影响深远。夷狄之地，文明落后，礼仪制度尚未形成，社会常处于无序状态。所以，孔子认为：即使"诸夏"没有君主，也比虽有君主但没有礼乐的"夷狄"要好。孔子的这段话告诉人们，在人类社会发展的历史长河中，文明的影响力是很大的，礼乐制度是维护社会发展的基础。有了制度文明，人们才能自觉遵守。即使在没有君主的地方，只要有文明存在，社会也不会出现大的动乱。文明的传播不是一朝一夕之事，需要后人不断传承、完善和发展，才可形成一套使社会不断进步的思想观念和制度体系。人类有了文明，人们才能知耻，知耻才可以不殆。

【品悟】蛮夷之地虽有国君，文化底蕴不足，文明难以施行。文化之地，虽无国君，而百姓已化，可以自觉行道。故，文化自信，人亦自信，人若自信，国亦自兴。

> 季氏旅①于泰山，子谓冉有②曰："女弗能救③与？"对曰："不能。"子曰："呜呼！曾谓泰山不如林放乎？"

【注释】① 旅：祭名。祭祀山川为旅。按照古代礼仪制度，只有天子和诸侯才有祭祀名山大川的资格。 ② 冉有：姓冉，名求，字子有，孔子的弟子。当时是季氏的家臣，所以孔子责备他。 ③ 救：挽救、劝阻。

【译文】季氏去祭祀泰山。孔子对冉有说："你不能劝阻他吗？"冉有说："不能。"孔子说："唉！难道说泰山神还不如林放知礼吗？"

【解读】☞ 心无敬畏　再祭何用

祭祀泰山本是天子和诸侯的专利，季氏只是鲁国的大夫，按礼数来说他没有去祭祀泰山的资格。不符合地位和身份的祭祀是一种僭礼的行为。"三家"常常僭越礼制，比如，"八佾舞于庭""以《雍》彻"等。本章又讲到季氏"旅于泰山"，季氏"旅于泰山"并非出于对泰山的敬畏，而是想把自己当作天子或诸侯。在"三家"看来，自己虽不是国君，但还是想按国君的规格去行礼，这种表现只能说明在他们心中早已无君了。在孔子看来，无论季氏把自己抬得有多高，看得有多重，但泰山自有神明，不该祭之而祭之，无用也，过分了是要遭遇惩罚的。

【品悟】不敬君而敬泰山，其行为显然逾越了界限。尽管君主可能无奈，但泰山的崇高地位足以揭示其虚伪。

子曰："君子无所争。必也射①乎！揖②让而升，下而饮，其争也君子。"

【注释】① 射：原意为射箭。此处指古代的射礼。 ② 揖：拱手行礼，表示尊敬。

【译文】孔子说："君子没有什么可与人争的事情。如果有的话，那就是射箭之礼了。赛前相互谦让行礼，赛后以酒相敬，这样才是君子之争。"

【解读】☞ 君子无争　争也君子

季氏想与天子诸侯争天下，孔子于本章指出，君子之争在于争礼，争仁，争中和之境界，争为天下之贡献。事前有礼，事后还礼并以酒相敬，相互交流，共同进步。射礼之争不在输赢，而是争谁中。中是指适当、适中、中和，是一种做事的分寸，即对"度"的把握。这种争，是彬彬有礼和谐共处的争。这也是孔子"当仁不让于师"的思想表达。君子之争的目的是让全社会达到更加和谐、安定、公正、无私的理想境界。

【品悟】人应上进，故要争先。争乃学习，"如切如磋，如琢如磨"，相互促进，共同进步，其争也是君子之争。

> 子夏问曰："'巧笑倩兮，美目盼兮，素以为绚兮'①，何谓也？"子曰："绘事后素②。"曰："礼后乎？"子曰："起予者商也③！始可与言《诗》已矣。"

【注释】①巧笑倩兮，美目盼兮，素以为绚兮：前两句见《诗经·卫风·硕人》篇。倩，笑得好看；兮，语气助词；盼，眼睛黑白分明；绚，有文采。②绘事后素：绘，画；素，白底。③起予者商也：起，启发；予，我，孔子自指；商，子夏名商。

【译文】子夏问孔子："'笑容姣美，眼神妩媚，脸色美丽'，是什么意思呢？"孔子说："这是说底色纯白，然后才可绘画。"子夏说："那么，是不是礼乐的产生在仁义之后呢？"孔子说："商，你真是能启发我的人！现在可以同你讨论《诗经》了。"

【解读】☞ 仁以为质　礼以固之

君子之争其义在礼，礼之核心在于固仁。孔子所讲"绘事后素"是指人的淳朴之心。一个人如果没有仁，即使再有礼乐也只能是形式而已。子夏谈到，"礼后乎"，意思是"礼的基础是仁，内心没有仁就没有资格讲礼"。仁、礼、乐等是有次第的，其如盖楼房，没有地基而建起的楼房，很不结实，迟早会坍塌。子夏悟到了这一点，所以孔子说："起予者商也！始可与言《诗经》已矣。"为什么又说可以"与言《诗经》"呢？因为《诗经》的要义是"思无邪"，无邪就是仁。毛泽东同志说过："一张白纸可以画出最美丽的图画。"也是这个意思。孔子认为，外表的礼节仪式同内心的情操是统一的，如同绘画一样，质地不洁白，不会画出丰富多彩的图画。

【品悟】先有仁义而后礼仪，若无仁义，礼有何用？世间之物皆有其源，究其源方知要义；治其源方可清其流，清其流方可致其远，致其远方可入其海，入其海方可保其久也。

子曰："夏礼吾能言之，杞①不足征②也；殷礼吾能言之，宋③不足征也。文献④不足故也。足，则吾能征之矣。"

【注释】① 杞：春秋时国名，是夏禹的后裔，在今河南杞县一带。② 征：证明。③ 宋：春秋时国名，是商汤的后裔，在今河南商丘一带。④ 文献：文，指历史典籍；献，指贤者。

【译文】孔子说："夏朝的礼，我能说出来，它的后代杞国不足以做证；殷朝的礼，我能说出来，它的后代宋国不足以做证。这都是有关文字资料和熟悉夏商之礼的贤人不足的缘故。如果足够的话，我所讲的就可以得到证明了。"

【解读】☞ 先贤之德不可忘

这一段话表明两个意思。一是当时社会礼崩乐坏的情况特别严重；二是孔子所讲述的夏商礼仪制度在现实社会中存在的较少了，人们不理解，特别是夏商的嫡系国杞国和宋国继承下来的礼仪制度也很少。我国有文字可考的历史是从夏朝开始的，孔子通过学习掌握了大量的夏商文献，知其礼乐制度，所以传播。但杞、宋两国却没有重视。正是因为杞、宋两国没有重视和继承先贤的优秀文化，所以才变得落后，由此看来，孔子传道的环境是多么困难。

正如当今的马克思主义遭个别人非议一样,为什么会出现这种现象呢?因为认真学习马克思主义原著的少了,所以对马克思主义的原理认识模糊。央视曾有一档节目是关于"马克思是对的",马克思是错的吗?马克思错过吗?没有!作为马克思主义者,我们始终坚持马克思主义的基本原理,从来没有怀疑过,所以一直坚守着马克思主义。马克思主义是在不断地丰富和发展的理论。党的十八大以来,中央要求每个党员同志认真阅读原著,悟原理,就是要让每一位共产党人都了解马克思主义,坚守马克思主义,坚守社会主义,坚信共产主义,并为之奋斗终身。

【品悟】圣贤之道,理应传之,若不相传,有损后世。孔子传道,遭遇乱世,知其不可为而为之,终成大事。其"至圣先师"之称,名副其实。

子曰:"禘①,自既灌②而往者,吾不欲观之矣③。"

【注释】① 禘:指古代天子、国君所举行的非常隆重的祭祖典礼。② 灌:禘礼中第一次献酒。③ 吾不欲观之矣:我不想看了。

【译文】孔子说:"对于行禘礼的仪式,从第一次献酒以后,我就不想看了。"

【解读】☞ 无道之礼　不可观也

禘礼是天子或国君举行的祭祖之礼,是一种很隆重的礼仪。如当今每年的两会和国家重大节日的庆典。这些大型活动是有严格的程序的,不得有半点差错。然而在当时,有的国君在进行祭祖的仪式时,一开始就严重失礼,令孔子实在看不下去了。可见当时的国君及主管礼仪的官员对礼很不重视。一个对礼不重视的国家是很危险的。

【品悟】天子之礼不合道,百姓更是无所从。君不知礼,国家乱;知礼不为,国家亡。

> 或问禘之说①。子曰:"不知也。知其说者之于天下也,其如示诸斯②乎!"指其掌。

【注释】 ① 禘之说:"说",理论、道理、规定;禘之说,意为关于禘祭的规定。 ② 斯:指后面的"掌"字,表示非常熟悉。

【译文】 有人问孔子有关禘礼的规定。孔子说:"我不知道。知道的人对于治理天下就像了解自己的手指一样!"边说边指着自己的手掌。

【解读】 ☞ 明知故为不可为

孔子认为,禘礼是天子祭祖之礼,每个人都知道。但国君却不知或明知故为却不按常规行礼。孔子很是不满,禘礼不周就是对祖先的不敬,心中不敬,行礼就流于形式。最可怕的是搞形式都不用心,所以,有人问其禘礼之时孔子不想说什么了。他认为如此明白的道理,再讲出来简直是个笑话。也表明了当时的国君无礼之至,不可言语。

【品悟】 居上者,不以身作则,百姓更无从谈起。"关键少数"应是纪律规矩的模范者,政策落实的执行者,社会风气的引领者。

> 祭如在,祭神如神在。子曰:"吾不与祭,如不祭。"

【译文】 祭祀祖先就像祖先真在面前,祭神就像神真在面前。孔子说:"我(若是)不亲自参与祭祀,也同没有举行祭祀一样。"

【解读】 ☞ 心诚则灵

"子不语怪力乱神""敬鬼神而远之"这是孔子对鬼神的态度。鬼神之事视而不见,然而夫子强调的是礼。既然祭之,心中要有之;心中无之,何必祭之。其实我们不必过分苛责古人,古时科技不发达,许多怪诞之事无法解释,风雨雷电等对古人来说很是神奇,在古者看来必有神鬼之力作用,古人祭之也不可见怪。祭之,只是表示敬意而已。孔子在此强调的是态度，从祭祀之态度可看出一个人的诚敬之心，对鬼神之敬，可看出对人、对礼、对上的诚敬。古代的祭祀活动，更多的是感恩，如祭土地神是对土地的感恩；祭太阳神或天神是对上天的感恩；祭海神是对大海的感恩；祭江河神是对江河的感恩等。因为古代人们是靠天吃饭，靠河海吃饭，他们去祭拜天地河海，其目的是表示谢意。这也反映了我们的民族是一个懂得感恩的民族。所以孔子说："吾不与祭，如不祭"，强调了在祭祀活动中的诚敬之心。

【品悟】凡事当有原则，遇事须有定力。真学真信，真信真行，至诚者也。

> 王孙贾①问曰："与其媚②于奥③，宁媚于灶④，何谓也？"子曰："不然。获罪于天⑤，无所祷也。"

【注释】① 王孙贾：卫灵公的大臣，时任大夫。② 媚：谄媚、巴结、奉承。③ 奥：这里指屋内位居西南角的神。④ 灶：这里指灶旁管烹饪做饭的神。⑤ 天：以天喻君，指天理。

【译文】王孙贾问道："（有人说）与其奉承奥神，不如奉承灶神。这话是什么意思？"孔子说："不可如此。如果得罪了天，那向谁祷告都是没有用的。"

【解读】☞ 立足现实　着眼长远

有人认为：巴结西南角的奥神，不如巴结灶神爷，因为灶神爷是管吃饭的，这是比较实际的观点，如同"县官不如现管"之说。孔子认为，"获罪于天，无可祷也"，意思是你要是得罪了天，可没有办法了。因为天是最大的，他管全面的，管理一切的。我们做事要符合天理、符合礼仪，而不能随自己的想法，只讲眼前不看往后。任何事要依礼而行，这样才不会得罪于天。

【品悟】凡事须诚敬，不可走捷径。见风使舵者，不可长久。脚踏实地，一步一个脚印，才是正路。

> 子曰："周监①于二代②，郁郁③乎文哉！吾从周。"

【注释】① 监：同"鉴"，借鉴。② 二代：这里指夏朝和商朝。③ 郁郁：文采盛貌，丰富、浓郁之意。

【译文】孔子说："周朝的文化礼乐制度是借鉴于夏、商两代而来的，是多么丰富完善啊！我遵从周朝的文化礼乐制度。"

【解读】☞ 周监二代　文明可倡

孔子学习并整理了夏、商、周的文化礼乐制度，在他学习整理过程中发现，周朝的文化礼乐制度大都是借鉴了夏、商两代，并且还在两代的基础上有所丰富和发展，是符合时代需求的，比较完善的文化，所以孔子遵从周朝制度文化。这表明了孔子的两种态度：一是要尊重历史；二是尊重现实。这也证明了孔子的观点是有深厚历史渊源和现实价值取向的，是历史和现实的结合，是科学的、长远的。

同样的道理，马克思主义不是空穴来风，它继承了人类社会发展过程中的优秀文化，不仅包括欧洲的政治文明，还包括中国古代的哲学、政治学思想等。马克思主义是迄今为止人类思想史上最完整的学说。把马克思主义作为我们党的指导思想，正如孔子所谓："吾从周"。

【品悟】真理是需要实践检验的。周朝丰富和发展了两代文明，形成较为完备的文化礼乐制度，为后世发展提供了有益的借鉴。

> 子入太庙①，每事问。或曰："孰谓鄹②人之子知礼乎？入太庙，每事问。"子闻之，曰："是礼也。"

【注释】① 太庙：君主的祖庙。鲁国太庙，即周公旦的庙，供鲁国祭祀周公。② 鄹：春秋时鲁国地名，又写作"陬"，在今山东曲阜附近。"鄹人之子"指孔子。

【译文】孔子到了太庙，每件事都要问。有人说："谁说这个人懂得礼呀？他到了太庙里，每件事都要请教别人。"孔子听到此话后说："这就是礼呀。"

> **【解读】** ☞ 不出户　知天下

孔子每次到太庙，总要详细询问一些礼节，有人怀疑孔子不知礼。其实他对《周礼》十分熟悉，但只要来到太庙，还是要一一再问，这反映了孔子的谨慎态度和恭敬之心。孔子的行为让人产生误解，以为他不通晓礼。任何礼节都不是一成不变的，有的随时代进步而不断完善，孔子每事问，既是一种礼，也是进一步的核实。这是对礼的重视和敬畏，也是弘扬道德礼仪的具体实践。我们在现实生活中也要养成时时学习的态度，常常照照镜子，对照自己，反省自我。

【品悟】礼法规矩，地方各异，推行礼仪需结合实际，具体问题，具体分析。

子曰："射不主皮①，为力不同科②，古之道也。"

【注释】① 皮：用皮革做成的箭靶子。　② 科：等级。

【译文】孔子说："比赛射箭，不在于是否穿透靶子，因为个人的力气大小不同，这是古人的道理。"

> **【解读】** ☞ 礼之用　和为贵

礼的核心思想是达到中和，行礼是巩固人们修养的方法和仪式。"射"就是古代贵族经常举行的修养礼节，是礼的内容之一。射箭之礼在于"中"，而不在于穿透靶子。射礼之义在于适中。人们射箭时若穿靶子则用力过猛，若不及靶则用过力过小，唯有射中为适度。人们无论说话与做事，有可能存在过犹不及的情况。学习射礼对人来说也是一种修养的过程，其目的是让人心达到平和中庸的状态。

【解读】☞ 射术有礼，在于调中和。一要用心；二要有度；三要中的。不可急于求成，需要量力而行，不断实践，总结，再实践，再总结，才可以成功。

子贡欲去告朔①之饩羊②。子曰："赐也！尔爱其羊，我爱其礼。"

【注释】① 告朔：朔，农历每月初一为朔日。告朔，古代制度，天子每年秋冬之际，把第二年的历书颁发给诸侯，告知每个月的初一。② 饩羊：祭祀用的活羊。

【译文】子贡想要省去每月初一告朔祭祖用的活羊。孔子说："赐，你可惜那只羊，我却可惜那种礼。"

【解读】☞ 礼不在物　而在于心

按照《周礼》的规定，周天子每年秋冬之际，要把第二年的历书颁给诸侯，诸侯把历书放在祖庙里，并按照历书规定每月初一要到祖庙来祭祀，祭祀时，要杀一只活羊，表示每月听政的开始。这种祭祀，相当于我们每年的国家两会，安排一年的工作，是一种大礼。子贡是商人，在他看来羊很值钱，觉得很可惜，但孔子所当心的不是羊不羊的事，而是礼能不能实行下去的问题。当时人们已不重视此礼，总想着省去一些祭品和行礼的程序，心中对礼不感兴趣。本章体现出孔子对礼的重视。

【品悟】礼崩乐坏之时，更需重礼之行。子贡惜物，孔子惜礼，重物者轻，重礼者尊。礼虽简，可以救，礼若亡，救则难。

> 子曰："事君尽礼，人以为谄也。"

【译文】孔子说："依礼数去事奉君主，人们认为这是谄媚。"

【解读】☞ 礼为规矩　并非谄也

礼是维系社会各种关系的制度规矩，无论事君还是事人都当以礼而为。然而在礼崩乐坏的时候，以礼事君，常被误解为谄媚。为什么会产生这种认识？因为人们对礼的意义没有充分理解，所以才对礼的认识产生偏见。在现实社会中，某些地方和单位由于种种原因破坏了政治生态，个别领导干部对党不忠诚、不老实，毫无规矩意识，对工作不负责任，欺上瞒下，有令不行，有禁不止，给党和人民事业造成损失。这些沉痛的教训，应该吸取。

【品悟】父如君，君若父，孝亲事君本为常礼；事君为谄者，无父无君也，此为悖理。今有讥讽英雄，诋毁模范，不敢见义勇为者，其如"以为谄"者，实在可悲。

> 定公①问："君使臣，臣事君，如之何？"孔子对曰："君使臣以礼，臣事君以忠。"

【注释】① 定公：鲁国国君（公元前 509～公元前 495），"定"是谥号。

【译文】鲁定公问孔子："君主使用臣子，臣子服事君主，各应该怎么样？"孔子回答说："君主要以礼来使用臣子，臣子要忠心地服事君主。"

【解读】☞ 上以礼　下以忠

本章是讲述上下级之间如何相处。一方面，居上者对下要有礼，居下者对上要忠心。此两者相互作用，相互成就。君臣之间如何相处，这是人们常常关心的问题，如果相处和谐，就能相得益彰；如果相处不好，就会两败俱伤。所以，孔子主张君臣要做到以礼相待，以忠相报。君以礼使臣，那么臣就会以忠事君，这是一对相互的关系，也是人之常情。如果君不以礼待臣，臣对君的忠心也不会长久。如果君臣相互体切，依礼而行，那么，君臣之间就会和谐相处，固守道义，社会和谐稳定，百姓安居乐业。

【品悟】人与人相处，贵在尊重，相互尊重，方可和睦。上位者不尊，下位者则不敬。不尊不敬，君臣各异，国之不久。

子曰："《关雎》①，乐而不淫，哀而不伤。"

【注释】① 《关雎》：这是《诗经》的第一篇。此篇写君子"追求"淑女之事，体现积极向上，追求美好生活的态度。

【译文】孔子说："《关雎》这篇诗，快乐但不放荡，忧虑但不哀伤。"

【解读】☞ 乐而不淫　哀而不伤

《关雎》为《诗经》的开篇之作，全文积极向上，美好和谐，表面上看似是讲爱情故事，其实阐述了德位相配的深刻道理。从古到今，淑女与君子相匹配才算合理。所以，古人在爱情方面特别讲究门当户对，这是古人在社会实践中得到的认识，并不存在所谓封建观念之说。一般情况下，但凡有共同爱好、共同目标和共同追求的人最有可能成为相对固定的朋友或伴侣。这也反映了人们对美好生活的追求。因此，自古以来淑女最情愿与君子为伍，而君子也情愿与淑女为伴，他们互敬互爱，共同向上，组成美好的家庭并利于社会发展。

在现实生活中，由于学识和家庭环境不同，人与人之间总存在着这样和那样的差距，所以人们在交往过程中会有意识地追求与自己情投意合的人，与之为伴。一般情况下，当自己还未修成君子时，不会得到淑女的认可，所以才会有"求之不得"的结果。如果发奋努力，达到君子的境界，淑女自然会迎面走来，结成伴侣。在相互追求的过程中，虽有不如意，但毫无怨言，正是"哀而不伤"。这种和谐向上的社会氛围，正是孔子所向往的理想社会。

【品悟】天生万物参差不齐，然人之习性则可修养，修则进，不修则退。

人人自修，皆可君子，修成君子，钟鼓乐之。人生理想不可废，孜孜不倦可实现。

> 哀公问社①于宰我。宰我②对曰："夏后氏以松，殷人以柏，周人以栗，曰，使民战栗③。"子闻之，曰："成事不说，遂事不谏，既往不咎。"

【注释】① 社：土地神，祭祀土神的庙也称社。② 宰我：名予，字子予，孔子的学生。③ 战栗：恐惧，发抖。

【译文】鲁哀公问宰我，制作土地神应该用什么木材。宰我回答："夏朝用松木，商朝用柏木，周朝用栗木。用栗子木的意思是使老百姓战栗。"孔子听到后，说："已经做了的事实不用再提，已经完成的事不必再挽救，已经过去的事不必再追究了。"

【解读】☞ 往事已去　来者可追

古时立国都要建立土地庙，以佑百姓安居和国土安全。选用土地神牌位的木料也有考究。宰我在回答此类问题时说，周朝用栗子木做社牌，其目的是"使民战栗"。宰我善长言辞，但其"使民战栗"的说法无从考据。孔子反对道听途说，他不希望自己的学生无端猜想，没有事实根据的瞎说不仅歪曲了周礼而且损坏了君子的形象。所以孔子主张"讷于言而慎于行"。对于历史上发生的事情，有其历史原因，如果不清楚当时历史背景就妄加评论的话，是不科学的，也是不严谨的。所以，孔子主张过去的事在没有可靠依据下，还是少说为好。无端议论常常会引起人们思想的混乱，对社会稳定造成不良影响。如同现在社会上一些人好妄议中央一样，孔子是不赞成的。

【品悟】事不明者不可妄说，力不及者不可妄谏，大政方针不可妄议。

> 子曰："管仲①之器小哉！"或曰："管仲俭乎？"曰："管氏有三归②，官事不摄③，焉得俭？""然则管仲知礼乎？"曰："邦君树塞门④，管氏亦树塞门。邦君为两君之好，有反坫⑤，管氏亦有反坫。管氏而知礼，孰不知礼？"

【注释】① 管仲：姓管，名夷吾，春秋齐国人。齐桓公的宰相，助齐桓公为霸主，公元前645年卒。② 三归：相传是三处府库。③ 摄：兼任。④ 树塞门：树，树立；塞门，在大门口筑的一道短墙，以别内外，相当于屏风、照壁等。⑤ 反坫：古代君主招待别国国君时，放置酒杯的土台。

【译文】孔子说："管仲这器量小呀！"有人说："管仲节俭吗？"孔子说："他有三个府库，他家里佣人很多，从不兼职，怎么谈得上节俭呢？"又问："那么管仲知礼吗？"孔子回答："国君门口设照壁，管仲也在门口设照壁。国君为招待外国君主设酒台，管仲也设酒台。如果说管仲知礼，那么还有谁不知礼呢？"

【解读】☞ 不知敬畏　无以为君子

在《论语》中，孔子对管子的评价一分为二，功过两开，可谓公正。本章，孔子指出管仲的缺点有二：一不节俭，二不知礼。他设府库三处，佣人又不兼职，可谓浪费；"树塞门""设反坫"与君比齐，可谓破坏规矩。管仲助桓公，霸诸侯虽有功劳，但他的不足之处，后人也应知晓。节俭是中华民族的优良传统，过去是，现在是，将来还是，永不过时。知礼守礼是君子理应具备的基本品质，任何时候都要坚守。

知礼也是每个公民应有的基本素养，特别是领导干部应该把学礼、用礼作为个人修养的重要内容。党中央一再强调要讲规矩，规矩就是"礼"，重点是政治规矩。还应该讲生活规矩、做人规矩等。曾国藩在家书中教育他的后人："家败，离不得一奢字；人败，离不得一逸字；讨人嫌，离不得一骄字。"节俭意识、规矩意识始终是中华民族不可丢掉的优良传统。

【品悟】功归功，过归过，功过两分开。评述历史人物不可一刀切，应以历史为背景,全面系统去认识最为科学。

> 子语鲁大师①乐,曰:"乐其可知也:始作,翕②如也;从③之,纯④如也,皦⑤如也,绎如也,以成。"

【注释】① 大师:乐官之长。② 翕:意为合、聚、协调。③ 从:放纵、展开。④ 纯:纯正、美好、和谐。⑤ 皦:音节分明。

【译文】孔子与鲁国乐官谈论演奏音乐的道理,说道:"奏乐的道理是可以知道的:开始演奏,各种乐器合奏整齐、声律优美;接着悠扬悦耳、音节分明、连续不断,最后完成。"

【解读】☞ 人生如乐　修者可成

　　音乐也是修养途径,一曲美好的乐章,需要各个乐师的相互配合与协调才可以完成。做人做事就像奏乐一样,需要有合作精神才能取得成功。人生乃至社会都需要合作、和谐才可以发展进步。音乐讲究的是和谐,需要有团队意识、大局意识和核心意识,有这三种意识才可能形成一曲美妙的音律。为乐者,不能"各家自扫门前雪,不管他人瓦上霜",需要相互配合,精诚团结,相互照应,顾全大局。执政之理如同音乐之理,各部门协调一致,坚守岗位,没有杂念,才可以成就。若各自为政,一盘散沙,则一事无成。

【品悟】礼之用和为贵,乐之美在于齐。合作才可共赢,和谐才能成就。全面配合,尽善尽美。优秀的团队应有核心意识,大局意识,看齐意识。

> 仪封人①请见,曰:"君子之至于斯也,吾未尝不得见也。"从者见之②。出曰:"二三子何患于丧③乎?天下之无道也久矣,天将以夫子为木铎④。"

【注释】① 仪封人：仪为地名，在今河南兰考县境内；封人，系镇守边疆的官。 ② 从者见之：随行的人引他见了孔子。 ③ 丧：失去，这里指失去官职。 ④ 木铎：木舌的铜铃。古代天子发布政令时摇它以召集听众。

【译文】仪地方的长官请求见孔子，他说："凡是君子到这里来，我从没有不和他见面的。"孔子的随从引他去见了孔子。他出来后（对孔子的学生们）说："你们几位何必为没有官位而发愁呢？天下无道已经很久了，上天将使你们的老师传道于天下。"

【解读】☞ 天授以命　传道于世

孔子传道受阻，弟子们情绪低落，这时他们刚好到达仪这个地方。当地的长官见了孔子后，无不被孔子的学识、理想和为理想而奋斗的决心所折服。当他们听到孔子与众不同的主张时，对孔子的行为和思想非常推崇。于是认定孔子的思想将引领时代前进的方向，孔子将是传播这些优秀思想的导师，仪封人便告诉孔子的门人弟子要有自信，要坚信孔子倡导的学说将是未来治国平天下的至高要道。

【品悟】仁者见仁，智者见智。仪人见夫子，如见北辰，信心倍增，寄予厚望，故有"木铎"之言。

> 子谓《韶》①："尽美②矣，又尽善③也。"谓《武》④："尽美矣，未尽善也。"

【注释】① 韶：相传是古代歌颂虞舜的一种乐舞，内外和美。 ② 美：指乐曲的音调、舞蹈的形式。③ 善：指乐舞的思想内容而言的。④《武》：相传是歌颂周武王的一种乐舞。

【译文】孔子讲到《韶》这一乐舞时说："美极了，好极了。"谈到《武》这一乐舞时说："美极了，但不够好。"

【解读】☞ 尽善尽美　可谓完美

乐教是孔子教学的内容，是修养内心和美之气的一种形式。有什么样的音乐，就可能练就什么样的内涵和气质，美好的音乐有益于身体健康。和谐之音可使人更加善美；狂放之音，虽使人激昂奋进，但过分了也使人狂热不驯；靡靡之音则可使人执迷放纵。孔子所讲的《韶》乐是和谐、优雅之曲，有积极向上、悠然自得之气。孔子崇尚《韶》乐，因《韶》乐内外和善，而《武》乐则美中不足，适用于军队讨伐。

【品悟】音乐之养，在于向上向善，善美兼修，是谓尽善尽美。

> 子曰："居上不宽，为礼不敬，临丧不哀，吾何以观之哉？"

【译文】孔子说："居上之时不能宽厚待人，行礼之时心无敬畏，参加丧礼时无所悲哀，这种情况我怎么能看得下去呢？"

【解读】☞ 礼崩乐坏　任重道远

本章是《八佾》篇的总结，从"三家"不守礼到禘礼不合规，从众人对礼的偏见到门人弟子的迷茫等，分析了整个社会对礼的认识情况。仪封人的话反映了社会对礼的要求和渴望。结尾这段话，表明了孔子对整个社会现状的看法，同时也表达了他想恢复礼制的心愿。他认为：居上位者应有上好的道德，行礼者应有敬畏之心，居丧者应有悲哀之情。这三者在古代是人们最为关注的事。若此三者完好，则社会和谐，百姓安乐。

【品悟】为上者乃"关键少数"，惟有上者率先垂范，以身作则，不忘初心，国家民族才有希望。

里仁第四

导 语

《里仁》篇共 26 章，主要讲述了人文社会环境对人的影响作用及如何修养自己等诸多方面的问题。有理论，有实践，对后世发展产生了较大影响。

> 子曰:"里仁为美①。择不处②仁,焉得知③?"

【注释】① 里仁为美:居住在有仁德的地方是件美事。里,住处,古时五邻为里。② 处:居住。③ 知:同"智"。

【译文】孔子说:"居住在仁德的地方是件美事。不选择仁德的环境,谈何智慧?"

【解读】☞ 近朱者赤　近墨者黑

一个人道德品行的形成与其所处的环境有密切关系。人的思想和行为常常会受到周围环境影响。处于仁善环境,自然就会养成良好的习惯,形成优秀的品格。若处于不善的环境,就会养成一些坏的习惯,形成不良的品质。正是"与善人居,如入芝兰之室,久而不闻其香,即与之化矣。与不善人居,如入鲍鱼之肆,久而不闻其臭,亦与之化矣"。"孟母三迁"是古代父母为子女成长选择有益环境的典型案例。当今社会的"孟母"更是举不胜举,所以无论是在农村还是在城市,学区房总是昂贵的。从人们对居住环境的选择中可以看出人的价值追求。人与人之间的交往也是如此,向好人看齐,就能少走弯路;与坏人为伍,出错率就高。总之,择善而从是大多数人的追求和愿望。

【品悟】择善者得其善,择恶者得其恶。物以类相聚,人以群而分,善恶虽不同,日久臭相从。

> 子曰:"不仁者不可以久处约①,不可以长处乐。仁者安仁②,知者利仁③。"

【注释】① 约:穷困、困窘、简约。② 安仁:安仁是安于仁道。③ 利仁,知其仁而行仁。

【译文】孔子说:"没有仁德的人不可能长久地居于贫困中,也不能长久地守住安乐。有仁德的人安于仁道，有智慧的人利于仁道。"

【解读】☞ 仁者安仁　智者利仁

　　仁者与不仁者的本质区别。仁者懂得仁义道德，所以可以心无旁骛安守仁德；不仁者，因为内心无敬无畏，一心为己，既不可以安分守己，也不可以安贫乐道，更不可能知足常乐，总是贪得无厌，永不满足。所以，只有仁者能够安心于仁。而智者能明辨是非，认识正道，懂得行仁的好处，能在营生中不失仁德。老子云："同于道者，道亦乐得之；同于德者，德亦乐得之；同于失者，失亦乐得之"，讲的就是这个道理。

【品悟】仁者，安平乐道，贫富皆可长处。不仁者，心存自我，贫困时不思进，富裕时生骄横，故贫富皆不可长处。智者，知荣辱，识时务，堪称俊杰。

子曰："唯仁者能好①人，能恶②人。"

【注释】① 好：喜爱。作动词。　② 恶：憎恶、讨厌。作动词。

【译文】孔子说："只有有仁德的人才能够喜爱某人，憎恶某人。"

【解读】☞ 仁者爱人

　　一个人只要心存仁德，就能够以仁待人。不论是对好人还是坏人，都能以正确态度去对待。对于好人，他希望对方更好；对于坏人，他希望对方弃恶从善。他能处处为别人着想，真心对别人负责，热心为别人服务。这样的人，为人做事总是从善意出发引导别人积极向上，而不是"爱之欲其生，恨之欲其死"。所以，唯有仁者，能真正使好人越好，使不肖者变好。

【品悟】仁者爱他人，乐于助其向善，促其进步；仁者憎恶不争之人，痛恨其不善，怨其停滞不前。

> 子曰:"苟志于仁矣,无恶也。"

【译文】孔子说:"如果立志于仁,就不会有恶言恶行了。"

【解读】☞ 仁者无恶

一个真正仁德之人,常常会为别人着想,说话做事总是站在他人的立场上思考问题,不会去做恶事,也不会去怨恨,更不会犯上作乱、为非作歹。他一切从善出发,对待好人,他以德报德;对待不肖者,他倾心帮助。仁者,始终释放着正能量。

【品悟】追求仁德,需改过迁善,求仁愈切,过错自却,求善愈切,仁善愈多。

> 子曰:"富与贵,是人之所欲也,不以其道得之,不处也;贫与贱,是人之所恶也,不以其道得之,不去也。君子去仁,恶乎成名?君子无终食之间违仁,造次①必于是,颠沛②必于是。"

【注释】① 造次:匆忙,仓促。② 颠沛:困顿,挫折。

【译文】孔子说:"富和贵是人人都想得到的,若不能用正当的方法去追求,君子不接受;贫穷与低贱是人人都不想的,若不用正当的方法去改变它,君子不摆脱。君子放弃了仁德,又怎么能成君子呢?君子没有一餐饭的时间背离仁德,无论何时何地君子始终坚守着仁道。"

【解读】☞ 富贵贫贱 求之以道

孔子主张富民、教民,反对民贫、民贱。消除贫贱获得富贵必须通过正确的方法,若不以正道而取得富贵,则富贵不得长久;若不以正道来消除贫贱,贫贱永远不会消除。这是孔子的观点,也是被实践证明了的正确结论。《大学》云:"货悖而入者,亦悖而出。"当今的帮扶工作也是如此,如果用正确的方法，既扶"口袋"，又扶"脑袋"，那么贫穷就会去根；如果只是简单草率，急功近利，即使暂时摘掉了贫困帽子，但返贫的可能性依然存在。

民间有言：不义之财，来也匆匆，去也匆匆。要过上富贵安逸的生活，必须通过正当的手段和合法的途径去获取，否则即使暂时如愿，也不会长久的。德位相配，这是古人的经验，也是现实的总结。

【品悟】富贵之心，人皆有之。以道而得者，富贵长存，非道而得者，虽得不存。贫贱之事人皆恶之。以道而去者，贫贱尽去，非道而去者，虽去又还。

> 子曰："我未见好仁者、恶不仁者。好仁者，无以尚①之；恶不仁者，其为仁矣，不使不仁者加乎其身。有能一日用其力于仁矣乎？我未见力不足者。盖有之矣，我未之见也。"

【注释】① 尚：高尚。

【译文】孔子说："我没有见过真正追求仁德的人和厌恶不仁德的人。追求仁德的人，是至高无上的；对不仁者的不满和反感，目的是希望不仁者能有仁德，不想让不仁者的思想和言行影响自己。人们能否抽出一点时间或者一点精力去实行仁道呢？我还没有见过做不到的人。大概这样的人还是有的，但我没见过。"

【解读】☞ 仁德在修　修则可成

凡是有仁德的人，虽然厌恶不仁者的言行，但不会去怨恨那些不仁的人。真正有仁德的人，会同情和帮助那些不仁者并希望他们通过学习修养改过迁善，不断进步，成为仁人志士。仁德的人，有时可能远离不仁者，但其目的不是嫌弃他们，而是为了洁身自好，不受所染。有时候可能会批评不仁者，使他们早日改过自新获得仁德。仁德是至高无上的，每个人通过努力都可以做到。有的人可以长期坚守，有的人可能会短期坚守，只要心中有诚，人人都可以修得仁德，人人皆可以成为圣贤。

共产党人是全世界最有仁德的。共产党成立的初衷就是为了那些饥寒交迫的人、受压迫的人谋利益的。这是《共产党宣言》的核心思想，也是中国共产党的使命。中国共产党成立以来的百年党史，其实就是全心全意为人民服务的历史，是为人民办事的历史，一句话是追求仁德的历史。

【品悟】人人皆可为圣贤，欲成圣贤必自修。若有一日之修，则为一日圣贤，十日之修，则为十日圣贤，修之不辍，终身可圣。

子曰："人之过也，各于其党①。观过，斯知仁矣。"

【注释】① 党：类也。

【译文】孔子说："人们不免有错，过错有各种情况。考察一个人所犯的错误，可以知道他有没有仁德。"

【解读】☞ 过有不同　必观其由

人非圣贤，孰能无过？考察一个人有没有仁德，可以从不同角度入手，一般人是从正面入手去分析。比如，判断一个人的好坏，首先看其是不是做了什么善事，若做善事就是善人了。其实不然，同样是一件好事，有人是为了达到不可告人的目的而去做善事；有人是被迫无奈去做；有人是自愿去做；有人是无意去做。他们做事的动机不一样，结果却一样。用相同的结果，去判断善与不善、仁与不仁显然是不全面的。孔子为我们提供了一个很好的方法，这种方法是从反面入手（看过错的原因），根据做事的出发点来观察和判断一个人的内心世界是不是有仁德。本章就是从过错中来分析是不是有仁义之理的。有人是无意之错，有人是故意之错，有人是为做好事而犯错，这三者要具体分析。有人出发点是好的，但由于种种原因好事没有办好，甚至把好事办砸了，结果遭到人们的指责。这种过错常常在生活中发生。但作为有仁德的人，不能不分青红皂白盲目指责有过错的人，要具体分析其中原因。人虽有错，但有过错者并非都无仁德，所以孔子说：可以从过错中看出一个人有没有仁德。比如因见义勇为误伤别人；因维护国家财产伤及了个人；因群众利益而违犯了规定等。虽然有过，"观过，斯知仁矣。"当然，孔子主张不贰过，其意思是同一过错不可重犯。所以，君子要谨言慎行，尽量少犯或不犯错误，减少不必要的损失。

【品悟】错误要区别对待，不可一概而论。容错机制，是谓良法。错有多种：有无意而错，有无知而错，有见义勇为而错，有一心为公而错等，观其错知其有仁也；明知故为而错，为自己私利而错，观其过而知其无仁也。

子曰："朝①闻道，夕死可矣。"

【注释】① 朝：早上。

【译文】孔子说："一旦得道，就要坚守终生，至死不悔。"

【解读】☞ 坚守真理　至死不移

人生的意义到底是什么，古今中外有不同的答案。我国古圣先贤认为：人活着首先要像人一样，要有仁爱之心，通过仁爱唤醒天下，实现"老有所终，壮有所用，幼有所长，鳏、寡、孤独、废疾者皆有所养"的大同理想。实现这样伟大目标必须坚持仁德之道，这是古圣先贤所追求的"道"。这种"道"涵盖了生命规律、社会规律、自然规律等，揭示了人类社会发展的基本规律。要实现这样的道，就要寻道、得道、守道。一旦得道，就要坚守始终，至死不移。有了这样决心和信心，生命才会有价值，人生才会有意义。

【品悟】道不远人，人远道也，得之不易，失之可惜，故至死不移，道永存矣。

子曰："士志于道，而耻恶衣恶食者，未足与议也。"

【译文】孔子说:"士人如果有志于求道义,却以自己衣食简陋为耻,这种人是不值得与他谈论道的。"

【解读】☞ 志于道者同于道

有人以无道为耻,把道看得高于一切,终身坚守,毫不动摇。有人却以衣食多少为耻,把财富看得高于一切,这是本末倒置。有了道德,人才能像人一样生活;失去道德,人就如禽兽一般。道是万事万物运行的规律,是世界之本。衣食住行则是从属于道的,无道的社会不会和谐,更不会长久。如果以恶衣恶食为耻则属目光短浅、舍本逐末之辈,不必与他谈论道的问题。

【品悟】 求道之路坎坷不平,困难在所难免,唯有坚定信念方能成功。成就伟业者,必须耐得住寂寞,经得起考验,承受得了贫困。

子曰:"君子之于天下也,无适①也,无莫②也,义③之与比④。"

【注释】① 适:亲近、厚待。② 莫:疏远、冷淡、冷漠。③ 义:适宜、妥当。④ 比:亲近、相近、靠近。

【译文】孔子说:"君子对于天下事物的态度是一样的,不存在亲近远疏,只是依照道义而行。"

【解读】☞ 日月无私照　君子无私心

君子是得道之人,故能以道而行,其胸怀坦荡,无贵无贱,内心公平,一视同仁,这是"无"的境界。所谓"无",并非什么都不想,什么都不做,而是无私心杂念,一心为民。当人们达到了"无"的境界时,就能做到全心全意为人民服务了,正如习近平总书记所言:"我将无我,不负人民。"作为君子,要以义为重,坚守道德,不分高低贵贱,就像太阳一样,普照万物,像月亮一样,奉献光辉,这是君子的品质。

【品悟】君子无私,公平正义,天下万物皆受其泽。其行无亲疏远近之意,其德如雨露滋养大地。居庙堂之高则忧其民,处江湖之远则忧其君。

子曰:"君子怀①德,小人怀土②;君子怀刑③,小人怀惠。"

【注释】① 怀:思念。② 土:乡土。③ 刑:法度。

【译文】孔子说:"君子思念道德,小人思念田产;君子关心礼法,小人关心恩惠。"

【解读】☞ 君子重仁义　小人重名利

古人根据学识和修养把人分为五等:即小人、大人、君子、贤人和圣人。小人常指一般百姓或平常人。君子是指一些有学识或者为官的人。古人对人的划分本无恶意,只是希望人们通过不断学习,见贤思齐有所追求和进步。人的等次之分不是固定不变的,每个人通过学习修养都可以进步。若不学习,就会永远落后于时代。经常学习思考的人,一般会胸怀宽广,深明大义,视野开阔,有远大的理想和抱负,这类人被称为君子。而不学习不修养的人,就可能不知大道,陷入泥泞,更谈不上远大的志向。小人和君子不是一成不变的,小人努力可成君子,君子不学也可成为小人。常言道,"学习如逆水行舟,不进则退。"孔子所说"人人可以为君子",就是这个道理。

【品悟】君子心存仁爱,知敬,知礼;小人心存私利,无敬,无畏。君子公而忘私,小人反是。

子曰:"放①于利而行,多怨②。"

【注释】① 放:同"仿",效法,引申为追求。② 怨:怨恨。

【译文】孔子说:"一切以利而为,会招致很多怨恨。"

【解读】☞ 以利而行　怨恨多生

做人做事如果只图个人利益,不顾及仁义的话,终究会产生矛盾。君子应该心怀仁义,为他人着想。如果处处以私利为目标的话,那么迟早会导致怨恨的。中华民族自古以来就崇尚仁义道德。所谓道德就是合乎天地自然规律、人生规律和社会规律的言行。所谓仁义就是为他人着想,符合道义。君子是大公无私、乐于奉献的人,所以常受到人们的敬重。而小人则自私自利,胸无大志,所以常受到人们的指责。孔子说:"君子喻于义,小人喻于利。"这是讲君子与小人的主要区别。但并不是说君子就不求富贵。君子也是人,不是生活在真空中,君子求财是有原则的,这个原则就是道。所以常言道"君子爱财,取之有道",这里的道就是礼和义。

【品悟】以利相交利熏心,多寡不均怨恨生,商人重利轻别离,仁义不觉淡了去。

子曰:"能以礼让为国乎?何有①?不能以礼让为国,如礼何②?"

【注释】① 何有:何难之有,即不难之意。② 如礼何:怎样对待礼呢?

【译文】孔子说:"能够用礼让之法来治理国家吗?有什么办不到的吗?不能用礼让之法来治理国家,又怎样对待礼呢?"

【解读】☞ 礼法制度　治国之本

礼治就是以传统道德和规矩为标准的制度规范,是文明的治理方法。随着社会发展,礼仪和规矩逐渐上升到法律规定的层面,成为历代治理国家的良法。到春秋战国时期,礼仪制度已历经了上千年时间并经过实践证明是管用的。孔子认为虽然社会在向前发展,但礼治并不过时,之所以社会混乱,是因为统治者不重视、不推行礼。如果礼仪规矩长期不用,人们的行为就无法规范，一些规范制度就会丧失，国家自然陷入无序的状态。历史一再证明了这一点：礼崩乐坏天下大乱，国土任人宰割、百姓任人践踏、民族任人欺凌，亡国之恨，遍及天下。有了完备的礼制，并严格执行，就可以巩固人们的仁德，有了仁德就会国泰民安。

随着社会进步，礼的形式多种多样，但万变不离其宗，求仁的原则始终没有改变。有的礼已上升到法律原则和条例规范；有的礼变成了现代社会的核心价值；有的礼有了具体的仪式和程序等。礼的创新和完善保证了现代社会的有序发展。

【品悟】礼仪之邦，源远流长，礼仪之用，可圈可点。治国之礼，不敢简慢，无礼无序，家国必乱。

子曰："不患①无位，患所以立。不患莫己知②，求为可知也。"

【注释】① 患：害怕。② 己知：知己，了解自己。

【译文】孔子说："不怕自己没有地位，就怕自己没有学到安身立命的本领。不怕没有人知道自己，要去追求可以使别人知道自己的本领。"

【解读】☞ 不怕无位　只怕无为

实现自己的人生价值是每一个人追求的目标，本无可厚非。但只求出彩和出名是比较功利的想法，人生的追求如果停留在"名利"上，就有可能形成资本主义世界观，这与中华优秀传统价值观背道而驰。孔子的弟子子夏说过："虽小道必有可观者焉，致远恐泥"，其意思是：虽然有的人有一些小计谋、小能耐，甚至可以获得一些小利益，实现一些小的目标，但长期下去不会有大的成就。常言道：让自己有钱，不如让自己值钱。讲的也是这个道理。

【品悟】以有为创有位，以勤敏创佳绩。老子云："以其无私邪，故能成其私。"

> 子曰:"参乎,吾道一以贯①之。"曾子曰:"唯②。"子出,门人问曰:"何谓也?"曾子曰:"夫子之道,忠恕而已矣。"

【注释】 ① 贯:贯通。② 唯:是。

【译文】 孔子说:"曾参啊,我的学说贯穿着一个基本理念。"曾子说:"是。"孔子走后,别的同学问曾子:"夫子的学说是什么?"曾子说:"夫子的学说,就是'忠恕'二字罢了。"

【解读】 ☞ 人生之道　忠恕而已

孔子一生都在传经授道。那么,道的核心是什么呢?曾子用"忠恕"两个字概括了道的意义。"忠恕"之道是孔子思想的重要内容。"忠"就是要发自内心,诚心诚意,坚守仁义;"恕"就是要如己心,如他心,为他人着想。后来学者把这"忠恕"概括为"仁"。现在人们提倡的"严于律己、宽以待人"也是这个的意思。

【品悟】 君子之道在于"忠恕"二字,关键在于实践,终生不可改变。

> 子曰:"君子喻①于义,小人喻于利。"

【注释】 ① 喻:明白,注重。

【译文】 孔子说:"君子注重仁义,小人注重小利。"

【解读】 ☞ 君子小人　别于义利

君子与小人的不同之处在于对待义和利的态度上。何为义,义者,宜也,是公正合理的意思。无论君子和小人对义和利都有所求,关键是看把什么放在第一位。君子把义看作第一位,而小人却把利看作第一位,这是根本区别,也是区分君子与小人的基本准则。人不可能一生下来就是君子,君子是由小人通过不断学习修养而养成的。小人通过学习改变自己的思想观念和行为举止，从而达到君子的境界。只要能够正确地处理好义与利的关系，那这个人就可称为君子或贤人。过分讲求利，可能形成以自我为中心的价值观，私心严重者还可能伤及他人。君子是以义为主，为他人谋利，为他人着想，是大公无私之人，小人则相反。社会进步要靠君子去引导。人人成为君子是孔子一生的理想和追求。

【品悟】仁者，人也，义者，宜也。天下因仁而存，因义而兴，因利而争。先仁义者，义利兼得；重利轻义，利不久也。

子曰："见贤思齐焉，见不贤而内自省也。"

【译文】孔子说："见到贤者，就应考虑如何向他们学习看齐，见到不贤者，就应该自我反省（自己有没有与之相类似的缺点）。"

【解读】☞ 见贤思齐　不贤自省

最常见的修养方法是向好人看齐，见不贤者多反省自己。这是人人可以做到的，也是最为简单实用的学习方法。孔子说："三人行，必有我师焉，择其善者而从之，其不善者而改之。"讲的就是这个道理。学习不仅要向书本学、向实践学，特别要向身边好人学，要取长补短，把贤德的人当作自己的榜样，把不肖者当作反面教材。坚持这种学习态度，自己才可不断进步。

【品悟】人生处处皆学问，追求上进是自修。贤与不肖各有异，改过迁善成君子。

子曰："事父母几①谏，见志不从，又敬不违，劳②而不怨。"

【注释】① 几：轻微、婉转。 ② 劳：忧愁、烦劳。

【译文】孔子说："事奉父母，（发现父母有过错）要委婉地劝说，看到自己的心意没被听从，仍然恭敬地做工作，不可违礼，虽然忧愁但不怨恨。"

【解读】☞ 父母之过　子女有责

如何对待父母之过？这是生活中的难题，也是检查自己孝与不孝的试卷。父母是自己的长辈，父母若有过，晚辈不可不劝，不劝则陷父母于不仁不义。如何劝阻使父母改过呢？这是一种智慧，也是孝的表现。父母之过或因一时迷惑，或因习性所然，或因平时无知，或因不通大道等，若劝而不听，则不能放弃，要有耐心，需再劝"不违"。"不违"是不要失礼，失礼就顾此失彼，得不偿失了。所以，劝阻父母之过是需要智慧的，有时可能受到父母的责难，这就需要有"不怨"的态度，想方设法使父母明白自身存在的过错，这也算是尽了孝道。

本章启示人们，对待父母长辈的过失要胸怀大度，不可斤斤计较。既要有诚心，又要有孝心。不能因为父母的不理解而放弃帮助父母改过迁善。对待朋友、同事、上级等理应如此。

【品悟】父母生我，情深恩硕。父母育我，劳苦功卓。父母之过，不劝是过。以礼相劝，使其知错。不违不怨，阖家欢乐。

子曰："父母在，不远游①，游必有方②。"

【注释】① 游：指游学、游官、经商等外出活动。 ② 方：方位。

【译文】孔子说："父母在世，不远离家乡，如果不得已远去，一定要让父母知道在什么地方。"

【解读】☞ 父母在　不远游

"父母在，不远游"既有仁又有义；既有爱又有孝。父母是至亲，子女是至爱。家庭团圆，上下敬爱是人类幸福的事。然而为了生活，子女到处奔波也是常事。子女在外，父母操心，父母在家，子女思念，也是在所难免。如何处理这样的矛盾呢？孔子主张：父母在，一是不远游；二是游必有方。意思是不要远离父母，免得父母担心。若要离开，要告诉父母去处，减少父母的忧愁，这样做都是为父母着想的。

随着社会发展，交通、通信网络四通八达，"一机在手，走遍全球"。虽有电话视频，但总不如真人在前。所以，常回家看看成为全社会的共识。孔子提出"不远游，游必有方"既是对天下子女的要求，也是对未来社会的期望。他希望人们热爱家乡，建设家乡，常与亲人团圆，让父母感到温暖。有人认为"父母在，不远游"已不符合时代发展要求。但我认为，这种观点有待探讨。父母在与不在，子女游与不游要看社会和生活的需要。人类生活在世界上是有责任的，一要对先辈负责；二要对社会负责；三要对后人负责。要听从国家召唤，融入社会建设的伟大实践，为建设美好家园作出贡献。

【品悟】背井离乡父母念，不见子女心孤单。自古忠孝不两全，适时回家常看看。

子曰："三年无改于父之道，可谓孝矣。"

【译文】孔子说："多年不改父母的善德善行，就算是守孝道的人了。"

【解读】☞ 弘扬家风　孝之行也

是否孝敬父母，不仅要看能否保障父母衣食住行的基本需要，还要看能否秉持父母的善德善行，实现父母的美好意愿。可怜天下父母心，父母总希望子女成长、成才、成人，更希望子女有所作为。父母之心总是善良的，能够继承父母的事业并发扬光大，让父母安心，这也可以称为最孝的行为了。

【品悟】传承家风家教，实现父母意愿，告慰父辈先灵，也是一种孝敬。

> 子曰:"父母之年,不可不知也。一则以喜①,一则以惧②。"

【注释】① 喜:高兴。② 惧:担忧。

【译文】孔子说:"父母的年龄,不能不牢记在心里。一方面为他们的健在而高兴,一方面又为他们渐老而担忧。"

【解读】☞ 寿则喜　衰则惧

关心父母的生活和健康,是仁义道德的表现。人的生命是有限的,生老病死乃人生规律。如何认识规律和把握规律,让生命过得更有意义,是我们每一个人都要面对的人生课题。随着年龄的增长,父母渐渐老去,他们的生理机能和生活能力也逐渐衰退,越来越需要帮助。如果不了解父母的年龄,可能就会失去抚养父母的机会,留下终身遗憾,正可谓"树欲静而风不止,子欲养而亲不待"。所以孔子说,要了解父母的年龄,及时帮助父母渡过难关。了解父母年龄会有两种心情:一是喜;二是忧。喜的是父母健在,可依可孝;忧的是父母渐老,何依何孝。若知父母之年,则可精心照顾,使其健康长寿,安度晚年。知道父母的年龄,记住他们的生日是最好的方法,于是形成了为父母祝寿的习惯。可见中华民族的每个传统习俗都是有其深远意义的。现在,世界各国都有庆祝生日的习惯,看来全人类的心都是向善的。给小孩过生日,是关心他们的成长;给老人过生日,是关心他们的健康。

【品悟】父母之年,各有所望,不同时期,所需莫忘,爱之敬之,幸福安康。

> 子曰:"古者言之不出,耻躬①之不逮②也。"

【注释】① 躬:亲自,自身。② 逮:及,赶上。

【译文】孔子说:"古代贤者言语不轻易出口,他们担心说了行动却赶不上,并以此为耻。"

【解读】☞ 谨言慎行　君子之行

"自古皆有死,民无信不立",这是孔子对"信"的认识。所以古人以无"诚信"为耻,把"诚信"看得比生命还重要。孔子崇尚"言而有信",主张谨言慎行,主要是担心食言失信。没有信用的人不可立足于社会,所以孔子主张人不可轻言,意在喻人:一是说话要有把握,若不能兑现,有失君子形象;二是说话要有根据,不可道听途说。言而不实,非君子所为。君子一言,驷马难追,讲的也是这个道理。

一言不慎,后患无穷。所言所行,需调查研究。君子当替人着想,实事求是,才可使人信服,做人表率。

【品悟】圣贤之人,一诺千金。故言必缜密,行必合道。言而不信,信而不实,则无可立也。

子曰:"以约①失之者,鲜矣。"

【注释】① 约:约束。这里指"约之以礼"。

【译文】孔子说:"常以礼法来约束自己,就能少犯错误。"

【解读】☞ 依礼而行　过则鲜矣

经常以礼行事,行规中矩,心中才有敬畏,有了敬畏之心,行为就不会出错。礼是用来巩固仁义的,是把仁义之心转化成一种行为,再上升到一定行为规则,使大家共同遵守并形成习惯。如果每个人都能依礼而行,过失就会减少,对个人和社会的损害也会降到最低,这是礼的意义。

【品悟】不以规矩,不成方圆。以礼相约,心中有敬,有敬可止,知止大义明。

子曰:"君子欲讷①于言而敏②于行。"

【注释】① 讷:迟钝。这里指说话要谨慎。 ② 敏:敏捷、快速。

【译文】孔子说:"君子说话要谨慎,做事要勤奋敏捷。"

【解读】☞ 行胜于言 事胜于辩

慎言是一种修养,说话不慎容易伤害他人,对己对人都没有好处。人之所以慎言是为别人考虑,心中有他人就是仁的开始,慎言也是"耻躬之不逮也"的具体实践。勤敏做事,以行动来说明问题。清华大学校园中有一块石磐,上面写着"行胜于言",意思是"干"比"说"更重要,因为"干"能出实效。"干"的影响力有时要超过"说"。毛泽东同志以"讷"与"敏"来为自己的女儿取名,就是希望自己的女儿将来能成为多做事,少说话的君子。

【品悟】慎言谨行,勤敏做事,则近仁;言多行少,无所事事,多失信。

子曰:"德不孤①,必有邻②。"

【注释】① 孤:孤立。② 邻:亲近。

【译文】孔子说:"有道德的人是不会孤单的,一定会有志同道合者与之同行。"

【解读】☞ 物以类聚 人以群分

物以类聚,人以群分,鸟兽不可以同群,这是自然规律。人之所以为人,是因为人有思维、有文明、有人道。有德的人常以同仁为伴,同仁者必有志同道合者同行,故称"同志"。无德者常以不肖者为友,故称"同伙"。现代社会通信发达,工具繁多,这群那群,这会那会,应有尽有,基本上都是由共同志趣和爱好者自愿组成的。过去讲"志同道合",现在讲"缘"。所谓"缘分"其实就是有共同人生观和价值观的人。孔子讲的"德不孤"

也是这个意思。

【品悟】人乃群居之物，有德者，人附之，文王是也；无德者，人去之，桀纣是也。

子游曰："事君数①，斯②辱矣；朋友数，斯疏矣。"

【注释】① 数：屡次、多次，引申为烦琐。 ② 斯：就。

【译文】子游说："事奉君主太过烦琐，就会招致侮辱；与朋友交往过于烦琐，就会反被疏远。"

【解读】☞ 礼义有度　过犹不及

无论做任何事要把握好度，以免过犹不及。礼的要义就在于"度"，是对人们言行举止的基本规范和要求，贯穿着天人合一的道理，是以时以地、以人而行的。如君臣之礼、父子之礼、朋友之礼、上下之礼、左右之礼、人与自然之礼等都有其内在要求。依礼而行才能符合规律，符合自然，才能有利于自然界和人类社会共同发展。古圣先贤已经总结了许多经验和教训，所以才以"礼"的形式来规范行为，使人们能在做人做事等方面合理处理好各种关系，使世界变得越来越好。

【品悟】凡事中庸，和而持久，无视中庸，过而不久。礼让为政，可以长远；礼让为友，祸可以免。

公冶长第五

导 语

《公冶长》篇共 28 章,以论述孔子、孔子弟子以及历史上贤者的品德为主线。其中贯穿着如何识人用人的思想和智慧,对中华民族的优秀价值观产生了很大影响。

子谓公冶长①，"可妻也。虽在缧绁②之中，非其罪也。"以其子③妻之。

【注释】① 公冶长：姓公冶，名长，齐国人，孔子的弟子。 ② 缧绁：捆绑犯人用的绳索，这里借指牢狱。 ③ 子：古时无论儿女均称子，这里指的是女儿。

【译文】孔子评论公冶长说："可以把女儿嫁给他。虽然他坐过牢，但这并不是他的罪过。"孔子就把自己的女儿嫁给了他。

【解读】☞ 知人善任　明辨是非

　　知人任人要讲究方法和原则。孔子说过："众好之，必察焉；众恶之，必察焉。"意思是大家都说他好，要实地考察；大家都说他不好，也要实地考察。这样才能做最后的决定。毛泽东同志告诉全党，要求大搞调查研究之风，只有广泛地调查研究，才能真正了解实情，才能作出正确的决策。孔子的学生公冶长曾坐过牢，人们认为他有劣迹，对他产生了误解。在古代社会，凡坐过牢的男人和被休过的女人大都是有缺陷的，基本上没有社会地位，要想成家立业是非常困难的。孔子是公冶长的老师，经过长期相处和了解，得知公冶长是被人误解而冤枉的，他本是一个有仁心又有才华的青年。孔子认为公冶长并没有错，所以把自己的女儿嫁给了他。这在当时来说是不可思议的事，可是孔子就这样做了，因为他知是非，懂仁义，不为世俗观念所困，这正是君子的智慧和勇气。事实证明孔子的选择是对的。

【品悟】知人善任是君子应有的智慧与能力。若不明辨是非，则不足以称为君子。

子谓南容①，"邦有道②，不废③；邦无道，免于刑戮。"以其兄之子妻之。

【注释】① 南容：姓南宫，名适，字子容。孔子的学生称他为南容。② 道：治国之礼法，道义。③ 废：废置，不任用。

【译文】孔子评价南容说："国家有道时，他不被弃用；国家无道时，他不致被刑罚。"于是把自己的侄女嫁给了他。

【解读】☞ 中正无偏　君子之守

自古人们对婚丧大事都很慎重，公冶长和南容都被孔子选为自己家族的女婿。两个女婿一个是坐过牢的公冶长，一个是在乱世和治世中都能安然无恙的南容。这两个人都是当时社会上有争议的人，一个有牢狱经历，一个邦有道、无道都在其位。孔子认为公冶长是被冤的，南容在"邦无道"时能坚守岗位，免受刑戮，说明其有执政智慧和能力。孔子选婿的方法为执政者选人用人提供了有益的借鉴。

【品悟】南容之智，在于知时务，外危不惧，善于应变，危中求机，机中有为。

子谓子贱①，"君子哉若人②！鲁无君子者，斯焉取斯③？"

【注释】① 子贱：姓宓，名不齐，字子贱，孔子的学生。② 若人：这个，此人。③ 斯焉取斯：斯，此；第一个"斯"指子贱，第二个"斯"字指子贱的品德。

【译文】孔子评论子贱，说："这个人真是个君子呀！如果鲁国没有君子，他是从哪里学到这么好的品德呢？"

【解读】☞ 道不远人　人远道也

子贱是孔子的弟子，他集才智勇仁爱于一身。能做到学以致用，活学活用。在他主政单父时，以自己的聪明才智，使鲁君明晰治国理政的道理，是一位忠心耿耿不可多得的君子。鲁国之所以有子贱这样的君子，是因为君子之道并没有完全失去。虽然当政者不行道，但社会上还有更多知礼、学礼、行礼的人，这些人像孔子团队一样，始终坚守着仁道并不断传播着、践行着。正所谓"道不远人"，而是人远道也。

【品悟】君子并非天生，而是通过学习成就的，天地人皆可为师。君子无处不在，人人都有可能成为君子。

> 子贡问曰："赐也何如？"子曰："女，器也。"曰："何器也？"曰："瑚琏①也。"

【注释】① 瑚琏：古代祭祀时所用的比较尊贵器具。比喻才识广博，堪担大任。

【译文】子贡问孔子："我这个人怎么样？"孔子说："你呀，好比一个器具。"子贡又问："什么器具呢？"孔子说："是宗庙中盛黍稷的瑚琏。"

【解读】☞ 见利思义　方成大器

子贡善于经商，是孔子弟子中"十哲"之一，孔子把他比作瑚琏。瑚琏是用来祭祀的器皿，比较精致。子贡为商，常思财利，孔子曾批评子贡："尔爱其羊，我爱其礼。"意思是子贡把利看得比礼重要。商人互通有无，是利于社会发展的有益人才。但如何处理好"义和利""礼和利"的关系，有时很难把握。"子罕言利"，但并非不谈利益，而是提倡"君子爱财，取之有道"，既利于己又利于人，还利于社会。子贡求学期间，只是一位聪明好学者，还未达到君子的境界。孔子要求"君子不器"，意思是作为君子应当见德思义，礼义为重，不要像器具一样只有某一方面的用途。孔子把子贡比作瑚琏，说明子贡离君子还有一些差距，需要进一步努力修养。

【品悟】君子并非天生，而是通过学习成就的，天地人皆可为师。君子无处不在，人人都有可能成为君子。

> 或曰:"雍①也仁而不佞②。"子曰:"焉用佞?御③人以口给④,屡憎于人。不知其仁,焉用佞?"

【注释】① 雍:姓冉,名雍,字仲弓,孔子学生。② 佞:能言善辩。③ 御:应答,回应。④ 口给:辩也,巧言应变。

【译文】有人说:"冉雍这个人有仁德但不善辩。"孔子说:"何必要能言善辩呢?靠伶牙俐齿来应对别人,常招人讨厌。我不知道他仁在何处,要做到仁,何必善辩呢?"

【解读】☞ 仁人之德　不在辞令

冉雍是德行科高才生,以仁德著称,是孔子弟子中"十哲"之一。有人认为冉雍虽然有仁德,但不善表达,这是他的缺陷。孔子认为人们对仁的理解存在偏差。一个人是能否达到仁的境界与他是否能言善辩无多大关系,只要有仁德就足够了,不必伶牙俐齿。一般人认为,所谓仁者应该有德行又能善辩,但孔子认为,言多必失,有可能伤及他人。他主张"君子讷于言而敏于行"。所以,不论在工作还是生活中都要谨言慎行,要以德服人,而不是以言服人。

【品悟】言多必有失,失则无信言,无信招人厌,讨厌仁德何存焉?

> 子使漆雕开①仕。对曰:"吾斯之未能信。"子说②。

【注释】① 漆雕开:姓漆雕,名开,字子开,孔门弟子。② 说:同"悦"。

【译文】孔子让漆雕开去做官。漆雕开回答说:"我对这个还没有信心。"孔子听了很高兴。

【解读】☞ 学然后知不足

漆雕开是孔子的弟子,他谨言慎行,有君子风格。孔子想让他去做官,他认为自己还不能胜任，所以信心不足。本则故事反映了漆雕开谦虚谨慎的态度，他认为自己没有掌握执政本领，总担心工作做不好，还需要进一步学习提高。为官是为民着想，为民做事，需要有很高的修养和能力。为官还是一门很深的学问，修身不够，能力不足，不可能成为一个合格的官员。子开的"未能信"说明他对为"官"之事很有敬畏之心。孔子之所以高兴，是因为漆雕开能为人着想，有责任心，这是做官之人必备的品质；且"学而不厌"是学习的一种境界，漆雕开也达到了。

【品悟】人有自知之明，方能进退自如。为政者应有敬畏之心，才能有谨慎之行。

子曰："道不行，乘桴①浮于海。从②我者，其由与？"子路闻之喜。子曰："由也好勇过我，无所取材。"

【注释】① 桴：木筏，用于过河。 ② 从：跟随、随从。

【译文】孔子说："如果我的主张不能推行，我就乘上木筏到海外去。能跟从我的大概只有仲由吧！"子路听到这话很高兴。孔子说："仲由啊，就是好勇超过了我，这就没有什么可取的呀。"

【解读】☞ 仁者坚守　勇者无惧

子路是孔子最亲近的弟子之一。仁厚和骁勇是子路的突出优点，但在礼和学习上还有欠缺。他个性张扬，不够内敛。在一次谈话中，孔子提到如果自己的主张不能推行，就乘上木筏到海外去，紧随自己的一定有子路，这其实是在表扬子路忠义的品格。子路听了老师的评价喜形于色。为了教育子路，孔子接着又谈到子路"无所取材"。他希望子路能"得而不喜，失而不忧"，成为谦虚谨慎、不骄不躁、善于思考的人才。孔子之教可谓语重心长。

【品悟】有勇有谋，畅行天下。有勇无谋，难以致远。

孟武伯问："子路仁乎？"子曰："不知也。"又问。子曰："由也，千乘之国，可使治其赋①也，不知其仁也。""求也何如？"子曰："求也，千室之邑②，百乘之家③，可使为之宰也，不知其仁也。""赤④也何如？"子曰："赤也，束带立于朝，可使与宾客言也，不知其仁也。"

【注释】① 赋：兵赋，军队事务。② 千室之邑：邑是古代居民的聚居点，一千户人家的大镇。③ 百乘之家：指卿大夫的采地，当时大夫有车百乘，是采地中的较大者。④ 赤：姓公西，名赤，字子华，孔子的学生。

【译文】孟武伯问孔子："子路有仁德吗？"孔子说："我不知道。"孟武伯又问。孔子说："仲由嘛，他可以治理好有一千辆兵车国家的军事，我不知道他是否有仁德。"孟武伯又问："冉求怎么样？"孔子说："冉求这个人，他可以治理千户人家的大邑，可以总管有一百辆兵车的大家，我不知道他是否有仁德。"孟武伯又问："公西赤怎么样呢？"孔子说："公西赤嘛，他可以穿着礼服，站在朝廷上，接待贵宾，与之交涉，我不知道他是否有仁德。"

【解读】☞ 能成事者　必为仁者

孟武伯是孟懿子之子，师从孔子。他好多言，问及孔子三个弟子，孔子一一作答。孔子的回答很有意思，先讲了三位弟子的能力，然后说一句"不知其仁也"。用这样的方式作答，是想让孟武伯明白更多道理。孔子所谓的"不知"其实是"熟知"。子路、冉求、公西赤三人，一个可以管理军事，一个可以办理内政，一个可以处理外交。这几项工作都是很难做好的差事，没有仁德的基础是行不通的，他们之所以胜任自己的工作，就是既有智慧又有仁德的表现。孔子用事实回答了孟武伯的问题，同时告诉人们，一个人好与不好、仁与不仁，事实就是最好的答案。

【品悟】所谓人才，各有所长。仁德与否，可见于行为。仁爱、智慧、勇气、礼仪，皆为治理国家的才能。服务他人，可谓具备仁德。

> 子谓子贡曰："女与回也孰愈①？"对曰："赐也何敢望回？回也闻一以知十②，赐也闻一以知二③。"子曰："弗如也，吾与④女弗如也。"

【注释】① 愈：胜过、超过、优秀。② 十：指全部，旧注云，"一，数之始；十，数之终"。③ 二：旧注云，"二者，一之对也"。④ 与：赞同、同意。

【译文】孔子对子贡说："你和颜回，谁更优秀呢？"子贡回答说："我怎么敢与颜回相比呢？颜回闻一而知十，我闻一而知二。"孔子说："是不如他呀，我同意你说的，是不如他。"

【解读】 ☞ 为人做事　坚守仁德

学会说话和学会教人是一种本领，也是一种素质。子贡喜欢议论别人，孔子常常以不同方式来教育子贡。颜回是孔子最得意的学生之一，他品德高尚，勤奋学习，善于思考，能把所学知识融会贯通。孔子赞他"贤哉，回也"。孔子故意让子贡自己与颜回作比较，子贡有自知之明，善于辞令。于是他说："回闻一知十"而自己"闻一知二"，自叹不如又显得很谦虚，不愧是言语科的高手。

【品悟】回也重道德，赐也重货殖。一个善于言语，一个善于德行。若比货殖则子贡胜出，若比好学则颜回胜出。二者相比，引人深思。

> 宰予昼寝。子曰："朽木不可雕也，粪土①之墙不可杇②也。于予与何诛③？"子曰："始吾于人也，听其言而信其行；今吾于人也，听其言而观其行。于予与改是。"

【注释】① 粪土：腐土、脏土。 ② 杇：涂抹。 ③ 诛：责备、批评。

【译文】宰予白天上课睡觉。孔子说："腐朽的木头无法雕刻，粪土垒的墙壁无法粉刷。对于宰予来说，责备有什么用呢？"孔子说："先前我对于人的认识，听到他们说的话，就相信他们能做到；如今我改变看法，听了他讲的话，还要观察他的行为是否能做到。这种改变是从宰予这里开始的。"

【解读】☞ 教学相长　因人而异

宰予常常在课堂上睡觉，孔子多次批评，宰予当面表示改正，实际上还是我行我素。孔子由此而改变教育方法，"听其言而观其行"。教育是教学育人，不能急功近利，需要慢慢观察，因材施教。学生往往有这样和那样的缺点，对不同学生要用不同方法去教育。学生们意志力弱，有的受家庭、周围环境及社会的影响所形成的习惯不一样，在遭遇批评时，一般总会寻找各种借口和理由，有时为了逃避惩罚还会轻易作出承诺。这时所说的话，不是出于内心，所以不可轻信，如果轻信就有可能"上当"。正确的方法是"听其言而观其行"。现实社会中也有不少轻言的人，如果不加分析就会轻信人言，上当受骗，被人愚弄。

【品悟】教学相长，学学相长，结合实际，共同成长。

> 子曰："吾未见刚者。"或对曰："申枨①。"子曰："枨也欲，焉得刚？"

【注释】① 申枨：姓申，名枨，字周，孔子的学生。

【译文】孔子说："我没有见过刚强的人。"有人回答说："申枨就是这样的人。"孔子说："申枨这个人欲望太多，哪里能刚强呢？"

【解读】☞ 无欲则刚

刚是一种品质，是正直不阿，不为利益而动心的人。古代圣贤注重仁义，讲求礼仪，无论何时何地以义为要，不为利益所动，故称为刚。孔子谈到这个问题的时候，有人说申枨是位刚强的人。孔子一语指出："申枨是有私欲的，哪里能够刚强呢？"在孔子看来，真正称得上"刚"的人应具备无欲的品质。"无欲"不是什么都不想、什么都不做，而是没有私欲，不谋私利，一心为公，光明正大。但申枨并不是这样的人，申枨有私欲，所以孔子说他不可能刚。

【品悟】所谓刚者，在于无欲。无欲则正，无欲则公。古人云："志于道德者，功名不足累其心；志于功名者，富贵不足累其心；志于富贵者，无所不至也。"

> 子贡曰："我不欲人之加诸我也，吾亦欲无加诸人。"子曰："赐也，非尔所及也。"

【译文】子贡说："我不愿别人强加于我的事，我也不会强加于人。"孔子说："赐呀，这不是你（现在）能做到的。"

【解读】☞ 义利兼得　为之亦难

不想强加于人，也是刚的表现。子贡是当时富商，聪明好辩，善于经营。他对自己的评价：自己不想让别人强加于自己的事情，自己也不会强加给别人。孔子告诉子贡现在还做不到。为什么孔子会这样说呢？因为子贡是一个商人，大凡生意之人无不以利为重，常常想从客户身上获得利益。所以，子贡所言，孔子质疑，因为孔子认为子贡还未修至君子的境界。事实证明，孔子死后多年，子贡经过修养，才能德如颜回。后来，他把经商所得的收入用于投资慈善和教育事业，成为一个真正的君子，被称为儒商的代表。

【品悟】在商显商，志在得利，所以难能。唯有君子，方可大公无私，德义双修，广施万方，通达天下。

> 子贡曰:"夫子之文章①,可得而闻也;夫子之言性②与天道③,不可得而闻也。"

【注释】 ① 文章:这里指孔子传授的诗、书、礼、乐等。② 性:人性。③ 天道:天命,规律,真理。

【译文】 子贡说:"老师讲授的礼、乐、诗、书的知识,是能够学到听到的;老师关于天性和天道的言论,是不能轻易学到的(需要经过长期自我修养和历练才可得到)。"

【解读】 ☞ 道可道　非常道

子贡认为孔子学说可以通过文字看到,也可以通过学习和讲授得到,可是孔子思想的精髓和孔子的品质不是轻易就能得到的。孔子学说揭示了"为人之本""为事之德""为政之道"等,可以说是对人、自然界及社会发展的基本规律的最早认识。当然,这种认识是在不断发展变化着的,需要不断地学习和品悟才可获得。正如老子所言:"道可道,非常道;名可名,非常名。"只有好学并勇于实践的人,才能不断认识真理和接近真理。

掌握真理的途径是把理论与实践紧密结合,从实践中来,到实践中去,再上升到理论高度,不断循环往复,以至无穷。马克思主义者认为:实践是永无止境的,认识是永无止境的,真理也是永无止境的,需要人类不断探索前行。

【品悟】 文章乃道之载体,道乃文章之精神要义。学习要掌握核心思想和精神实质,再形成理论并用于实践,如此则难能可贵。

> 子路有闻①,未之能行②,唯恐有闻。

【注释】 ① 闻:新学的知识。② 行:融会贯通。

【译文】 子路在学到新知识时,如果没有融会贯通,总担心再学到新知识。

【解读】☞ 笨鸟先飞

　　子路本是山野之人,家庭贫寒,但学习一丝不苟,老师所讲知识如果没有全部理解,总担心再有新的进度。弟子们误以为子路不好学,其实他非常刻苦努力,对自己要求严格,当天作业当天完成,从不拖拉。这是子路的性格使然。孔子说:"子路无宿诺。"讲的也是这个道理,子路的学习精神值得大家学习和发扬。

【品悟】学者,要循序渐进,立学立行。若未有获,不敢学新,恐不及也。

子贡问曰:"孔文子①何以谓之'文'也?"子曰:"敏②而好学,不耻下问,是以谓之'文'也。"

【注释】① 孔文子:卫国大夫孔圉,"文"是谥号,"子"是尊称。② 敏:敏捷、勤勉。

【译文】子贡问道:"孔文子为什么谥号为'文'呢?"孔子说:"他勤勉而好学,不耻下问,所以人们给他谥号叫'文'。"

【解读】☞ 勤敏好学　谓之文也

　　孔文子是卫国的大夫,他分管卫国的礼仪。子贡问孔文子为什么被称为"文"?孔子回答:一是敏而好学;一是不耻下问。勤敏好学者可以增长才智,不耻下问者可以明白事理。人的一生若能做到这两点足可称之为"文"也。孔子常教育弟子:"三人行,必有我师焉,择其善者而从之,其不善者而改之。"好学才能上进,好学才能知人,好学的人才可以成为君子。

【品悟】文者,意义深远,包括天文、地理、人文等。关乎天文,以察时变;关乎人文,以化天下,故称文化。若得文化,须好学,好学可知天下也。

子谓子产①,"有君子之道四焉:其行己也恭,其事

上也敬，其养民也惠，其使民也义。"

【注释】① 子产：姓公孙，名侨，字子产，郑国大夫，郑穆公之孙，为春秋时郑国的贤相。

【译文】孔子评论子产，"他有四种行为符合君子之道：他的行为谦逊，事君恭敬认真，教养人民有恩惠，役使人民合于道理。"

【解读】☞ 修己安人　君子之行

子产是中国古代一位杰出的政治家和外交家，是为政的楷模。子产在郑国为政期间，能以君子之道施政于民，博得了后人的称赞。战乱时期，郑国地处要冲，子产周旋于大国之间，他既不低声下气，也不妄自尊大；既使国家利益得保护和尊重，又不失君子形象。孔子对子产的评价甚高，他把子产的品质概括为四个方面：一是注重修养；二是对上忠诚；三是给民实惠；四是尊重百姓。这四点是执政者应有的基本素养。

【品悟】恭者，彬彬有礼，受人尊重；敬者，忠诚有信，必受重用；惠者，民得实惠，安居乐业；义者，合乎道义，得道多助。四者皆具，国可以治也。

子曰："晏平仲①善与人交，久而敬之②。"

【注释】① 晏平仲：齐国贤大夫，名婴，"平"是他的谥号。② 之：在这里指代晏平仲。

【译文】孔子说："晏平仲善于与人交友，交往越久，越受人尊敬。"

【解读】☞ 日久见人心

晏平仲是齐国的上大夫，扶政五十余年，以其政治远见、外交才能、能言善辩闻名，其扶政的特点是坚持灵活性和原则性相结合。中学课本中有一篇古文《晏子使楚》，讲述了晏子为人为事的故事，很令人敬佩。孔子把晏子当作贤者讲给弟子，目的是想让弟子们多学习晏子的优点，同时告诉弟子，每一个人都有优点，需要长期相处才能发现。宰予、子羽、子贡、子路等都是孔子的弟子，这些人都有一些缺点，但长期相处才能发现他们优点。孔子曾说："我以言取人，失之宰予；以貌取人，失之子羽。"讲得正是这个道理。

【品悟】路遥知马力，日久见人心。识人之道，在于相处，不应仅凭外表或言辞判断，而应通过实际行动来评估。

子曰："臧文仲①居蔡②，山节藻棁③，何如其知也？"

【注释】① 臧文仲：姓臧孙，名辰，鲁国大夫，"文"是他的谥号。② 蔡：国君用以占卜的大龟。蔡这个地方产龟，所以把大龟叫作蔡。③ 山节藻棁：节，柱上的斗拱；棁，房梁上的短柱。把斗拱雕成山形，在棁上绘以水草花纹。这是古时装饰天子宗庙的做法。

【译文】孔子说："臧文仲藏了一只大龟，藏龟的屋子斗拱雕成山的形状，短柱上画以水草花纹，他这个人怎么能算是有智慧呢？"

【解读】☞ 分清是非　可谓智者

臧文仲比孔子早百余年，当时被人们称为"智者"，然而孔子并不这样认为。知者应该通晓大道而不迷，臧文仲则不然。孔子认为臧文仲有"三不仁，三不智"。"三不仁"是"下展禽、废六关、妾织蒲"；"三不智"是"作虚器、纵逆祀、祀爰居"。"三不仁"是私心重，"三不智"是礼不足。本章只举了他"作虚器"的案例。孔子告诉人们：作为君子应慎言谨行，学会识人知事，不可轻易评价一个人或者一件事的好坏。君子错一言，百姓错一片，后果很严重。认识事物，一要有正确的标准；二要经过实践检验；三要多听群众意见，不可一叶障目，酿成大错。

【品悟】知人、知事、知天命可谓智者。天命乃自然规律，社会规律，人生规律。不知天命，何以为智？

> 子张问曰:"令尹子文①三仕为令尹,无喜色;三已②之,无愠色。旧令尹之政,必以告新令尹。何如?"子曰:"忠矣。"曰:"仁矣乎?"曰:"未知,焉得仁?""崔子③弑齐君,陈文子④有马十乘,弃而违之。至于他邦,则曰:'犹吾大夫崔子也。'违之。之一邦,则又曰:'犹吾大夫崔子也。'违之。何如?"子曰:"清矣。"曰:"仁矣乎?"曰:"未知,焉得仁?"

【注释】① 令尹子文:楚国的著名宰相。② 三已:三,指多次;已,罢免。③ 崔子:齐国的大夫崔杼,曾杀死齐庄公,在当时引起极大反应。④ 陈文子:陈国的大夫,名须无。

【译文】子张问孔子:"令尹子文几次做楚国宰相,没有显出高兴的样子;几次被免职,也没有显出怨恨的样子。(他每一次被免职)一定把自己的政事全部交给来接任的新宰相。你看这个人怎么样?"孔子说:"可算得是忠臣了。"子张问:"称得上仁吗?"孔子说:"不知道(执政情况),这怎么能算得上仁呢?"(子张又问:)"崔杼杀了他的君主齐庄公,陈文子丢下自己的家产十乘,离开了齐国。当他到了另一个国家时,说:'这里的执政者和我们的崔子差不多。'离开了。到了另一个国家,又说:'这里的执政者和我们的崔子差不多。'他又离开了。陈文子这个人你看怎么样?"孔子说:"可算得上清高了。"子张说:"能说他仁吗?"孔子说:"不了解其他情况,这怎么能算得上仁呢?"

【解读】☞ 仁义兼得 方为君子

本篇评价两个人物,一是楚国令尹子文;一是齐国陈文子。一个宠辱不惊,淡定从容;一个是见无道,不事而去。淡定从容者不改其职,此为忠诚;无道之君不受其禄者,此为清高。子文面对去留,无怨无悔,忠于职守。陈文子面对犯上作乱者,无能为力,去国离乡寻求真理。此二人皆为贤者,两者的共同特点是忠清有余，仁者不足。所谓仁政是处处为百姓着想，此二人未见有此言行。认识和评价一个人需客观全面，才能正确反映人的真实情况，否则就会误导人们的思想。

【品悟】要达到仁的境界很不容易。我们所讲的仁，是大仁大爱。无论何时何地都要为他人想着，以此延伸至国家和民族利益，而不是只考虑个人安危。

季文子①三思而后行。子闻之，曰："再，斯②可矣。"

【注释】① 季文子：即季孙行父，鲁成公、鲁襄公时任正卿，"文"是他的谥号。② 斯：这就。

【译文】季文子做事总是反复思考才去做。孔子知道后，说："考虑两次也就行了。"

【解读】☞ 万事有度　狷者不及

凡事三思，是告诉人们要谨慎对待每一件事，然而过分谨慎就容易走向另一个极端。过于小心称之为狷，过于急躁称之为狂，狂狷都不可达到目标。季文子本性谨慎，如果再强调三思而行，就有点多余了。谨慎过度就是世故，不思而进则是盲目。孔子在此强调万事有度，且莫过分，此为中庸之道。

【品悟】行而不思则鲁，思而不行则误。思与不思因人而异，善思之人，再思可也，不善之人，宜三思也。

子曰："宁武子①，邦有道则知，邦无道则愚②。其知可及也，其愚不可及也。"

【注释】① 宁武子：姓宁，名俞，卫国大夫，"武"是他的谥号。② 愚：这里是装傻的意思。

【译文】孔子说："宁武子这个人，当国家有道时，他就发挥聪明才智；当国家无道时，他就大智若愚。他的聪明别人可以做到，但他的大智若愚别人就难以做到了。"

【解读】☞ 大智若愚

　　宁武子是卫国的大夫，他为官处世很有智慧。无论社会如何变化，他总能灵活应对，得到任用。孔子欣赏宁武子的不仅是他在社会正常情况下能发挥自己才能为国效力，更欣赏他在社会风气不正常的情况下的洁身自好，大智若愚。当社会风气正常时，能正常工作是很容易的事；当社会风气不正常时，没有高超的智慧是万万行不通的，但宁武子做到了。他不像令尹子文三次被罢免，也不像陈文子三次出走，而是保持在岗平稳地发挥才能，为国出力。他能自保，也能保人，这才是真正的智者。

【品悟】可为则为之，不可为设法为之，坚守不懈，终究成功。正是，有条件要上，没有条件，创造条件也要上，自古以来，这种执政智慧一直影响着后人。

> 子在陈①曰："归与！归与！吾党之小子②狂简③，斐然④成章，不知所以裁⑤之。"

【注释】① 陈：古国名，大约在今河南东部和安徽北部一带。② 吾党之小子：指孔子在鲁国的学生。③ 狂简：志向虽远大，行为却草率。④ 斐然：有文采的样子。⑤ 裁：裁剪，节制。

【译文】孔子在陈国说："回去吧！回去吧！家乡的学生有远大志向，但行为粗率简单，有文采但还不知道怎样来节制自己。"

【解读】☞ 不忘初心　重归故里

　　这是孔子晚年思想转变的一段经历。孔子周游列国，传道授经十余年。在陈国受困后，经过慎重思考，最后决定回国。他说"归与，归与"，意思是"回去吧，回去吧"。为何而回？他说"吾党小子狂简"，这是回家的主要原因。当时，鲁国的季康子也希望孔子回去鲁国建设家乡。在这样的情况下，孔子作出了回家的决定。他认为家乡的弟子们很有才华，多年来一直坚持学习，没有放弃，只是缺乏引导，有些"狂简"。当时国外传道环境也不尽如人意，如果不回去引导指正，家乡弟子就走不上正道。最终孔子扎根故乡，著书立说，成就了一番大业。

　　今天，有多少人远离家乡在外漂泊？有多少地方人去楼空，只剩老弱妇孺？家乡是生我养我的地方，家乡不兴，国何以兴？"一屋不扫，何以扫天下？"这是本章留给我们的思考。

【品悟】陈国遇绝粮，日久思故乡。乡党弟子众，文章皆斐然。无人去匡正，日益行狂简。传道无远近，不如返故乡。

子曰："伯夷、叔齐①不念旧恶②，怨是用希③。"

【注释】① 伯夷、叔齐：殷朝末年孤竹君的两个儿子。父亲死后，二人互相让位，都逃到周文王那里。周武王起兵伐纣，他们认为这是以臣弑君，是不忠不孝的行为，加以拦阻。周灭商统一天下后，他们以吃周朝的粮食为耻，逃入深山以野草充饥，饿死在首阳山。② 旧恶：过去的仇恨。③ 希：同"稀"。

【译文】孔子说："伯夷、叔齐不记念过去的仇恨，别人对他们的怨恨也很少。"

【解读】☞ 能容人者　亦被人容

　　本章主要称赞伯夷、叔齐对礼的坚守。从伯夷、叔齐的故事来看：一方面，兄弟之间以礼相让；另一方面，二者都忠于商朝，均难能可贵。二者不主张以暴制暴，以臣反君。自处周地，死守殷商，不食周粟，虽不合时宜，却能得到后人理解和宽容。

【品悟】伯夷、叔齐，尊礼守义。不念旧怨，后人敬仰。

子曰："孰谓微生高①直？或乞醯②焉，乞诸其邻而与之。"

【注释】① 微生高：姓微生，名高，鲁国人，孔子弟子。② 醯：即醋。

【译文】孔子说："谁说微生高这个人直率？有人向他讨点醋，（他不说自己没有）他到邻居家里转讨了点给人家。"

【解读】☞ 死爱面子　是谓不直

微生高是孔子的弟子，有人认为微生高是个直率的人，孔子不以为然。孔子认为他不直率原因有三：一是不如实相告借醋者，使借醋者误以为其有醋；二是不如实相告被借者，使邻人误以为其无醋；三是自己无醋如有醋，欺人自欺，所以不直率。真正的直率者，就是有就有，无就无，如实相告。若需帮忙去借，则可，无须帮忙去借，借者可亲自去邻人处借。如果借醋者与邻人相识，其本人可以亲自去借，并拜谢邻人；如果借醋者与邻人不相识，可以拜托微生高去借。直借与拜借，两者意义不同。在生活中常常遇到类似的事，往往搞得自己难堪、家人难堪、朋友不解。郭东林的小品"买车票"，就是此类事情的真实写照。所谓直率人应是实事求是的人。死爱面子活受罪者，非直也，易生怨也。

【品悟】人贵真实，勿要弄虚。无人怨之。人若有难，尽力助之，若己无力，实情告之。众人相助，众人乐之，不亦乐乎？

子曰："巧言、令色、足恭①，左丘明②耻之，丘亦耻之。匿怨而友其人，左丘明耻之，丘亦耻之。"

【注释】① 足恭：过分恭敬。② 左丘明：姓左丘名明，鲁国人，相传是《左传》一书的作者。春秋末期的史学家、文学家、思想家、散文家、军事家。史学界推左丘明为中国史学的开山鼻祖。被誉为"百家文字之宗，万世古文之祖"。

【译文】孔子说："花言巧语，奴颜婢膝，过分恭敬，这种人，左丘明认为可耻，我也认为可耻。内心怨恨，表面上却与他要好，这种行为，左丘明认为可耻，我也认为可耻。"

【解读】☞ 巧言令色 其可耻也

"巧言令色"，一般是心口不一，文过饰非，为自己过错而辩解，是一种明知故犯，掩人耳目的行为。"巧言"是奸巧之言，"令色"是装出来的和颜悦色。这种人言行虚伪，自私自利，不怀善意。他们往往是表面一套，内在一套；当面一套，背后一套；使人防不胜防，上当受骗。孔子和左丘明都旗帜鲜明地反对这些行为。我们共产党人称此类人为"两面派，两面人"。

【品悟】"巧言""令色""足恭"此三者，皆为虚伪。三者俱在，来者不善。以其不善求其善，耻也。

颜渊、季路侍。子曰："盍各言尔志。"子路曰："愿车马，衣轻裘，与朋友共，敝之而无憾。"颜渊曰："愿无伐①善，无施劳②。"子路曰："愿闻子之志。"子曰："老者安之，朋友信之，少者怀之。"

【注释】① 伐：夸耀。② 施劳：一说不表功；一说不劳烦。我从后者。

【译文】颜渊、子路两人侍立在孔子身边。孔子说:"你们何不谈谈自己的志向?"子路说:"愿意拿出自己的车马、衣服、皮袍,与朋友共用,用坏也无憾。"颜渊说:"我愿做到不夸耀自己的好处,不给别人添麻烦。"子路说:"愿意听听老师的志向。"孔子说:"但愿能使老者安度晚年,朋友信任我,年少的人怀念我。"

【解读】☞ 师徒互勉　仁义共扬

本章描述了师徒三人的志向。其中子路之志,重在与朋友共享生活,其范围限于自己的朋友圈,突出的是义的情怀;颜回之志重在修养自己,"己所不欲,勿施于人",突出了仁的情怀;孔子之志在于天下百姓的幸福美满,凸显了仁义之道。三人之志,谁先谁后,谁大谁小,可见分晓。

【品悟】志虽有大小,仁爱无尊卑,尽力而为之,尽善尽美矣。

子曰:"已矣乎!吾未见能见其过而内自讼者也。"

【译文】孔子说:"算了吧,我没有见过,能看到自己的过错从而自我批评的人。"

【解读】☞ 自我完善　难能可贵

古往今来,人们往往注重观察别人的错误与缺点,不重视反省自我并主动查找自身存在的问题及原因。甚至有人明知自己有错,也不愿承认错误,更谈不上主动改过了。更有甚者,自己犯了错误,反而把责任推到别人头上,这是十足的伪君子。孔子说他很久没有见过能知错改错的人了,看来当时社会已经到了十分浮躁的地步了。曾子强调要"三省吾身"就是要常常检查自己存在的问题。老子所说"自知者明"意思也是要人们认识自己,做个明白人。真正的"自知"是既了解自己的长处,也知道自己的短处,只有认识自己才能真正改善自己,完善自己。

【品悟】人生大敌在我,故要自我完善。孔子所言"见过"正如剖析自我,

"内自讼"就是自我批评。批评与自我批评，能改过迁善，使人进步。

子曰："十室之邑，必有忠信如丘者焉，不如丘之好学也。"

【译文】孔子说："就是十户人家的地方，一定会有像我这样讲忠信的人，只是比不上我这样好学。"

【解读】☞ 行忠信易　守好学难

养成好学的习惯是很重要的。所谓好学是指能够专心致志，坚持不懈地学习钻研，而不是三天打鱼，两天晒网的态度。他想告诉人们只要好学，人人皆可为圣贤的道理。好学是通往成功的唯一通道，然而在现实社会中人们往往存在着好学不足的问题。这是本章对人们的重要提醒，也是孔子要表达的重要思想。

【品悟】忠信之人常有，而好学者难求。对人和事忠贞不贰，一般人可以做到，但能够持之以恒坚持学习，做到安贫乐道者，实属不易。

雍也第六

导 语

《雍也》篇共 30 章。主要记述了孔子及其弟子们的言行,透过这些言行可以看到他们对人和事的认识和判断,通过各自的认识也可以反映了每个人认识问题深度和广度等。

> 子曰:"雍也,可使南面①。"

【注释】① 南面:面向南,表示为官。

【译文】孔子说:"冉雍,可以去做官了。"

【解读】☞ 德才兼备　可以治国

冉雍是孔门十哲之一,以道德修养著称。孔子认为,凭冉雍的德行和能力已经可以做官了。古代以面向南方的位置为尊位,天子、诸侯和官员执政都是面向南面的,所以"南面"就表示做官了。本章想要让人知晓,德才兼备,以德为先者,才是可以为官之人,他们会爱护百姓并给大家作出表率,树立榜样,让大家跟着学习。

【品悟】以德治国,唯有德行端正者方能胜任政务。政务关乎民生与国家大计,其核心在于服务大众,缺乏德行者难以胜任。德行高尚者不会孤独,必定有人追随,四方民众皆会归附。

> 仲弓问子桑伯子①。子曰:"可也,简。"仲弓曰:"居敬而行简,以临其民,不亦可乎?居简而行简,无乃②大③简乎?"子曰:"雍之言然。"

【注释】① 子桑伯子:人名,此人生平不可考。② 无乃:岂不是。③ 大:同"太"。

【译文】仲弓问孔子:子桑伯子这个人怎么样。孔子说:"此人还可以,办事精干。"仲弓说:"内心恭敬,办事简要,以此治国,不是也可以吗?内心简慢,办事草率,不也太简单了吗?"孔子说:"冉雍,你说得对。"

【解读】☞ 居敬而简　简而不慢

结合实际,讲究办事效率也是儒家思想的重要内容。孔子主张办事简明扼要,但前提是知敬畏,懂规矩。仲弓认为,办事简约是为了提高工作效率,而不是简单草率。如果内心对工作没有一点敬畏,又一味地追求简单,就容易造成工作态度马虎,甚至带来不必要的损失。仲弓对孔子的话理解得非常深刻,甚合孔子之意。

【品悟】做事要讲原则。居敬而简,乃谨慎之简;居简而简,乃草率之简。

> 哀公问:"弟子孰为好学?"孔子对曰:"有颜回者好学,不迁怒,不贰过,不幸短命死矣①。今也则亡②,未闻好学者也。"

【注释】① 短命死矣:太年轻就死去了。② 亡:同"无"。

【译文】鲁哀公问孔子:"你的学生中谁最好学?"孔子回答说:"颜回好学,他从不迁怒于人,同样过错不犯二次。可惜短命死了。现在没有那样的人了,再也没有发现有这样好学的人了。"

【解读】☞ 人才兴　国则兴

孔子在谈到好学者时,只提到颜回,且又补充说道:"不幸早死,现在再没有了。"孔子的话是带有感情的,他深深赞许了颜回的德行修养。颜回的死,令人深思。他的早逝是社会的不幸。试想如果当时朝廷重用孔子及其弟子的话,颜回也许不会早去。若颜回不去,他会把孔子学说发扬光大,中华民族的优秀文化会更加丰富。孔子的话是不是在提醒人们:在现实社会中,我们应如何尊重知识、尊重人才。在我国的历史上常常有这样的事发生,一些优秀的人才健在时不被重视,等到他们因贫困或其他原因早去的时候才知道他们的价值,从而使后人产生深深的遗憾。

【品悟】悲剧是为了警醒社会。颜回的死就是要告诉人们:重视知识和人才,应成为全社会的美德。

子华①使于齐，冉子为其母请粟。子曰："与之釜②。"请益。曰："与之庾③。"冉子与之粟五秉。子曰："赤之适齐也，乘肥马，衣轻裘。吾闻之也：君子周④急不济富。"

【注释】① 子华：姓公西，名赤，字子华。② 釜：古代量名，一釜约等于六斗四升。③ 庾：古代量名，一庾约等于二斗四升。④ 周：周济、救济。

【译文】子华出使齐国，冉求向孔子请求一些谷米给他的母亲。孔子说："给六斗四升。"冉求请求再多一些。孔子说："再给二斗四升。"冉求却给他八十斛。孔子说："公西赤出使齐国，坐着肥马驾着好车，穿着暖和轻便的皮袍，我已听说了。君子只是救济贫困的人，而不是周济富人。"

【解读】☞ 君子周急不济富

　　孔子主张助人为乐，同情弱小，见义勇为，尊敬长者。公西赤是冉求的同学，家有老母是事实，离家受助理所当然。但是帮助别人要看具体情况，本来就富足的家庭所需要的不是物质的帮助，而是精神的慰藉。公西赤家境不错，给些资助也无可厚非，若求更多的帮助，那就失去了意义，甚至会产生消极影响。仁爱，不仅是对家人朋友的一种态度，而且是对天下所有的人的关心。人们要帮助的是那些需要帮助的人。帮助就是周急，是帮其渡过难关。帮助没有困难者其实是多余之举。周济别人是"雪中送炭"，而不是"锦上添花"。

【品悟】助人也有道，自古救急不救富。助需助者，其有功德；助无需者，其不宜也。

　　原思①为之宰②，与之粟九百③，辞。子曰："毋，以与尔邻里乡党乎！"

【注释】① 原思：姓原，名宪，字子思，鲁国人。 ② 宰：家宰，管家。③ 九百：计量，没有说明单位是什么。

【译文】原思在孔子家当总管，孔子给他俸米九百，原思推辞不要。孔子说："不要推辞。如果你不需要，可以给你家乡的那些需要的人嘛。"

【解读】☞ 俸禄当取　富可济人

原宪在孔子家任总管本当领取俸禄，但却坚持不领，因为给老师家里做事，甘愿付出不要回报。劳动就应有收获，这是规矩，不可破坏。孔子付报酬是依礼而行。原宪家景较好，报酬多少本无所谓。孔子提醒说，自己不需要，可以接济邻居朋友，帮助需要帮助的人。这样既不失礼，又帮助了别人，还不陷人于不义。孔子以此教育弟子追求大道，时刻要想到他人，想到天下百姓。

【品悟】多劳多得，少劳少得，不劳者不得，此为道义。做事不受禄，易陷他人于不义。

子谓仲弓，曰："犁牛①之子骍且角②。虽欲勿用，山川③其舍诸④？"

【注释】① 犁牛：即耕牛。古代祭祀用的牛不能以耕牛代替，须红毛长角，独立饲养。② 骍且角：骍，红色。祭祀用的牛，毛色为红，角长得端正。③ 山川：山川之神。此喻居上位者。④ 其舍诸：其，"怎么会"的意思。舍，舍弃。诸，"之于"二字的合音。

【译文】孔子谈及仲弓时说："耕牛产下的牛犊皮毛呈红色，角也齐正。即使人们不想用它做祭品，但山川之神难道会舍弃它吗？"

【解读】☞ 天生我才必有用

冉雍出身贫寒，德行高尚，孔子相信一定会受到社会的认可。孔子以此鼓励弟子们通过努力学习一定会有所作为。人与人物质上或有差异，但在人格上无贵贱之别，道德高尚的人最终会被人们发现并重用。人的才能是学习得来的，优秀品质是修养得来的，贵与贱要看自己修养和努力的程度。真正的人才，不会被埋没，了却平凡才能成就伟大。《荀子》说："积善成德而神明自德"，讲的也是这个道理。

【品悟】人之贵贱不在出身，而在修身。牛之贵贱不在其耕，而在其德。

> 子曰："回也，其心三月①不违仁，其余则日月②至焉而已矣。"

【注释】① 三月：指较长的时间。② 日月：指较短的时间。

【译文】孔子说："颜回这个人，可以长期坚持不离仁德，其余的学生哪怕一月或一日，都很难坚持。"

【解读】☞ 坚守道义　终身不移

颜回是孔子最得意的门生。他孜孜不倦潜心研究，能全面准确理解和掌握孔子思想的核心内涵，并自觉地长期坚持不懈地贯彻执行。特别是在坚持仁德方面，他言行一致，始终如一。为弟子们树立了很好的榜样。

【品悟】君子坚守正道，应终生践行，无论匆忙还是困顿，都不可偏离。

> 季康子①问："仲由可使从政也与？"子曰："由也果②，于从政乎何有？"曰："赐也可使从政也与？"曰："赐也达③，于从政乎何有？"曰："求也可使从政也与？"曰："求也艺④，于从政乎何有？"

【注释】① 季康子：鲁国大夫。② 果：果断、决断。③ 达：通达、顺畅。④ 艺：有才能技艺。

【译文】季康子问孔子："仲由这个人，可以让他从政吗？"孔子说："仲由做事果断，从政何难呢？"季康子又问："端木赐这个人，可以从政吗？"孔子说："端木赐通达事理，从政何难？"又问："冉求这个人，可以从政吗？"孔子说："冉求多才多艺，从政何难？"

【解读】☞ 各司其职　各尽其责

端木赐、仲由和冉求各有所长，可以在不同部门发挥重要作用。通过学习，他们不仅提高了道德修养，而且懂得了从政之道。当季康子问及学生子路、子贡和冉求时，孔子很自信地告诉他："于从政乎何有？"在他看来，这几个优秀学生完全具备了担任重要职务的能力。子路的特点是：办事果敢；子贡的特点是：办事通达；冉求的特点是：多才多艺。有了这些基本素养和能力，加之道德修养，可以说是德才兼备了。

【品悟】政事繁多，各需其所，择其所长，避其所短，政可治也。

季氏使闵子骞①为费②宰，闵子骞曰："善为我辞焉！如有复我③者，则吾必在汶上④矣。"

【注释】① 闵子骞：姓闵，名损，字子骞，鲁国人。② 费：季氏的封邑，在今山东费县西北一带。③ 复我：再来召我。④ 汶上：水名，即今山东大汶河。

【译文】季氏派人请闵子骞去做费邑的长官，闵子骞说："请您为我谢绝吧！如果再来召我，那我一定逃到汶水那边去了。"

【解读】☞ 坚守正道　贫贱不移

子骞出身贫寒，以孝著称。若为季氏做事，可以获得俸禄解决一些困难，改善一点生活。但因季氏不守道义，他宁肯贫寒也不愿为季氏做事，更不与季氏家族同流合污。孔子对闵子骞的这一做法极度赞赏，并认为这才是一个真正的君子行为。

【品悟】执政有道，不为斗米折腰。贫而无谄，不事无道之君。

> 伯牛①有疾，子问之，自牖②执其手，曰："亡之③，命矣夫，斯人也而有斯疾也！斯人也而有斯疾也！"

【注释】① 伯牛：姓冉，名耕，字伯牛，鲁国人。② 牖：窗户。③ 亡之：没有办法了。

【译文】伯牛病了，孔子前去探望，孔子在窗外面握着他的手说："没有办法了，这是命吧！这样的人怎会得这病啊，这样的人怎会得这病啊！"

【解读】☞ 身患重病　不失其礼

冉伯牛是孔子的学生，道德高尚，不幸染病卧床。孔子去看他时，虽受病魔折磨，仍不忘记礼节，为他人着想，可见其道德高尚。在孔子的学生当中，以道德高尚著称的有颜回、冉耕等，颜回短命，冉耕病危，孔子感到十分无奈和失望。"斯人也而有斯疾也"是孔子发出的感慨。为什么这些德高的人都如此短命呢？是天灾还是人祸的？值得人们深思！在现实社会中也不乏这样的例子，比如：人们普遍认为的好人常被人当成"傻子"对待，有时遭人嘲讽，穷困潦倒，无人关心。难怪人常说："好人没好报。"导致这种结果的主要原因是正道没有被广泛推行，好人得不到应有的关心和尊重，致使不少有德之人的生活不尽人意。这些问题值得我们后人深思。

【品悟】道行民乐，民乐益身。无道之世，怨恨多生，民怨且恨，何来康寿？

> 子曰:"贤哉,回也!一箪①食,一瓢饮,在陋巷②,人不堪其忧,回也不改其乐。贤哉,回也!"

【注释】 ① 箪:古代盛饭用的竹器。② 巷:颜回的住处。

【译文】 孔子说:"颜回的品质是多么高尚啊!一箪饭,一瓢水,住在简陋的小屋里,一般人都忍受不了这种穷窘,颜回却没有改变他好学的志趣。颜回的品质是多么高尚啊!"

【解读】 ☞ 箪食瓢饮　不改其乐

本章全文28字,言简意赅,语言优美。无论是从文学视角,还是从哲学视角,都堪称最经典的美文。一是主题鲜明:"贤哉回也";二是内容丰富:"一箪食,一瓢饮,在陋巷";三是评议合理:"人不堪其忧";四是结论服人:"回也不改其乐"。全文前后照应,事实清楚,情节动人,结论服人。简短几句话把颜回好学的形象展示在读者面前。全文突出了颜回在极其艰苦的环境下依然专心致志地追求道义,这种精神值得后人好好学习。

【品悟】 颜回好学,后世榜样,人人好学,可成圣贤。

> 冉求曰:"非不说①子之道,力不足也。"子曰:"力不足者,中道而废。今女画②。"

【注释】 ① 说:同"悦"。② 画:画地为牢,故步自封。

【译文】 冉求说:"我不是不喜欢老师的学说,而是我的能力不足呀。"孔子说:"能力不足是做到半路实在无力做下去了,现在你是自己画地为牢不思进取。"

【解读】 ☞ 故步自封　诸事不成

冉求是孔门十哲之一,善于口才。他常为自己不想学习而辩解。孔子批评说：真正"力不足"，应该是在学习过程中感到实在吃力并不得不停下来，而不是还没有开始学或者不想学就找借口。冉求的学习态度和表现，在大多数人身上都不同程度地存在，只不过是表现形式不一样，有的轻一点，有的重一点。孔子以冉求为例，教育弟子们无论做什么事都要有恒心，不可半途而废。有人不想坚持学习是因为没有真正懂得学习的意义，没有找到学习的规律，没有体会到学习的快乐，从内心深处对学习产生了厌倦情绪，故意找借口来推辞。诸如"没有时间""工作太忙""能力不足"等等。孔子把这种找借口的行为叫作"今女画"，意思是画地为牢，故步自封。《论语·子罕》篇中讲"譬如为山，未成一篑，止，吾止也；譬如平地，虽覆一篑，进，吾往也"，讲得也是这个道理。无论做什么事，干与不干重要在自己，只要能坚持不懈，就能取得成功。

【品悟】进与退，在于我，我不进，自画也。困难面前，不可畏惧，勇于前行，方得大道。

子谓子夏曰："女为君子儒，无为小人儒。"

【译文】孔子对子夏说："你要做君子一样的学者，别做小人一样的学者。"

【解读】☞ 君子重长远　小人看眼前

孔子希望子夏成为真正的君子一样的学者。所谓"君子儒"是指有大思想、大境界的学者和人物，也指有地位、通晓礼法、胸怀理想信念的人。"小人儒"则指为谋求生计的一般学者。孔子因材施教，他把知识教育和人格教育相结合，希望每一位弟子都能成为对社会有用的人才。教育的目的，不仅限于谋求生计，而是为了国家和社会的发展。在孔子的教育下，子夏终于成为一代大儒。

【品悟】君子之志，重在众人，小人之志，唯我独行。君子着眼未来，小人着眼当下。

> 子游为武城①宰。子曰:"女得人焉耳乎?"曰:"有澹台灭明②者,行不由径,非公事,未尝至于偃③之室也。"

【注释】① 武城:鲁国的小城邑,在今山东费县境内。② 澹台灭明:姓澹台名灭明,字子羽,武城人,孔子弟子。③ 偃:言偃,即子游其名。

【译文】子游做了武城的长官。孔子说:"你在那里得到了人才没有?"子游回答说:"有个叫澹台灭明的人,走路从来不抄近路,没有公事从不到我屋子里来。"

【解读】☞ 光明磊落　行不由径

发现人才和重用人才是执政者的一项重要工作。但如何发现人才呢?子游的方法是:观其行。当孔子问子游是否发现人才时。子游把发现人才的过程讲了出来。在他看来澹台灭明是个人才,理由是"不抄近路,无公事不到领导办公室",这两句话可以看出一个人的品质。"不抄近路"说明此人诚实、正直;"无公事不到领导办公室"说明此人办事光明正大,不谋私利,一心为公。从人的言行举止来判断人的品行,这是子游发现人才的独特方法,孔子很赞同。孔子主张"听其言而观其行",这样才能真正认识人才,发现人才。

【品悟】为政之要在于得人,得人之法在于识人,识人之法在察人。子曰:"视其所以,观其所由,察其所安,人焉廋哉?"

> 子曰:"孟之反①不伐,奔②而殿③,将入门,策其马,曰:非敢后也,马不进也。"

【注释】① 孟之反:名侧,鲁国大夫。② 奔:败退。③ 殿:殿后,断后做掩护。

【译文】孔子说:"孟之反不爱自夸。撤退时,他留下掩护。快进城时,他鞭打着自己的马说：'不是我敢于殿后，是马跑得不快。'"

【解读】☞ 君子不伐

　　孟之反是鲁国大夫，在撤军断后有功。面对人们的称赞，他以"非敢后也，马不进也"幽默风趣的语言表达了自己"愿无伐善"品质，给人留下了深刻印象。孔子给予了高度评价。他在危急时刻能挺身而出，把安全给了别人，把危险留给了自己。危险去后又不居功自傲，淡然处之，真是难得的人才。

【品悟】谦虚使人进步，骄傲使人落后。谦谦君子，人之所仰。

> 子曰："不有祝鲍①之佞，而②有宋朝③之美，难乎免于今之世矣。"

【注释】① 祝鲍：字子鱼，卫国大夫，有口才，以能言善辩受到卫灵公重用。② 而：或者的意思。③ 宋朝：宋国的公子朝，《左传》中曾记载他因貌美而起乱的事情。

【译文】孔子说："如果没有祝鲍那样的口才，也没有宋朝那样的美貌，那在今天的社会上很难立足了。"

【解读】☞ 礼崩乐坏　善美不行

　　祝鲍和宋朝是春秋时期的两个人物。一个是巧言贪色，以言迷人；一个是貌美不学，以色诱人。这两种人在当时社会上很吃香，不少人都仿效他们的言行，社会风气败坏程度可见严重。以假为美、以虚为美、弄虚作假者很有市场。而那些诚实、守信、礼仪文明的言行却不被人们重视，甚至没有立足之地。联系现实社会，观察那些所谓的"影星""歌星"和那些沉迷于"美容""整容"者的现象，应该引起我们深思。

【品悟】只重言，不重行，大事难成；只求表，不求里，大道难行。

子曰:"谁能出不由户,何莫由斯道也?"

【译文】孔子说:"谁能不经过门而走出屋子?为什么不走这条正道呢?"

【解读】☞ 以道而行　可以治国

孔子希望改变现状,那么从何而改呢?孔子指出"由斯道也",即按照先王之礼法,以仁德来治理天下之道。这条道路需要我们每一个人通过学习和修养来完成。只有人人知书达礼,仁义之道盛行,社会才能安定有序和谐发展。要完成这样的使命,没有捷径可走,必须脚踏实地,一步一个脚印,从正道而行才可以实现。

【品悟】言不由衷者虚,行不由径者私,事不合礼者乱,政不合民心者,国之败也。

子曰:"质①胜文②则野③,文胜质则史④。文质彬彬⑤,然后君子。"

【注释】① 质:朴实、自然,无修饰。② 文:文采,经过修饰。③ 野:此处指粗鲁、鄙野,缺乏文化。④ 史:言辞华丽,这里有虚伪、浮夸的意思。⑤ 彬彬:指文与质的配合很恰当。

【译文】孔子说:"过于质朴就会显得粗野;如果过于装饰就会显得虚伪、浮夸。只有质朴和文采配合恰当,才是君子。"

【解读】☞ 文质彬彬　可谓君子

人与动物的重大区别是修养和文明。所谓文,是指修饰和点缀,给人一种美的感受。孔子于本章讲述的是人要内外兼修,表里如一。内为质为本,外为文为修。文与质要达到中和,不可有偏。文与质是对立统一,互相依存,不可分离。质朴是最原始的,失去了质就失去了本,无本就虚了。文是外在的,是让质更加突出,让本更加完美的装饰。文通俗来说就是"打扮",

打扮的目的是让人更像人,而不是面目全非,人鬼不分。如现实社会上一些人为了追求时髦,过分打扮而失去了"人"样,过分整容失去了自己。只有"文质彬彬"才可称为君子。

【品悟】文与质也,由表及里,互照互应,共荣共喜。

子曰:"人之生也直,罔①之生也幸而免。"

【注释】① 罔:迷惑,弄虚作假,诬陷别人的人。

【译文】孔子说:"人要明白大道,生活才能幸福长久;糊里糊涂苟且而活,只是侥幸免于灾难而已。"

【解读】☞ 正道而行　可以长久

做人要正直,正直就是明白大道,走正道人生才可以永久幸福。《论语》中孔子有几次描写直者和刚者。直和刚是君子应有的基本品质,也是人生的大道。孔子曾和弟子讨论过两个典型人物:一是微生高,二是申枨。比如:一般人认为微生高是正直的人,但孔子不以为然。尽管他做了好事,帮助了别人,但使人觉得不安,所以不直。申枨呢?人们都以为是刚者,但孔子认为他有私欲,不可能刚正。因为不直就是不实,不实可能导致虚伪等。刚和直是人生的大道,大道就是真理,可以指导人们行动,成为人生的指南,有了人生的指南,才能有正确的方向和未来。

【品悟】正道而行,一帆风顺;枉道而行,坎坷暗生。

子曰:"知之者不如好之者,好之者不如乐之者。"

【译文】孔子说:"懂得道义的人,不如爱好道义的人;爱好道义的人,不如以学用道义为乐的人。"

【解读】☞ 安贫乐道　道可昌也

本章着重讲了对待道义的正确态度。了解了道义并不是目的，重要的是要去守护道义和运用道义，让道义发挥作用。所有道义并不是终极的，需要在实践中不断丰富和发展。正如老子所言："道可道，非常道。"要做到这一点需要的是不断学习、实践和总结。只有这样才能把道义发扬光大。孔子经常讲到"好学"二字，比如"有颜回者好学""不如丘之好学也""好仁不好学"等，他要求人们既要学之，还要好之。从学道到得道，再从得道到乐道，是需要一定知识积累和认识提高。要达到乐道的境界，需要有好学精神。所谓好学是指"造次必于是，颠沛必于是"的学习习惯和精神。

【品悟】知而不好，动力不足，学无所获；好而不乐，获之不多，终无大果；好而乐之，方可久也，久成正果。

子曰："中人以上，可以语上也；中人以下，不可以语上也。"

【译文】孔子说："具有中等智慧以上的人，可以给他讲授中等以上的学问，在中等智慧以下的人，不可以给他讲中等以上的学问。"

【解读】☞ 教学有道　因人而异

一个人或因自然、家庭、社会等原因，在智商、情商、习惯、爱好、人生目标等方面有所差异，特别是在对道义认识理解的层次上各不相同，于是便有了"中人""中人以上""中人以下"之分。如果给"中人以下"讲授中等以上的学问，则"中人"不懂。既浪费时间，又没有效果。就如同给小学生讲大学课程一样，属过犹不及。因此，传道授业也要讲究针对性。当今学校的课程设计各不一样，小学、中学、大学、成人侧重点各不相同。孔子所说："中人以上，可以语上也；中人以下，不可以语上也。"这是教学的基本规律，也是治理社会的普遍规律。中人以下泛指一般人员，除给予礼乐教育之外还要进行法律法规的基本教育。而圣贤者，知大道，明是非、守规矩，有自我管理能力，能按照规则办事，一般不会对社会造成危害。教育是有规律的，什么时候该学什么，要根据人的自然成长和时代发展要求而定。不可盲目求高求大，急于求成。比如小学教育，应多学习一些基本文明礼貌、交通规则、常见的自然现象等，到初中高中再涉及一些人生大道等，否则就会事倍功半。总之要结合实际，实事求是，具体问题具体分析。

【品悟】上、中、下之人乃相对而言，并非一成不变。上者不学，可至下；下者学之，可至上，古今一也。

樊迟问知①，子曰："务②民之义，敬鬼神而远之，可谓知矣。"问仁，曰："仁者先难而后获，可谓仁矣。"

【注释】① 知：同"智"。② 务：从事、致力于。

【译文】樊迟问孔子什么是智，孔子说："致力于为民之道义，对鬼神之道，敬而远之，就可以说是智了。"樊迟又问什么是仁，孔子说："遇难而身先士卒，有利而先人后己，可以说是仁了。"

【解读】☞ 智者为民　仁者后获

智者能分清是非，心有敬畏；仁者能体谅他人，先人后己。"务民之义"就是要有"一心为民"的思想，把关乎百姓的事先做好，至于鬼神之事，敬而远之就可以了。因鬼神之事，未有定论，虽有人言，未有人见，可信可不信。也许古人是把未知事物称之为鬼神，如现代社会的电子、电波、分子、原子、量子之类等，因没有发现，或称之为神鬼。今日社会，科技如此发达，但仍然有不少怪异之事无法解答，故称其为神秘。所以对鬼神敬而远之的态度，正体现了孔子的大智慧。对于仁的理解，一般是指能够做到吃苦在前，享受在后，先人后己就可以了。但要做到这些并非易事，因为"克己"为难。由此可见，仁是"克己"的决心和坚持，是一种善愿，一种善行。

【品悟】 鬼神之说，需求证探索。上知者，可思悟，未知者，敬而远，以待科学。

> 子曰："知者乐水，仁者乐山①；知者动，仁者静；知者乐，仁者寿。"

【注释】① 知者乐水，仁者乐山：知，同"智"；乐，喜爱的意思。

【译文】孔子说："智者喜欢水的品德，仁者喜欢山的厚重；智者好动，仁者好静。智者快乐，仁者长寿。"

【解读】☞ 智者如水　仁者如山

智者，重于分清是非，明辨时务，通天时、地利及人和之理。所以，智者像水一样游刃有余。而仁者，重于德行，普爱众生，克己安人，与人为善，可容万事万物。所以，仁者像山一样厚重无比。智者如水，仁者如山，山水相依，才可谓真正的君子。

【品悟】智者如水，变化万千，故动；仁者如山，厚重无移，故静。智者乐，仁者寿。

> 子曰："齐一变，至于鲁；鲁一变，至于道。"

【译文】孔子说："齐国经过变革，可以达到鲁国的文明，鲁国一经变革可以达到理想之道。"

【解读】☞ 与时俱进　不失道义

文王之道是孔子向往的至高目标。齐鲁同源于周朝，是兄弟之国，可以说这两个国家曾有共同的文明。春秋时期,齐国偏重于物质文明建设,鲁国偏重于精神文明建设。因为有共同制度基础,所以说齐国若能稍作变革,那么在精神文明方面就可以赶上鲁国。而鲁国文化基础比较好,只要再有所变革就会在物质文明上大有作为。如果两个文明一起抓,就能恢复昔日的繁荣。

【品悟】齐鲁之政,本是同源;齐鲁之病,病在不变。变则通,通则久。

子曰:"觚①不觚,觚哉!觚哉!"

【注释】① 觚:古代盛酒的器具,上圆下方,有棱,容量约有二升。后来觚被改变了,所以孔子认为觚不像觚。

【译文】孔子说:"觚不像个觚了,这还算是觚吗!这还算是觚吗!"

【解读】☞ 没有规矩　不成方圆

觚是一种盛酒的器具,是礼器中的重器,一般情况下不可更换。春秋时期,战乱不断,各种礼仪文化遭到破坏。一些重大活动的典礼草率举办,重要礼器也作了更改,人们已把祭礼当成一种形式来敷衍差使。孔子实在看不惯,所以发出了感叹。孔子感叹的目的是想唤醒人们恢复礼制,他希望无论是从形式到内容都要严肃认真,讲求规矩。孔子认为,只要统治者依礼而行,社会就会和谐安定。

【品悟】觚如觚,有规矩。礼如礼,心诚焉。觚不成觚,心不在焉。虽有形式,只是敷衍。

宰我问曰:"仁者虽告之曰井有仁焉,其从之也?"子曰:"何为其然也?君子可逝①也,不可陷②也;可欺也,不可罔也。"

【注释】① 逝：往。这里指到井边去看并设法救人。② 陷：陷入。

【译文】宰我问道："对于仁者来说，有人告诉他：井下掉进了一位好人，他就会下去（救）吗？"孔子说："为什么要这样做呢？君子可以去救人，却不可以被愚弄；君子可能受欺诈，但不可能被迷惑。"

【解读】☞ 君子不可欺

在礼崩乐坏的社会，人们常常把仁义之人看成"傻子"，把正直的官员看成"异类"。宰我提出"井有仁焉，其从之也？"的问题，这反映了人们对仁者的一种误解。仁者是诚实可靠、心地善良的人。他们总相信世界是美好的，从来不以小人之心度君子之腹。当礼崩乐坏时，人们对美好事物的看法也发生了改变，认为好人好事不可能存在，即使真遇见了好人也不敢相信，甚至把仁者看成愚笨的人，宰我所提的问题就说明了这一点。所以，作为君子能见义勇为，但绝不会被人愚弄。如果被人愚弄了，说明学习不够，还没有达到智的境界。

【品悟】君子好学，所以有胆有识又不惑，见义勇为不乱为。其有智、有信、不可陷也。

子曰："君子博学于文，约①之以礼，亦可以弗畔②矣夫。"

【注释】① 约：约束。② 畔：同"叛"。

【译文】孔子说："君子只要能广泛地学习文化典籍，再用礼来约束自己，就不会再有过失了。"

【解读】☞ 博学无愚　好学弗畔

上一章讲了人们对正确事物的错误认识。本章分析了产生这些错误的原因：一是社会风气变差；二是人不能与时俱进；三是好学者少，对正确事物认识不足。如何才能改变这种现状呢？孔子认为：广泛地学习文化典籍，再用礼来约束自己，就会改变这种风气。古语有："人非圣贤，孰能无过？"这句话告诉我们，人人可能有过，如果不想有过，除非达到圣贤之境。达到圣贤之境的方法只有学习、思考、总结、实践。

【品悟】博学以文，知是非。约之以礼，志不移。

> 子见南子①，子路不说。夫子矢②之曰："予所否③者，天厌之！天厌之！"

【注释】① 南子：卫国灵公夫人。② 矢：同"誓"，此处讲发誓。③ 否：不对，不是，指做了不正当的事。

【译文】孔子被南子召见，子路不高兴。孔子发誓说："如果我做了不正当的事，上天会厌弃我的！上天会厌弃我的！"

【解读】☞ 博学知礼 道可不离

君子只要博学而有礼就不会背离仁义。孔子见南子是依礼而行，但因南子名声不好，弟子担心老师的名声受到影响，不愿孔子与南子同行。经孔子说明后，弟子们才了解实际情况。事实证明，君子是能明大义，知荣辱，和而不同的。这正是"博学于文，约之以礼，可以弗畔"的真实写照。

【品悟】博学有礼，终生弗畔，君子如莲，出泥不染。

> 子曰："中庸①之为德也，其至矣乎！民鲜久矣。"

【注释】① 中庸：中，谓之无过无不及。庸，平常、常常，长期不变。

【译文】孔子说："中正、中和作为一种道德，该是最高的了吧！但人们失去这种道德的时间已经很久了。"

【解读】☞ 中庸之德　君子之守

中庸是中正至德的意思,是儒家思想的重要内容,反映了为人、为政、为事的正确思想和方法。中庸作为一种道德观念,它是指纯正的思想,不左不右,不偏不倚,如一条道路的中线。中庸有时也被解读为阴阳平衡与和谐。必须明白,中庸不是静止不动,而是不断进步,不断完善的正能量,是与自然界、人类社会保持永久和谐的一种状态。人们常把中庸之道理解为不思上进的平庸思想,或者是没有立场的"中间派",这是错误的。中庸是一种纯而又纯的正确的思想,是人类追求的理想状态。

【品悟】中庸,不狂不狷,不偏不倚,向上向善,至德者也。

子贡曰:"如有博施①于民而能济众,何如?可谓仁乎?"子曰:"何事于仁?必也圣乎!尧舜其犹病诸②。夫仁者,己欲立而立人,己欲达而达人。能近取譬③,可谓仁之方也已。"

【注释】① 施:实施,施于。② 病诸:病,担忧。诸,"之于"的合音。③ 能近取譬:即推己及人,从我做起的意思。

【译文】子贡说:"如果有人能给百姓带来实惠,能扶贫济困,怎么样?可否算是仁人?"孔子说:"岂止是仁人,简直是圣人了!就连尧、舜也难以做到呢。所谓仁者,就是自己能安身立命,也想让别人安身立命;自己通达,也要帮助别人一起通达。能推己及人,能从我做起,可算是实行仁道的方法了。"

【解读】☞ 立人达人　仁之方也

博施济众是儒家思想的最高境界。"己欲立而立人,己欲达而达人",

是这种思想的具体体现,也是仁爱思想的最好表达。孔子希望通过传道授经,使天下人都能够做到安身立命,通达天道。如果能实现这样的目标,其功德就可以与尧舜相比。子贡是孔子弟子中最富有的,他财力雄厚可以做到"博施与人"和"济众"。博施与人是指他能以自己的实力和办法带领大家走上致富道路。济众是指他可以帮助贫困百姓渡过难关。正如当今的"致富"与"扶贫",既能让一部分人先富起来,又能实行先富帮后富,促进共同富。这种思路在当时社会真是难能可贵的,即使在今天同样具有重大思想价值。孔子希望能把这种想法付诸实施,惠及百姓。

【品悟】己立立人,己达达人,一心为人,仁之至也。由己及人,由此及彼,由近及远,为仁之方。

述而第七

> **导 语**
>
> 《述而》篇共 37 章,是孔子关于学习态度、教育思想和道德仁义的进一步阐释。

子曰:"述而不作①,信而好古,窃②比于我老彭③。"

【注释】① 述而不作:述,传述。作,创作,发挥。② 窃:私,私自,私下。③ 老彭:人名,但究竟指谁,学术界说法不一。有的说是殷商时代一位"好述古事"的"贤大夫";有的说是老子和彭祖两个人,有的说是殷商时代的彭祖。

【译文】孔子说:"只叙述而不创作,相信并喜好古圣先贤的典籍,私下常自比于老彭。"

【解读】☞ 述而不作　以史为鉴

历史是人类智慧宝库,每段历史,都有它发生的背景和条件。真实记载历史事件,是一个历史学家应有的品质和胸怀,也是一位真正学者的治学态度。孔子整理历史资料,讲述中国故事,不轻易加入自己的观点是为了保持历史文献的原汁原味,留待后人去分析思考。正是因为孔子的"述而不作"才使后人能够看到真正的历史,总结历史经验,汲取丰富的智慧。为别人着想,为后人着想正是孔子仁德思想的写照。

【品悟】仁义之道,古今一也。夫子至诚,述而不作,是非功过,留得后人评说。

子曰:"默而识①之,学而不厌,诲人不倦,何有于我哉②?"

【注释】① 识:记住的意思。② 何有于我哉:对我有什么难呢?

【译文】孔子说:"谨记所学知识,努力学习而不厌弃,教育学生不知道疲倦,这对我有什么困难呢?"

【解读】☞ 学而不厌　诲人不倦

"默而识之"是学习的方法,"识之"就是要记住所学知识并了解核心要义。孔子"述而不作,信而好古"是把历史和社会实践当作最好的教材。告诉人们要掌握好学习方法,认真研究反复琢磨才有收获。"学而不厌"是指学习然后才知不足,不足才会更加努力;"诲人不倦"是讲教学的态度,是一种乐于奉献的精神,是仁爱的表现。孜孜不倦是一位教育家的情怀和品质,更是一位君子人格的体现。"何有与我哉"表达了孔子发自内心的、自觉自愿传承历史智慧的心愿,体现了一个思想家、政治家、历史家、教育家的伟大胸怀。

【品悟】学者三则:知之,好之,乐之,无此三者,不可以谓学者;师者三则:识之,不厌,不倦,无此三者,不可为师者。

子曰:"德之不修,学之不讲,闻义不能徙①,不善不能改,是吾忧也。"

【注释】① 徙:迁移。向往、追求。

【译文】孔子说:"做人不修养品德,不讲求学问,听到义在那里,却不能亲身赴之,有缺点不能改正,这是我所担忧的事情。"

【解读】☞ 德义不修　君子所忧

春秋末年,礼崩乐坏。孔子总结为四种乱象:一是人们不重视道德修养;二是不追求学习进步;三是不能见义勇为;四是有错不能改正。修德、讲学、徙义、迁善这四者是人们终身应要坚持的良好品行,如果不能坚守其中的一项,那么人类就不会进步和发展,社会就不会文明与和谐,这是孔子最担忧的。孔子通过这四句话,剖析了当时社会的乱象,表达了自己的担忧,同时反映了先进知识分子对社会的责任感和使命感。正如范仲淹所言:"居庙堂之高,则忧其民,处江湖之远,则忧其君。"

这才是君子的真实写照。

【品悟】好学、自修、为善、改过，此为终身之事，不可废也。

子之燕居①，申申②如也，夭夭③如也。

【注释】① 燕居：安居、家居、闲居。② 申申：衣冠整洁。③ 夭夭：斯文，舒畅和谐的样子。

【译文】孔子在家闲居时，衣冠整洁，仪态温和，心情舒畅，悠闲自在。

【解读】☞ 淡定平和　君子之象

孔子平时在家就能够保持衣冠整洁、平和可亲、悠然自得，给人以中和之美感，这正是人们所向往的君子形象。孔子学识渊博、淡泊名利，其修养非一般人能企及。他在生活中能保持淡定从容、平和自然。这种修养境界，只有圣者才能达到。

【品悟】君子之状，心平气和。内外兼修，中正祥和。

子曰："甚矣，吾衰也！久矣，吾不复梦见周公①。"

【注释】① 周公：姓姬，名旦，周文王的儿子，是孔子所崇拜的"圣人"之一。

【译文】孔子说："我衰老得很厉害了，我好久没有梦见周公了。"

【解读】☞ 老骥伏枥　壮心不已

传说周公时期，制度完美，国泰民安。恢复周制是孔子一生的梦想。他周游列国十四年，传经授道就是为了实现"周公之治"的繁荣景象。虽然不被重用，但是在各国留下了文明的种子和未来的希望。晚年由于身体衰老、体力不足等原因，感到力不从心，又觉着理想还很遥远，有许多事还没有做，所以发出了感叹。表达了他对周公的思念和对周礼的崇尚。以此喻人，要永远牢记使命，不懈为之奋斗。

【品悟】光阴如矢，逝者如斯。传道授业，须得良时，不可荒废。

子曰："志于道，据于德①，依于仁，游于艺②。"

【注释】① 德：旧注云：德者，得也。能把道贯彻到行动就叫德。② 艺：礼、乐、射、御、书、数等六艺，都是日常所用。

【译文】孔子说："以道为志向，以德为依据，以仁为根本，实践巩固于六艺之中。"

【解读】☞ 道德仁义　实践可固

一般来说，人的修养伴随着成长循序渐进，主要有四个方面：一是确定志向。有志向和目标就有了努力的方向，所以确定目标志向是进入人生的第一步。人生目标应是什么呢？是追求道义；二是确定人生的起点。要从修养道德开始，而不是从获得利益开始；三是修养的内容。仁义是修养的主要内容，是做人的根本；四是践行与巩固。"游于艺"就是要把道、德、仁三者贯穿于六艺之中，并在六艺中实践、巩固和发展。"志于道，据于德，依于仁"9个字可以概括为理想信念，指导思想，核心内容。"游于艺"可以概括为实践检验。这是培养君子人格的过程，在当今社会仍有积极意义。

【品悟】道德仁义，常学常修。志于道者，仁义久也。

子曰："自行束脩①以上，吾未尝无诲焉。"

【注释】① 束脩：脩，干肉，又叫脯。

【译文】孔子说："只要主动拿上薄礼来求学的人，我从来没有不教诲的。"

【解读】☞ **主动以礼　孺子可教**

　　招收弟子也是讲究礼的。这里有两个关键词，一是自行；二是束脩。这两者突出了孔子招生原则：一是主动求学；二是不失礼节。主动求学强调了学习的主动性，这样的学生往往能学到心里；不失礼节强调了学习的真诚心。凡是能做到主动有礼，说明对学习的追求比较强烈，所以孔子都会认真地教诲他们。这里的"束脩"是指一般性的礼物，而不是什么大礼，是对老师的尊重。

【品悟】师者，不为其脩而教，而以其脩为礼，以其脩为志，有志者可以教，教之者可以成。

　　子曰："不愤①不启，不悱②不发；举一隅③不以三隅反，则不复也。"

【注释】① 愤：苦思不能解。② 悱：苦想不得说。③ 隅：角落。

【译文】孔子说："教导学生，不到他苦思冥想不启发；不到他欲言无语不开导。举一不能反三者，则要改变教学方法，直到他弄懂为止。"

【解读】☞ **愤悱则启　贯通则复**

　　教育学生不可一味灌输，要讲求方式方法。孔子于本章提出了"启发式"教学方法。这种方法是注重培养学生学习的主动性。在教学中，不能先告诉学生答案，要让学生先思考，直到无法深入时再去启发学生，以此来培养学生主动思考的习惯。犹如负重上坡，让学生主动先上，直到学生无力前进时候，再全力助推一把，这样才会使学生全面发力，增强学生的自学能力，真正达到学习目的。如果不注重学生的思考，教师只管教，直接告诉学生答案，那么学生对知识的理解会很肤浅，甚至对学习失去兴趣。"举一反三"的教学方法，是在学生充分进行独立思考的基础上，对新知识有了一定认识以后才对他们进行启发开导，通过让学生不断联想，把所学知识融会贯通，达到闻一知十。这种方法结合了学生的学与老师的教，是符合规律的科学教学方法。对当今教育有着重要的借鉴意义。

【品悟】知一隅不以三隅反者，学不通也。不通而再，如路梗塞，塞而不疏，愈加愈阻，久阻则瘫，久瘫则废。学必通，通则顺，顺则成。

> 子食于有丧者之侧，未尝饱也。子于是日哭，则不歌。

【译文】孔子在有丧事之人旁边吃饭，从未吃饱。孔子于当日哀伤而哭，则就不再唱歌。

【解读】☞ 相由心生　行由情致

　　孔子在"有丧事"之人旁边吃饭，从未吃饱，这体现了孔子内心深处的同情心和仁慈心，也体现了他对生命的敬重。哭，反映了一个人的悲伤之情，如果说一个人亦哭亦歌，那么这个人不是有病就是不正常。孔子的"未饱"和"不歌"，反映了他的真实感情，这种感情是发自内心深处的，没有一点虚假，这才是君子在现实生活中的真实情感。

【品悟】人失至亲，如己失之；他人伤悲，如己之伤。仁爱之心使然。

> 子谓颜渊曰："用之则行，舍之则藏①，惟我与尔有是夫！"子路曰："子行三军，则谁与④？"子曰："暴虎②冯河③，死而无悔者，吾不与也。必也临事而惧。好谋而成者也。"

【注释】① 舍之则藏：舍，舍弃，不用。藏，隐藏。② 暴虎：空拳赤手与老虎进行搏斗。③ 冯河：徒步过河。

【译文】孔子对颜渊说："受重用，就全力以赴；不重用，就继续修养自己，只有我和你才能做到吧！"子路问："夫子统率三军，想让谁与你一起呢？"孔子说："徒手斗虎，徒步过河，虽死不悔的人，我是不会和他一起的。与我共事的人，一定要是遇事谨慎、善于谋划并能完成任务的人。"

【解读】☞ 有勇有谋　方可成功

　　孔子识时务，重实践。有人重用时，他不放弃机会，无人重用时，也不忘初心。无论何时何地他都不会改变自己的志向。孔子主张见义勇为，但反对"暴虎冯河，死而无悔"。在他看来，有人视死如归，但有勇无谋，是不能成就大事的。"勇"是三达德之一，但勇不是蛮干，而是"临事而惧，好谋而成"，勇是敢于修养自己，勇于改过自新的人。"仁、智、勇"三者兼具，才可达到君子之境界。

【品悟】孔子好仁不好战，好谋不敢先。其以王道治天下，以仁义服人心，重教化，惜生命。故不与"暴虎冯河"者共，实为"圣之时者"。

子曰："富而可求也，虽执鞭之士①，吾亦为之。如不可求，从吾所好。"

【注释】① 执鞭之士：古代为天子、诸侯和官员出入时手执皮鞭的服务人员。意思指地位低下的职事。

【译文】孔子说："求富若合道，即使给人执鞭的辛苦差事，我也愿意去做。求富若不合于道，就去做我所喜好的事。"

【解读】☞ 君子爱财　取之有道

　　追求富贵是每个人都有的愿望，这本无可厚非，但要看求得之法是不是合乎道义。"富与贵,人之所欲也,不以其道得之,不处也",意思是如果以无道的方法去追求,即使得到了也不会长久。孔子讲了自己的观点:如果能以道求得富贵,宁可做一些下等差使。如果不能以正道而得富贵,不如去做自己喜欢做的事情。由此可见,孔子不反对追求财富,但反对不符合于道义的做法。他说"不义而富且贵,于我如浮云",这是孔子对待财富的态度。

【品悟】君子仁义为富,无贵无贱,俯首执鞭,无悔无怨。

子之所慎:齐①、战、疾。

【注释】① 齐:同"斋",斋戒。

【译文】孔子特别谨慎对待的事是:斋戒、战争和疾病这三件事。

【解读】☞ 尊重自然　爱护生命

孔子最慎重的有三件事:一是斋戒;二是战争;三是疾病。这三件事都是与人的生命相关的。从古至今,人们对自然界都有深刻认识和感知,斋戒表达了古人对天地鬼神的敬畏,不可片面认为是一种迷信活动,应该理解为对自然的尊重和爱护,我们不能苛求古人对大自然有科学认识,而要学习古人对自然的敬畏之心和慎重之情。战争和疾病是与人的生命息息相关的事。孔子在"齐、战、疾"三个方面的态度恰恰表现出了他对待生命的态度。只要是与人类生命相关的,孔子都会很慎重对待,这是一种仁德的表现和仁善的态度。

【品悟】尊重自然,善待生命,自古及今,仁者所行。

子在齐闻《韶》①,三月不知肉味,曰:"不图为乐之至于斯也。"

【注释】① 《韶》：舜时古乐曲名。

【译文】孔子在齐国听到了《韶》乐，有很长时间尝不出肉的香味，他说："没想到音乐可达如此境界。"

【解读】☞ 《韶》乐之美　胜于食也

  《韶》乐是一种尽善尽美的乐曲，相传是大舜所作，其歌词大意是：王为表率，百事振兴，慎重对待立下的法度，恭敬行事，不断反省自己，事业便会成功。《韶》乐是流行于贵族当中的古乐，和谐优美动听，有修身养性之效。孔子评其"尽善矣，亦尽美矣"。音乐之美在于和谐，是人生修养的较高境界，代表了一个国家的民风，当孔子听到这样好的音乐时，似乎看到了一种希望，所以才有"三月不知肉味"的感觉，使人回味无穷。反映了孔子对理想社会向往和追求的迫切心情。

【品悟】乐教之功，可以化人。《韶》乐之教，尽善尽美。舜奏《韶》于南山，故有韶山之称，虽过千秋，《韶》华依旧。

  冉有曰："夫子为①卫君②乎？"子贡曰："诺，吾将问之。"入，曰："伯夷、叔齐何人也？"曰："古之贤人也。"曰："怨乎？"曰："求仁而得仁，又何怨。"出，曰："夫子不为也。"

【注释】① 为：帮助。② 卫君：卫出公辄，是卫灵公的孙子。公元前492年至前481年在位。

【译文】冉有说："老师会辅佐卫国的国君吗？"子贡说："好吧，我去问问。"子贡进门问孔子："伯夷、叔齐是什么样的人呢？"孔子说："古代贤人。"子贡又问："他们后悔吗？"孔子说："他们求仁而得到了仁，有什么后悔的呢？"子贡出来对冉有说："老师不会去辅佐卫君。"

【解读】☞ 不事无道　君子之行

卫国国君辄与其父争夺王位，虽已登基，但属无道而获，此事恰好与伯夷、叔齐两兄弟互相让位形成鲜明对照。伯夷、叔齐虽然不在君位，但其坚守仁义，毫无怨言，后世歌颂。当子贡问孔子是不是要辅佐卫君时，孔子没有正面回答，而是赞扬了伯夷、叔齐求仁而得仁精神，其实这已经表明了自己的态度。本章记述了子贡与孔子关于是否奉卫君的事，对话当中虽没有提及此事，但却从孔子言语中得到了答案。同时也表明了孔子周游列国，传道授经目的不为了求得一官半职，而是为了推行仁义。本则故事正是孔子"不义而富且贵，于我如浮云"的真实写照。

【品悟】 仁义之事可倡，无道之君不助，此为君子之行。

> 子曰："饭疏食①饮水，曲肱②而枕之，乐亦在其中矣。不义而富且贵，于我如浮云。"

【注释】 ① 饭疏食，饭，吃饭；疏，简单食物。② 曲肱：胳膊，由肩至肘的部位。曲肱，即弯着胳膊。

【译文】 孔子说："吃简单饭，喝凉水，弯着胳膊当枕头，乐趣在其中。以不合道义方法得来的富贵，对于我来说就如天上的浮云一样。"

【解读】☞ 安贫乐道　不义不取

弘道求仁是孔子终身所求的理想。由于社会礼崩乐坏，传道授业者不被重视，生活常常遭窘迫。有人耐不住贫困放弃了追求，有人虽然贫困但仍坚守道义至死不移，孔子及弟子颜回是在贫困中坚守道义的代表。如果凭个人的才华，他们完全能够过上富裕的生活，但是为了追求更高尚的道德理想，使天下人过上幸福美好的生活，他们选择了弘扬道义这条道路。"饭疏食饮水，曲肱而枕之"，是孔子求道时的生活状况；"一箪食，一瓢饮，在陋巷，人不堪其忧，回也不改其乐"这是颜回的生活写照。孔子用"不义而富且贵，于我如浮云"概括了自己的价值观和世界观。这是一个圣者的情怀。

古今中外都不乏这样的圣者,伟大的导师马克思也是如此,凭他的聪明才智,完全可以富甲天下,但他却选择了为全人类解放的伟大事业。他也曾遭遇贫困,甚至到了连饭都吃不起的地步,最后累倒在办公桌前。他虽然走了,但成了我们共产党人的精神导师,给人类留下了崇高的精神财富。

【品悟】求富贵,当以义而行。不义而富且贵者,不过三代。以义而富贵者,千秋万代。

子曰:"加①我数年,五十以学《易》②,可以无大过矣。"

【注释】① 加:这里通"假"字,借给。② 易:指《周易》。

【译文】孔子说:"再给我几年时间,到五十岁学习《易》,我便可以没有大的过错了。"

【解读】☞ 结合实践 才有真理

《易》是一门思想性和实践性都很强的经典,是在实践中逐步总结和探索而成的,同时也在实践中不断丰富和发展的。古时科学不发达,有人用《易》的理论指导实践或预测未来,后来渐渐成为人们生活和社会中不可缺少的行动指南。孔子说"加我数年"强调的是人生阅历,如果没有阅历,读过的经典也不会完全理解。孔子曾说,"五十而知天命",就是指有了五十年的人生经验才可以知晓人生规律和社会规律等。《易》是研究自然规律、人生规律和社会规律的一门学科,只有真正懂得了规律才可能把握规律,利用规律,运用规律并按照客观规律办事,这样才可能少犯错误。人们读书也是要讲究科学方法,符合规律。

【品悟】学习之法,讲究科学,适人适时,其有序也。

> 子所雅言①，《诗》、《书》、执礼，皆雅言也。

【注释】① 雅言：周王朝的京畿之地在今陕西地区，以陕西语音为标准音的周王朝的官话，在当时被称作"雅言"。孔子平时说话时用鲁国的方言，但在诵读《诗》《书》和行礼时，则以当时陕西语音为准。

【译文】孔子有时讲雅言，读《诗》、念《书》、行礼时，用的都是雅言。

【解读】☞ 传以雅言　以表敬畏

雅言是文王所在地的方言，是当时官方语言，如今天我们所说的普通话。诗书礼仪的典籍文献发音多数来自周王所在地，是当时社会的官言。官言代表着主流意识，是国家的声音。孔子用雅言的原因：一是为了原汁原味传播文化；二是出于对《周礼》的尊重；三是代表朝廷，在正式场合传播正统文化；四是官言也代表着君子形象和品位。

【品悟】孔子以雅言传授学问，不仅有利于文化的传承，还促进了国家的统一，对社会的和谐与稳定具有深远的意义。统一、和谐、稳定与发展始终是中华民族的核心追求。

> 叶公①问孔子于子路，子路不对。子曰："女奚不曰，其为人也，发愤忘食，乐以忘忧，不知老之将至云尔②。"

【注释】① 叶公：叶公姓沈，名诸梁，楚国的大夫，封地在叶城（今河南叶县南），所以叫叶公。② 云尔：云，代词，如此的意思。尔同耳，而已，罢了。

【译文】叶公问子路孔子是什么样的人，子路不回答。孔子说："你为什么不说：他这个人，发愤学习忘记吃饭，快乐学习忘记忧愁，自己衰老也不觉得，如此而已。"

【解读】☞ 好学无忧　孜孜以求

孔子周游列国时曾受困于陈国与蔡国之间，当时楚国曾派人聘请孔子，楚国大夫叶公想对孔子进一步了解，所以问子路关于孔子的情况，子路不知如何回答是好。周游列国期间，人们对孔子的行为不理解，社会上有不少传闻，认为他是"知其不可为而为之"的异类。子路不答是为谨慎，生怕话说得不合适，引起误解。孔子自答"发愤忘食"，表明孔子的好学与追求，展现了孔子"学而时习之不亦说乎"的精神面貌。同时也告诉人们：学习是一种享受，学习使人通达，终身学习终身快乐。

【品悟】 好学自信，乐观向上，是君子永远的精神风貌。

子曰："我非生而知之者，好古，敏以求之者也。"

【译文】 孔子说："我不是天生就有学问，而是爱好古圣先贤的经典，能够勤奋努力去追求仁义的人。"

【解读】☞ 天下之知　由学而来

人不可能一生下来就什么都知道，也不可能一生下来就有智慧，知识和智慧都是通过学习而得来的。人的智商有所差异，或许有人生下来智商就高些，此所谓"生而知之者"。社会传言孔子是生而知之者，孔子否定了这种说法，他说：人有生而知之者，有学而知之者，有困而学之者，有困而不学者。孔子自言不属于"生而知之者"，而是学而知之者。他告诉人们，他的学识源于爱好古代的典籍，并通过勤奋刻苦，认真思考总结。孔子的经历启示人们：人的智慧只有通过不断努力才能得到，没有别的捷径可以走。

【品悟】 古今中外，人海茫茫，从无知到有知，从凡人到圣贤，无一不是好学，敏以求之者。

子不语怪、力、乱、神。

【译文】孔子不谈论怪异、暴力、动乱、鬼神。

【解读】☞ 怪力乱神　深不可测

孔子主张仁德，他的理论紧紧立足于历史和现实，有很强的实践性和科学性，是可信和有用的。怪异鬼神之事在没有充分认识的时候，不宜去解读。战乱和暴力之事，均属不善，也不必多讲。孔子学说之所以被人们广泛接受，是因为其反映了客观事实，而且是被实践证实了的真理。对于没有被实践证明了的事，他非常谨慎。他曾批评弟子："未能事人，焉能事鬼"，意思是先把现实中的事做好，再去思考和研究未知的事物。暴力和动乱等，是在没有仁德的时候才可能发生的，所以孔子注重仁德的教化，对暴力和动乱之事很少谈论。

【品悟】鬼神之事诡谲难测，故孔子谨慎言辞；暴力与战乱惨不忍睹，多有恶果，故孔子不涉此话题。

子曰："三①人行，必有我师焉。择其善者而从之，其不善者而改之。"

【注释】① 三：表示多人。

【译文】孔子说："几个人一起，其中必定有人可以做我的老师。选择他们的优点而学习，发现他们不足而反省自己，改善自己。"

【解读】☞ 谦虚好学　方可进也

"三人行，必有我师焉"这句话，受到世代知识分子极力推崇。"三人"并不是真的三个人，而是指多人，泛指任何人任何事物都有我们学习的地方。好人有优点可学，坏人有缺点可鉴，任何事物成长和发展的规律，都值得人类思考和借鉴。只有在生活中向实践学习，向众人学习、经常反省自己、改善自己，人才能进步，才能使自己健康成长，少走弯路。这段话对我们为人处世、修身养性、增长知识提供了更加广阔的思路。

【品悟】物之不齐，物之情也。寸有所长，尺有所短，谦虚好学，方可进也。

子曰："天生德于予，桓魋①其如予何？"

【注释】① 桓魋：宋国主管军事行政的官。

【译文】孔子说："上天把德赋予了我，桓魋能把我怎么样？"

【解读】☞ 天道为大　不可违也

孔子经宋国，宋人知道孔子的才学，想留孔子于宋。桓魋怕孔子在宋国影响自己的地位，欲加害于孔子。孔子与弟子们在树下演练周礼时，桓魋砍倒大树，还要加害孔子，孔子在学生保护下，离开了宋国。在这种背景下，他讲了这句话。他认为，只要是行使仁德，就没有什么危险。他说"天生德于予"这里的"天"是指"天时"好比民心，意思是时代把传播大道的使命给了我，有谁能阻止这正义的行为呢？自古得民心者得天下，失民心者失天下，讲得就是这个道理。

【品悟】自古及今，民心如天，天佑善人。得道者多助，失道者寡助。

子曰："二三子①以我为隐乎？吾无隐乎尔！吾无行而不与二三子者，是丘也。"

【注释】① 二三子：这里指孔子弟子们。

【译文】孔子说："同学们，你们认为我教学有保留吗？从来没有保留！我是竭尽全力传道授业。我孔丘就是这样的人。"

【解读】☞ 君子无隐　一视同仁

孔子因材施教，弟子成绩各异，弟子中有人怀疑他在教学方面有所偏私。孔子再次强调了自己有教无类，对学生一视同仁，尽力所为，没有偏三向四的。时至今日，个别教师为了贪图利益私自补课，正常上课不好好讲，课后补课才讲重点，这才是真正的"隐"，这种行为败坏了教师的名声，引起了家长们的不满，值得注意。不负责任的教师毕竟是少数，要相信绝大多数老师是好的，不能因为个别人的个别行为而否定多数人的良知。

【品悟】师者有道，无私而教。教导之法万千，而得道之人若干。得道之法，重在自修。故有"师傅引进门，修心在个人"之说。

子以四教：文①、行②、忠③、信④。

【注释】① 文：文献、古籍等。② 行：指德行，泛指社会实践。③ 忠：尽己之谓忠，对人对事尽心竭力。④ 信：以实之谓信。诚实、信心、信念。

【译文】孔子教育学生重点在于四个方面，即：文、行、忠、信。

【解读】☞ 文行忠信　君子所教

孔子教学重点突出四个方面，涵盖了人生社会的方方面面。文，是指文化典籍，包含天文、地理、人文等诸多方面内容；行，是指社会实践，包括各行各业的基本知识和基本技能；忠，强调的是德行，即忠诚、忠恕，"己所不欲，勿施于人"的高尚道德情操；信，就是诚信、信用、信心和信仰。用当今的话讲就是四大内容：理论知识、实践知识、道德规范、理想信念。一个人如果具备了这四方面的素养就可以称为完人了。

【品悟】孔子四教，自成系统。文行忠信，相辅相成。

> 子曰:"圣人吾不得而见之矣!得见君子者,斯可矣。"
> 子曰:"善人吾不得而见之矣!得见有恒者,斯可矣。亡而为有,虚而为盈,约①而为泰②,难乎有恒矣。"

【注释】① 约:穷困。② 泰:奢侈。

【译文】孔子说:"圣人我不可能看到了,能看到君子就可以了。"孔子又说:"善人我不可能看到了,能见到有恒心向善的人,就可以了。没有却装作有,空虚却装作充实,穷困却装作富足,这样的人是难有恒心的。"

【解读】☞ 君子之忧　在于善政

在"礼崩乐坏"十分严重的情况下孔子仍保持着积极向上的态度。他虽然见不到圣贤,希望见到君子也行;君子见不到了能见到善人也行;善人见不到了,能见到有恒心的人也行。他把希望一再降低,但还是不尽如人意。最后,他把希望定格在"有恒",因为只要有恒心坚持学习修养,就一定能达到他希望的目标。孔子为社会混乱而感到悲哀,这种悲哀是他对社会强烈责任感和使命感的自然流露。

【品悟】圣者不见,因礼崩乐坏;善者不见,因世风已败;恒者不见,因人心浮躁。君子忧之。

> 子钓而不纲①,弋②不射宿③。

【注释】① 纲:大绳。这里比作网。② 弋:用带绳子的箭来射鸟。③ 宿:指归巢而宿的鸟儿。

【译文】孔子钓鱼,不用网;射飞鸟,不射归巢歇宿的鸟。

【解读】☞ 心存慈悲　君子情怀

孔子钓鱼只是钓大鱼,不用渔网,用网可能大小之鱼一网打尽,他不忍心。射鸟也是如此，不射宿鸟。古时候人们的食物不是很丰富，一般以粮食、猎物、鱼类为主。尽管鸟兽可当作人类的食物，从细小的生活小事，可见其仁慈之心。小小的行为，可以反映出人的内心世界。对于鸟兽尚且能如此，对于人和社会就更不用说了。这才是一个君子的情怀。

【品悟】钓弋之道，乃为政之道。勿劳于民，勿伤其民。

> 子曰："盖有不知而作之者，我无是也。多闻，择其善者而从之，多见而识之，知之次也。"

【译文】孔子说："有一种人，什么都不懂就敢凭空妄作，我不会这样做。我会多听，择其优点而学习；能把所学知识记住（却不能消化），这也许是次一等的智慧。"

【解读】☞ 多闻多见　智慧之源

春秋时期，社会混乱，人心浮躁。有人以君子自居，不懂装懂，妄加所为。孔子虽然是被社会认可的智者，却是谦虚谨慎不敢懈怠。他"入太庙，每事问"，在乡党"似不能言者"，常常多听、多见，努力学习，从不停止。他非常注意从善人身上学习优点不断完善自己，把所学习的知识牢记于心，加以消化，从来不认为自己比别人强。体现了谦恭的做人态度，树立了真正君子形象。

【品悟】不知其情而为，谓之妄为；不知其义而作，谓之妄作；不知其人而议，谓之妄议。夫子述而不作，尊重历史，尊重贤者，堪为知者也。

> 互乡①难与②言，童子见，门人惑。子曰："与其进③也，不与其退也，唯何甚？人洁己④以进，与其洁也，不保其往⑤也。"

【注释】① 互乡：地名。② 与：赞许。③ 进、退：优点、缺点。④ 絜己：洁身自好。⑤ 不保其往：计较以往。

【译文】互乡那个地方的人很难与之沟通，但有一个少年却受到了孔子的接见，弟子们很困惑。孔子说："鼓励上进，反对落后。何必做得太过分呢？只要洁身自好追求进步，就不要计较以往。"

【解读】☞ 传无先后　教无老幼

孔子周游列国是为了推广文化和礼仪，教育百姓，恢复秩序，稳定天下。互乡这个地方因为各种原因，很难与当地人交流，就像现在世界上某个封闭的地方一样，有自己的习俗，很少与外界接触。当地有个少年主动来学习，孔子接见了他，这让弟子们很困惑。但孔子并不在意，他认为只要有人愿意进步，就应该尽力帮助。在现代社会，越是那些难以沟通的地方和人，越需要与他们沟通。越是这样的地方，越需要教育。孔子从不放过任何一个传授知识的机会。他告诉弟子们，要看到一个人的优点，不要计较过去，要看未来，不要只是回头看。

【品悟】有教者无别类，有学者无长幼。他人拒我，我不拒也，童子欲进，亦可教之，纵有不足，言而改之。

子曰："仁远乎哉？我欲仁，斯仁至矣！"

【译文】孔子说："难道仁离我们远吗？心想求仁，尽力而为，一定可得。"

【解读】☞ 道不远人　求之必得

道并不遥远，就在自己内心，万事求诸己。只要努力学习和修养，每一个人都会获得仁德。"我欲仁"讲的是自己主动追求。主动是心诚的表现，只有主动去求才会用心去思考，才能懂得仁的意义。仁义道德包含着世间万事万物的原理及运行规则，包括自然之道、社会之道和人生之道等，其核心要义就是仁的思想。以"仁"为本的核心就是"人"。孔子强调了追求仁的主动性，人人主动去求，道义才会有效传递，世界才会真正美好。

【品悟】道不远人，人远道也；仁不远人，人远仁也。求仁则得仁，不求则失仁。

陈司败①问："昭公知礼乎？"孔子曰："知礼。"孔子退，揖巫马期②而进之，曰："吾闻君子不党，君子亦党乎？君取于吴，为同姓，谓之吴孟子③。君而知礼，孰不知礼？"巫马期以告。子曰："丘也幸，苟有过，人必知之。"

【注释】① 陈司败：陈国主管司法的官。② 巫马期：姓巫马，名施，字子期，孔子的学生。③ 吴孟子：鲁昭公夫人。

【译文】陈司败问："鲁昭公懂礼吗？"孔子说："懂礼。"孔子出来后，陈司败向巫马期作了个揖，对他说："我听说，君子是没有偏私的，难道君子还袒护别人吗？鲁君在吴国娶了一个同姓的女子为夫人，称她为吴孟子。如果鲁君算是知礼，还有谁不知礼呢？"巫马期把这句话告诉了孔子。孔子说："我真是幸运。如果有错，人家一定会知道。"

【解读】☞ 臣为君隐　过中有礼

鲁昭公娶了同姓女为夫人，这件事在当时社会被视为无礼。当陈司败问孔子昭公知不知礼时，孔子回答说昭公知礼。昭公知道自己的婚姻不合乎周礼，所以才把夫人的名字改为"吴孟子"，以此变通。孔子正是看到这一点，才说昭公知礼。如果昭公真不知礼，那么就没有必要去改夫人之名。昭公为君，孔子为臣。孔子主张"父为子隐，子为父隐"由此推而"臣为君隐，君为臣隐"，也是一种礼节。这种"隐"不是纵容，而是一种特别的教育和启示。"丘也幸，苟有过，人必知之"，这段话表达了百姓对君子的关注。

君子堪称"名人",能成"名"是人生的一大幸事。

【品悟】妄议君主,是为无礼。臣为君隐,亦为礼也。

子与人歌而善,必使反之,而后和之。

【译文】孔子与别人一起唱歌,如果歌好,一定要多唱几遍,然后一起合唱。

【解读】☞ 君子乐道　与人为善

音乐歌曲是陶冶人们情操的,一首好的乐曲可使人受到教育和启发。孔子每遇到一首好的曲子,总是依依不舍,陶醉其中,常常达到忘我的境界。古人常用乐教来教化百姓。乐教能给人带来启发和快乐,是古代教学的重要内容,也是人们修养的主要方式,所以孔子遇到曲好词善的歌,总是要与大家共同学习和欣赏。

【品悟】善歌如人,不可错过,与人为善,夫子之德。

子曰:"文,莫①吾犹人也。躬行君子,则吾未之有得。"

【注释】① 莫:约莫、大概、差不多。

【译文】孔子说:"论文章和学问,我与大家都差不多,要做到身体力行的君子,那我还达不到。"

【解读】☞ 理论易得　躬行难也

孔子谦虚谨慎,常常反省自己的不足,他认为文章和理论通过学习都能有所收获,但在实际运用方面自己都没有做好。古代经典大部分都是通过一代一代口口相传下来的,有的还需要不断总结并在实践中巩固完善,才能深刻理解和践行。他认为自己在实践运用方面还很不够。这是孔子谦虚的说法,同时也在告诉人们:仅仅是掌握书本知识是不够的,更重要的是要把知识与实践有机结合并不断丰富和发展,这才是一个君子所为。

【品悟】知识易得,君子难为;传道容易,行道难矣。

子曰:"若圣与仁,则吾岂敢?抑①为之②不厌,诲人不倦,则可谓云尔已矣!"公西华曰:"正唯弟子不能学也。"

【注释】① 抑:语气助词,"只不过是"的意思。② 之:指圣与仁。

【译文】孔子说:"如果说是圣者与仁者,那我怎么敢当!不过总是在为达到圣者与仁者的目标不懈努力,教诲别人不知疲倦,这一点还是能做到的。"公西华说:"这正是我们学不到的。"

【解读】☞ 好学践行　可至圣贤

孔子认为圣者与仁者的境界是很高的,若不历经长期学习和修养是难以达到的。他说:人们称自己为圣贤和仁人,他不敢接受。但一直为此目标而努力奋斗着。只是觉得自己已经尽力了,做到了"学而不厌,诲人不倦",而未能达到圣贤之境。圣者和仁者的境界,其实就是指一种行善的自觉和追求,体现在"学而不厌,诲人不倦"的精神和行动之中。所以公西华才说:这正是弟子们达不到的境界,因为要做到"学而不厌,诲人不倦",没有坚韧不拔的毅力是不可能的。这种认识的境界,正是圣者与仁者在现实生活中的具体体现。

【品悟】仁虽不远,得之亦难。学而不厌,诲人不倦,即为仁之行也。

子疾病,子路请祷①。子曰:"有诸?"子路对曰:"有之。《诔》②曰：'祷尔于上下神祇③。'"子曰："丘之祷久矣。"

【注释】① 请祷：向天地鬼神请求和祷告，即祈祷。② 《诔》：祈祷文。③ 神祇：天神为神，地神为祇。

【译文】孔子病情严重，子路向鬼神祈祷。孔子说："有这回事吗？"子路说："有的。《诔》文上说：'为你向天地神灵祈祷。'"孔子说："我早就在祈祷了。"

【解读】☞ 为之不厌　不逊则危

孔子患病后弟子们都在为他祈祷，希望早愈。病好后孔子知道了这些事说：自己早就在祈祷了。这是什么意思呢？他所说的祈祷是指什么呢？我认为：他说的祈祷是所传授的道义，这种道义是让天下所有的人都有仁爱之心，都能和谐相处，都能健康长寿。正如："大道之行也，天下为公"，是实现大同世界的美好愿望。子路的祈祷是向鬼神祈求，而孔子的祈祷则是教育百姓，修养人心，使社会向善向上。他所说的祈祷就是指自己长期以来，"述而不作""学而不厌，诲人不倦""传道授业"的言行。生老病死是自然规律，祈祷的方式多种多样。真正的祈祷是"为之不厌，诲人不倦"的无私奉献的精神和行动。

【品悟】生老病死，皆为自然规律，人生疾病，亦属正常。身体的疾病尚可医治，而心灵的疾病则更为严重。

子曰："奢则不孙①，俭则固。与其不孙也，宁固②。"

【注释】① 孙：同"逊"，恭顺。② 固：简陋、鄙陋。这里是寒酸的意思。

【译文】孔子说："奢侈了就会傲慢无礼，节俭了就会简陋寒酸。与其傲慢无礼，宁可简陋寒酸。"

【解读】☞ 奢俭有度　不逊则危

在财富面前，人们往往有两种态度：一是奢，二是俭。这两种态度所存在的弊端是：习惯了奢侈往往会导致无礼与傲慢；习惯了节俭往往显得简陋与寒酸。如何才能正确支配和使用财富呢？最好的方法就是"合理使用"，即量力而行、量财使用，把财富用在刀刃上，既不"奢"，也不太"俭"。当前我国社会基本矛盾发生了变化，人民对美好生活的向往已经是社会大势。奢无度，会浪费，甚至激化社会矛盾；过分俭，又影响社会消费，不利于社会进步。所以，要树立正确的财富观和消费观，使财富在社会上起到积极引领作用，利于社会和谐发展。

【品悟】 俭奢有度，其在于礼，严于律己，宽以待人，尽善尽美，宜于社会。

子曰："君子坦荡荡①，小人长戚戚②。"

【注释】 ① 坦荡荡：心胸宽广。② 长戚戚：经常萎靡不振，忧愁烦恼。

【译文】 孔子说："君子心胸宽广，小人经常忧愁。"

【解读】☞ 坦荡君子　戚戚小人

君子和小人的区别很大。君子好学知礼，胸怀宽广，心中无私，光明磊落，为人谦逊，无忧无惧，故谓坦荡荡。小人则不然，不学无术，心胸狭窄，自私自利，忧心忡忡，常常悲戚。这两种态度，造就了截然不同的人生观和价值观，自然形成了两种生活状态。把君子与小人品格作鲜明对照，旨在告诉人们，只要通过学习修养成为一个君子，就会避免烦恼和忧愁，拥有美好的人生。

【品悟】 无论是小人还是君子，皆为人类。然而，他们的行为方式截然不同，前者放荡不羁，后者则谨慎克制。这种显著的差异源于是否勤奋学习所致。

> 子温而厉，威而不猛，恭而安。

【译文】 孔子温和而又严肃，威严而不凶猛，恭敬而又安逸。

【解读】 ☞ 君子之气　中庸而已

　　本章是述而篇的总结，描绘了君子的大成之气。话虽短，但概括了君子的习性和品质。人生就如四季一样，终身修养，才能达到中和之境。"温"与"厉"、"威"与"不猛"、"恭"与"安"，此情此感人人皆有，春华秋实者最为可人。君子如中庸，人和事兴，社会安宁。如果人们以此为榜样，加强自身建设，提高自身修养，使每个人都可以成为圣贤。

【品悟】 君子之气，和谐之至，温润如玉，刚柔相济。

泰伯第八

导 语

　　《泰伯》篇共 21 章，记载了孔子及弟子对古代圣贤的评价和感悟，是对孔子教育思想的进一步阐述，给后人提供了更多的借鉴。

子曰:"泰伯①,其可谓至德也已矣。三以天下让,民无得而称焉②。"

【注释】① 泰伯:周代始祖古公亶父的长子,文王之伯。② 民无得而称焉:百姓找不到合适的词句来赞扬他。

【译文】孔子说:"泰伯可以说是品德最高尚的人了,多次相让王位,百姓无法用语言来称赞他。"

【解读】☞ 礼让之德　民皆称焉

传说古公亶父生三子:泰伯、仲雍、季历。公亶父想把帝位传于三子季历,泰伯得知后便与二弟仲雍一起出走,遵从了父意,成全了季历。季历继位,其子姬昌有圣德,季历传位于姬昌,即周文王。文王把位传给了武王。武王灭了殷商,统一了天下。这一历史事件在孔子看来,是值得津津乐道的。没有泰伯三让天下,就没有文武之治。泰伯之让使后世百姓称赞无比。

【品悟】崇高之德源于其心,其心无私,故得而称之。

子曰:"恭而无礼则劳,慎而无礼则葸①,勇而无礼则乱,直而无礼则绞②。君子笃于亲,则民兴于仁,故旧不遗,则民不偷③。"

【注释】① 葸:拘谨、畏惧的样子。② 绞:说话尖刻,出口伤人。③ 偷:淡薄。

【译文】孔子说:"恭敬而无礼,就会徒劳无功;谨慎而无礼,就会畏缩拘谨;勇猛而无礼,就会作乱;直率而无礼,就会刻薄。君子厚待自己的亲属,社会就会兴起仁的风气;君子如果不遗弃旧友,老百姓就不会对人冷漠无情了。"

【解读】☞ 依礼而行　天下和美

任何事物都要讲究中和，要达到中和必须以礼而行。礼是一种规范，一种规矩，是对美好事物的巩固和深化。任何事物的发展都是有条件的，过分强调某一方面，都不是科学态度。"恭""慎""勇""直"是优秀的品行，但这些品行的存在是要讲究一个度的，过度就走了极端，甚至发展到事物的反面。礼就是来调节这个度的。"恭""慎""勇""直"的反面是"劳""葸""乱""绞"。孔子说"巧言、令色、足恭，左丘明耻之，丘亦耻之"，说明了他是不赞成"过度"的。所以优秀的品质也是要依礼而行的，不可过度。如过分的谦虚，就变成了虚伪。孔子讲过"过犹不及"也是这个道理。

【品悟】 君孝于亲，则民不敢不仁；君不遗故，则民不敢不勤。君之行，可延于民，此为絜矩之道也。

曾子有疾，召门弟子曰："启①予足！启予手！《诗》云：'战战兢兢，如临深渊，如履薄冰。'而今而后，吾知免②夫！小子！"

【注释】 ① 启：开启，曾子让学生掀开被子看自己的手脚。② 免：指身体免于损伤。

【译文】 曾子重病，召集他的弟子到身边，说道："看看我的脚！看看我的手！《诗经》上说：'小心谨慎，如面临深渊，如踩上薄冰。'从今以后，我的身体是不再会受到损伤了，弟子们，你们要爱护自己呀！"

【解读】☞ 谨慎行事　可免祸殃

做人应从孝开始，孝应从"我"做起。曾子把自己当作教材教育学生。

他用"战战兢兢,如临深渊,如履薄冰"来告诉学生,人的一生不论是在工作和生活中,都要谨慎小心,避免受到伤害,这才是对父母最基本的尽孝。如《孝经》所说:"身体发肤,受之父母,不敢毁伤,孝之始也。"就是说,要做到孝,首先要爱护父母给予自己的身体,就连毛发和皮肤这些细小的东西都保持完好,这才是孝的开始。如何才能爱护好自己呢?孔子作了回答:"古之学者为己,今之学者为人"这句话告诉人们,人应该从学习入手,通过学习不断修养自己,完善自己,使自己成为一个君子。因为君子是中和的,他不伤于己,不伤于人,令父母安心,使自己心安。

【品悟】谨慎小心无祸害,与人为善留德行。勤奋努力永不缀,战战兢兢人安宁。

> 曾子有疾,孟敬子①问之。曾子言曰:"鸟之将死,其鸣也哀;人之将死,其言也善。君子所贵乎道者三:动容貌,斯远暴慢矣;正颜色,斯近信矣;出辞气,斯远鄙倍②矣。笾豆之事③,则有司存。"

【注释】① 孟敬子:鲁国大夫。② 鄙倍:粗野无理。③ 笾豆之事:喻礼仪的细节。

【译文】曾子有病,孟敬子去看望他。曾子对他说:"鸟死之时,叫声悲凄;人终之时,言语善良。君子要注重三个方面的修养:容貌要端正,这样可以避免傲慢粗暴;脸色庄重,使人可信;言语优雅,可以远离粗野。至于祭祀和礼节仪式,自有主管这些事务的官吏来负责。"

【解读】☞ 君子传道 至死不忘

孟敬子素与曾子观点不一,但在临死之前,曾子还是以诚相待,告之以肺腑之言,欲使其改变自己的态度成为真正的君子。所以他说:"人之将死,其言也善。"表明他是一片真心,同时也告诉孟敬子,作为君子应当重视的三个方面修养，即"动容貌""正颜色""出辞气"，做到这三点，就会远离危险。这是曾子对后人的人生交代。

【品悟】鸟死之鸣，其哀至真；人死之言，其善至信。

> 曾子曰："以能问于不能，以多问于寡；有若无，实若虚；犯而不校①。昔者吾友，尝从事于斯矣。"

【注释】① 校：同"较"，计较。

【译文】曾子说："自己很有才能也能向人请教，自己知识很多也能不耻下问，有学问还觉得很不足；有知识还很谦虚；被人侵犯也不计较，从前我的朋友就是这样做的。"

【解读】☞ 谦虚好学　君子所能

"三人行，必有我师焉"，这是一个好学者应有的精神。每一个人都有值得我们学习的地方，虽然一些人学历没有多高，但他在实践经验和生活知识等方面比常人有更多优点，只是不善于用文字和语言表达出来，这些人都值得我们学习。所以谦虚好学始终是我们学者应该具备的品质。"犯而不校"更是一种宽厚的胸怀和精神，都值得我们去学习。

【品悟】学而不厌，谦虚谨慎，宽容大度，君子者也。

> 曾子曰："可以托六尺之孤，可以寄百里之命，临大节而不可夺也。君子人与？君子人也。"

【译文】曾子说："可以托付孤儿，可以完成国家使命，生死关头毫不动摇。这样的人是君子吗？是君子啊！"

【解读】 👁 **君子之行　仁智勇也**

君子的品德有三种表现：一是可以担当百姓的重托；二是可以担当国家使命的重托；三是面对困难，不变大节。这样的人才真可谓难得。可以托孤的人诚实可信，讲求仁义；可以委以重任的人，知人善任，胸怀大志。临危不惧的人，见义勇为，坚守道义。这类人"仁、智、勇"三达德齐备，堪称君子。

【品悟】 托孤受命，大节不变。为民为国，勇于担当。

> 曾子曰："士不可以不弘毅①，任重而道远。仁以为己任，不亦重乎？死而后已，不亦远乎？"

【注释】 ① 弘毅：弘，广大。毅，坚毅。

【译文】 曾子说："士不可以不刚强而有毅力，因为责任重大，道路遥远。把实现仁作为自己的责任，难道还不大吗？终身奋斗，至死不移，难道不远吗？"

【解读】 👁 **志士仁人　任重道远**

读书的目的不仅仅是获得知识修养自己，更重要的是要担当大任，这种大任是什么呢？就是树立远大理想，推行仁义道德。仁义是做人的根本，是人性的本质。失去了仁义，人类无法生存，社会无法和谐，世界无法发展。士人是有文化、有学识、懂道德、知仁义的人。如果士人们不能扛起责任，那所学的知识就失去了意义。社会进步不仅需要丰富的物质财富，更需要崇高的精神力量。仁人志士是先知先觉者，是精神财富的主要传承者。他们是社会的先进分子的代表，如今天的共产党员和知识分子等，所以他们任重而道远。

【品悟】 士不传道，则道废，士不行礼，礼则去，士不尽责，国则亡。

子曰:"兴①于《诗》,立于礼,成于乐。"

【注释】① 兴:开始。

【译文】孔子说:"(人的修养)开始于《诗》,立足于礼法,完成于乐。"

【解读】☞ 礼乐之教　和谐人生

孔子认为,人的综合素质养成的三个过程:一是学《诗》增智;二是学礼而立;三是乐教而成。简单而言可以概括为把理论与实践相结合。诗、礼、乐这三者在人生的修养中起着不同的作用,《诗》讲的是人们应遵循的道德标准和行为规范;礼是对标准和规范的进一步的实践和巩固;乐是归纳和总结,这是人生成长成熟的过程。

【品悟】礼乐文章,启迪人生,和谐与共,安享大成。

子曰:"民可,使由之,不可,使知之。"

【译文】孔子说:"(按照礼法)百姓可以做的事,就让他们自由去做,不可以做的事,要让他们知道为什么不能做的道理。"

【解读】☞ 自由民主　亦有规矩

以民为本的思想是中华优秀传文化中的重要内涵。以民为本的前提是以礼法为准,就是在"礼法"规定的范围内,百姓喜欢做的事可以让百姓尽情地去做,不可以做的事,要让百姓懂得不可做的道理。其中有朴素的民主思想。有的学者认为这段话的断句应是:"民可使由之,不可使知之",其意是"老百姓只可去统治,不可让其知道为什么被统治"。其实这是一种错误的断句和理解。孔子言:"道之以政,齐之以刑,民免而无耻;道之以德,齐之以礼,有耻且格",就是要让百姓懂得"不可"的道理。孔子在《论语·尧曰》篇中讲到四恶之一就有"不教而杀,谓之虐;不戒视成谓之暴",就是要教化百姓,让百姓懂得国家礼乐文化和法律制度。

【品悟】自由民主人人所求，制度规范不可偏废。

子曰："好勇疾贫，乱也。人而不仁，疾之已甚，乱也。"

【译文】孔子说："好勇而不能安贫乐道，就会犯上作乱。过于仇视无德之人，也会出乱子。"

【解读】☞ 安贫乐道　善待他人

一个人的修养体现在对人对事的态度上，态度不同结果就不相同。比如，对于好勇又疾贫的人来说，好勇是好事，能够见义勇为，但如果耐不住贫困的煎熬又不注意学习修养，就会为了追求财富而走上邪路；对于内心缺乏仁德的人来说，本来大家都不欢迎，但如果过分痛恨这些人，排斥这些人，不去帮助他们改邪归正，那么这些无德之人就会因走投无路而起来作乱。所以，对好勇之人要教化引导，使之发扬优点，安贫乐道；对于"不仁"之人，则要宽容大度，不要抛弃，要尽力挽救，引导他们与人为善，不断进步。

【品悟】无论是贫困者还是不仁者，皆可教育引导，切勿抛弃，否则将导致混乱。

子曰："如有周公之才之美，使骄且吝，其余不足观也已。"

【译文】孔子说："如果一个人有周公的美貌和才能，却骄傲吝啬，那么其他方面也就不值得一看了。"

【解读】☞ 德艺双修　堪称圣者

美貌是一个人的天赋，才华是一个人的本领，两者同时具备就是一个优秀的人吗？孔子认为，一个人优秀与否，主要是看他的道德品行。骄傲自满的人，唯我独尊，迟早会落后；吝啬的人，不考虑别人的利益。这些人无论干什么工作，都无益于他人和社会，甚至还会危害社会。像这样的人，即使优点再多，也不堪大任。比如：有人学历高、技艺高、本事大，如果道德不过关，那么他对社会危害也会很大。那些身居要职的权贵、为富不仁的名人、艺人、身在要位的高技术人员等，如果道德出了问题对国家和社会来说都会带来更加严重的后果。所以，道德建设是终身的，选人用人应以德为先。

【品悟】德行重于形象，选人用人以德为先。

子曰："三年学，不至于穀①，不易得也。"

【注释】① 穀：禄也。今一般写作"谷"。古代以谷作为官吏的俸禄，这里用"穀"字代表做官。不至于穀，即不做官。

【译文】孔子说："学习了多年，还不想去做官，这样的人是难得的人才。"

【解读】☞ 学不在谷　难能可贵

自身修养是人生的一件大事。孔子说过："古之学者为己"，强调了学习目的是为了提高自己，做个有修养的人，而不是为了当官谋业。在孔子的学生中，有人学习了多年，仍觉得自己不够当官资格。孔子认为能有这样的认识才是难得的人才。通常来说，学习的目的就是为了做官。有人学业未成就想去当官，有人学习很长时间了，还是担心自己"不至于穀"。有这样的想法和认识的人才真做到了谦虚谨慎，敬畏事业。孔子希望建立人人知书达礼，国家兴旺发达，社会和谐安定的大同社会。要实现这样的理想，必须通过教育，使人们好学上进，不断提高自己，成为彬彬有礼的君子。君子是德才兼备的榜样，他们不论在任何工作岗位上都能尽职尽责。

【品悟】好学不已，不敢思穀，择善而存，实在难得也。

子曰:"笃信好学,守死善道,危邦不入,乱邦不居。天下有道则见①,无道则隐。邦有道,贫且贱焉,耻也;邦无道,富且贵焉,耻也。"

【注释】① 见:同"现"。

【译文】孔子说:"诚实好学,坚守道义,不入危险国家,不住混乱国度。国家有道,则出来效力,国家无道,则独善其身。如果国家风清气正,而自己却贫贱,这是耻辱;如果国家动乱无序,民不聊生,而自己却独享富贵,也是耻辱。"

【解读】☞ 荣辱与共　担当作为

为政者一般有两种情况,一是人们所称道的:坚守道义,分清是非,能够知进知退,进退自如,任何时候都不随波逐流。国家需要时,能尽职尽责作出表率。当国家动乱时,能坚持原则提高能力,随时准备为国效力,这是君子所为。二是人们所厌恶的:当国家风清气正时,却自命清高,不思进取,不谋发展,这是腐儒行为。有些人为富不仁,在国家混乱时,不顾国家安危和百姓生活,一心只想着自己,过着"朱门酒肉臭,路有冻死骨"的生活,这是人们所不齿的。

【品悟】危邦不入,可以避祸;乱邦不居,可以不惑。有道则出,利国利民;无道则隐,修己待兴,君子人也。

子曰:"不在其位,不谋其政。"

【译文】孔子说:"不在那个职位上,就不需要考虑那个职位上的事。"

【解读】☞ 立足岗位　尽职尽责

"不在其位,不谋其政"这是为政之道,也是礼仪之道。强调的是做好自己分内的事,不干预和妄议他人的工作,是"尽职尽责"的表现。不在其位而谋其政,则有僭越之嫌,常被人认为是"违礼"之举。准确理解本章的意思,不可与"事不关己,高高挂起"和"各家自扫门前雪,不管他人瓦上霜"的观点混为一谈。本段话的言外之意在于:"在其位,谋其政",就是要先做好本职工作,坚守自己的岗位。如果连这一点都做不到,却去插手别人的事是不合道理的。不在其位,不谋其政,是科学工作方法,也是基本政治规矩,这与爱岗敬业是一致的。

【品悟】不在其位而谋其政,谓之僭越;在其位而不谋其政,不务正业;在其位而谋其政,谓之敬业。

子曰:"师挚之始①,《关雎》之乱②,洋洋乎盈耳哉!"

【注释】① 师挚之始:师挚是鲁国的太师。"始"是乐曲的开端,即序曲。② 《关雎》之乱:"乱"是乐曲的结尾。"乱"是合奏乐,指美妙动听。

【译文】孔子说:"从太师挚演奏的序曲开始,到最后演奏《关雎》的结尾,丰富而优美的音乐在我耳边回荡。"

【解读】☞ 立足本职　合作共赢

美好的乐曲需要一位优秀的指挥与敬业的团队紧密合作,才能奏出动人的乐曲。如果乐师能坚守志向,团结合作,一定会奏出美妙的乐章。《关雎》之美正是乐师统一指挥,各司其职的结果。当孔子自卫返鲁后,听到如此美妙的音乐,激动万分。《关雎》之美表现的是良好的民风,民风在则道义存。孔子看到了希望,对未来更有了信心。

【品悟】音乐之美,在于和谐向上。乐师在其位谋其政,才能洋洋乎!

子曰:"狂而不直,侗①而不愿②,悾悾③而不信,吾不知之矣。"

【注释】① 侗：幼稚、天真。② 愿：谨慎、小心、朴实。③ 悾悾：诚恳的样子。

【译文】孔子说："狂妄而不正直，无知而不谨慎，看似诚恳却不守信用，我真不知道人为什么会变成这个样子。"

【解读】☞ 表里不一　不知其可

一般而言，表现狂的人内心很直，天真的人内心很实，愚钝的人内心很诚，这本是人类淳朴的情感，然而在当时社会中，正直、诚实、守信这些优秀的品质在人们身上却少见了。孔子所能看到的是：狂者失去了正直，天真失去了朴实，憨厚失去了诚实。人们变得多么虚伪和浮华！为什么会出现这种状况？这是孔子思考的重要问题。

【品悟】礼崩乐坏，人性堕落。君子要扛起责任，谋正道扶其君，传正道教其民。

子曰："学如不及，犹恐失之。"

【译文】孔子说："学习就如追求美好的事物一样，看着快到手了却还是拿不到，总担心会失去目标。"

【解读】☞ 锲而不舍　金石可镂

学习应有正确的态度。孔子把学习比作追求美好的事物，只有锲而不舍地努力才可得到。"学而不厌"就是这个意思，只有不断学习追求，才知道自己真正的不足，知道不足就会越发努力，这就是所谓"学如不及"之境。"学如不及"不仅是一种态度，更是一种境界。

在学习过程中，如果总觉得自己没有学好，就要抓紧时间不错过任何机会去努力，这是好学者应有的态度。相反，如果总觉得自己掌握了所学知识，完成了学习任务，那么，就不会再去深钻细研。"学无止境"，在"学生"这个位上，任何时候都要谋"学习"的政，不可有片刻松懈。这正是"学如不及,犹恐失之"的意义所在。

【品悟】学海无涯,奋斗不止,终其一生,不可弃也。

> 子曰:"巍巍①乎,舜禹②之有天下也,而不与焉!"

【注释】① 巍巍:崇高、高大的样子。② 舜禹:舜是传说中的圣君明主。禹是夏朝的第一个国君。相传,尧禅位给舜,舜又禅位给禹。

【译文】孔子说:"多么崇高啊!舜和禹得到天下,却不独自享受。"

【解读】☞ 德高为范　后世榜样

祖述尧舜,宪章文武。舜禹之德是我们"学如不及"的主要内容。舜受位于尧,禹受位于舜,舜禹以德称于天下,被世代歌颂。舜禹之德在于虽有王位而不独享,虽有天下而不独霸,他们视百姓利益为最大,事事处处为天下苍生着想,真正做到了无私、无我和无欲,是做人的最高境界,是后人学习的标杆。

【品悟】舜禹之巍,在于无私。

> 子曰:"大哉,尧之为君也!巍巍乎,唯天为大,唯尧则之;荡荡①乎,民无能名焉;巍巍乎,其有成功也;焕②乎,其有文章!"

【注释】① 荡荡:广大的样子。② 焕:光辉。

【译文】孔子说:"真伟大啊!尧作为君主。多么崇高啊!天可称最大,唯尧之德能效法于天。多么广大啊,百姓不知如何形容;多么高大啊,他的功绩流芳千古,他的(礼乐制度)光辉永照后人。"

【解读】☞ 尧舜如天　泽被后世

　　尧是我国传说中的古代的圣君。他开创了禅让制，把王位让给了德高的舜，舜又把王位让于大公无私的禹。尧统治时期留下的制度、礼乐等文化典籍成为中华民族修身、齐家、治国、平天下的智慧源泉。尧如天一样伟大，是因为他的仁德和无私。孔子推崇尧舜的无私，所以才有"祖述尧舜"。尧舜之德是中华民族宝贵精神财富，他们大公无私的精神和情怀永远激励着华夏儿女朝着大同社会理想不懈奋斗。

【品悟】 尧如天地，无私无我，泽被后世，千古传颂。

　　舜有臣五人①而天下治。武王曰："予有乱臣②十人。"孔子曰："才难，不其然乎？唐虞之际③，于斯为盛，有妇人焉④，九人而已。三分天下有其二，以服事殷。周之德，其可谓至德也已矣。"

【注释】 ① 舜有臣五人：传说是禹、稷、契、皋陶、伯益等人。② 乱臣：据《说文》："乱，治也。" ③ 唐虞之际：传说尧在位的时代叫唐，舜在位的时代叫虞。④ 有妇人焉：指武王的乱臣十人中有武王之妻邑姜。

【译文】 舜有五位贤臣，就能治理好天下。周武王也说过："我有十个治理国家的臣子。"孔子说："人才难得，难道不是这样吗？唐尧和虞舜之间，最为强盛。十位大臣中有妇女一人，男臣九人。文王做诸侯时已分得天下三分之二，仍然事奉朝廷。周朝的德，可以说是最高的了。"

【解读】☞ 重视人才　国家安宁

　　人才队伍建设在治理国家中起着重要作用。舜帝时期有贤臣五人，武王时期有贤臣十人，其中有妇女一人。在古代是不提倡女人参与政治的，但武王的治臣中就有女一人，说明当时政治比较开明。孔子说"唐虞之际，于斯为盛"，是强调这段时期国家最为强盛的时候。国家强盛的重要原因是：

重视人才，政治开明。这是我们后人应该继承和发扬的。

【品悟】国之重器，在于人才，人才强则国强，人才弱国则弱，人才无则国亡。

子曰："禹，吾无间①然矣。菲②饮食而致孝乎鬼神，恶衣服而致美乎黻冕③；卑④宫室而尽力乎沟洫。禹，吾无间然矣。"

【注释】① 间：离间，异议。② 菲：菲薄，不丰厚。③ 黻冕：祭祀时穿的礼服叫黻；祭祀时戴的帽子叫冕。④ 卑：低矮，简陋。

【译文】孔子说："禹，我无可非议。他饮食简单，但祭祀却丰盛；他平时衣着服装简朴，但祭祀时却很讲究；他住得很简陋，但治水修渠却不含糊。对于禹，确实没有什么可非议的。"

【解读】☞ 躬行君子　实干兴邦

禹的治国之道突出表现在制度建设中。禹从衣、食、住、行等方面，从严要求，尽职尽责。无论何事，他都能以身作则，公私分明，严于律己，宽以待人，一心为公。虽然生活简朴，但对自然的敬畏毫不含糊，对礼法的尊重不打折扣，对百姓之事尽心尽力。他曾因治理水害，"三过家门而不入"，可谓公而忘私。由小见大，由近见远，由此见彼，禹的具体行动见证了他的伟大之处。孔子通过这些事例告诉人们：圣人之所以伟大，不在于是否作出惊天动地的大事，而在于是否时时处处把百姓放在心上。

【品悟】知礼敬事，菲己厚人，是非分明，可谓仁智。

子罕第九

> **导 语**

《子罕》篇共31章。主要是谈论道德仁义之事,侧重于精神方面的教育。

> 子罕①言利,与②命与仁。

【注释】① 罕:稀少、很少。② 与:赞同、肯定。

【译文】孔子很少谈到名利,却赞成天命和仁德。

【解读】☞ 淡泊名利　学以崇德

孔子一向倡导"重仁义,淡名利"的人生价值,对中华民族的核心价值的形成产生了重大影响。名与利可以给人带来现实享受,有很大的诱惑性,如果不加强学习修养,长期追求名利,就容易形成名利至上的思维,从而变得自私自利。仁义则不同,仁义是一种优秀品德,它看不见,摸不着。人们越行仁义,社会越和谐,百姓越幸福。利益不会产生仁义,仁义却能产生利益。有利无义,利不长久,有义有利,和谐自生。孔子注重仁义抓住了事物的根本,是合乎大道的。《大学》中有:"国不以利为利,以义为利也",是对"子罕言利"的进一步阐述。马克思在《资本论》中深入批判了资本主义唯利是图的社会制度并揭示了资本家剥削工人的秘密是剩余价值。可见,在这一点上孔子与马克思的观点是一致的。

孔子是赞成天命与仁德的。所谓天命,是指自然规律、社会规律和人生规律;所谓仁,是指为他人着想和服务,是站在他人立场上思考问题的思想和方法,用现在的话讲就是为人民服务的思想。这正是孔子倡导的圣者的思想和境界,从这点上看与我们共产党人的思想是高度一致的。

【品悟】仁义乃为人之本,财利则为人之需。重利轻义,如舍本逐末。

> 达巷党①人曰:"大哉孔子!博学而无所成名②。"子闻之,谓门弟子曰:"吾何执?执御乎?执射乎?吾执御矣。"

【注释】① 达巷党:地方,里巷的意思。② 博学而无所成名:虽学识渊博，却不能以某一方面才能而闻名。

【译文】达巷党人说："孔子真伟大啊！学问渊博，事事精通，不像别人一样以某一点而出名。"孔子听后，对他的学生说："要我靠哪个方面出名呢？驾车呢？还是射箭呢？我还是驾车吧。"

【解读】☞ 学以修身　不求名利

孔子一生致力于道德教化，淡泊名利。"博学而无所成名"，是当时社会上一些人对孔子的评价，意思是孔子虽然博学多才，却不出名。"子罕言利"表达了孔子对名利的态度，说明了他传经授道，诲人不倦并不是要留名，也不是要富贵，而是为了推行仁义。他一生述尧舜之道，教化天下百姓，遵从自然规律，是想通过教育和执政来实现人人健康幸福，社会和谐安定的理想。他说："吾执御矣"，表达了他心甘情愿为大众服务的胸怀和愿望。

【品悟】凡人图名利，智者言大义。

子曰："麻冕①，礼也；今也纯，俭，吾从众。拜下②，礼也；今拜乎上，泰也。虽违众，吾从下。"

【注释】① 麻冕：麻料制成的礼帽。② 拜下：大臣面见君主前，先在堂下跪拜，再到堂上跪拜。

【译文】孔子说："用麻布制成的礼帽，符合周礼。现在用丝料制作，比以前节省，我从大家。（臣见君）在堂下拜君，是以前的礼。现在到堂上才拜，这样不妥，是骄纵的表现。我与大家不同，我还是主张在堂下拜君。"

【解读】☞ 物可代替　礼不可移

行礼之器，因时而异。过去礼帽是用麻料制成，成本较高，后来大家用丝料制作礼帽，虽然材料发生了变化，但并不影响行礼的作用，孔子对礼器材料的选择并无过分要求，但对礼的恭敬度却要求甚严。在行拜君礼时，过去是在堂下拜，但后来人们习惯于在堂上拜，孔子认为在堂上拜显得不尊重，于是还是坚持在堂下而拜，因为在堂下拜更显得敬重。可见孔子对礼的规格和方式是十分讲究的。

【品悟】礼虽小，守规矩，礼仪之邦，当知真谛。

> 子绝四：毋意，毋必，毋固，毋我。

【译文】孔子杜绝四种弊病：不主观猜疑，不独断专行，不固执己见，不唯我独尊。

【解读】☞ 主观固执　为人之弊

　　人生修养中要杜绝的四种弊病，这四种弊病概括起来就是以我为中心的世界观和人生观。"意"是主观猜想，"必"是独断专行，"固"是固执己见，"我"是以我为中心。其核心是"唯我"。一个人如果事事处处以我为中心，就会离仁道越来越远，离真理越来越远。以我为中心会蒙蔽自己，忘记他人。心中只有我，是对他人的拒绝，是自私自利的表现。长此以往，不仅会故步自封，不能上进，更不能达到修养自我的目的，甚至还会严重脱离实际、脱离社会，最终成为孤家寡人。

【品悟】意，乃主观臆断，不尊重科学。必，有悖自然，不合时宜。固，顽固不化，死搬教条。我，以我为主，自私自利。

> 子畏于匡①，曰："文王既没，文不在兹乎？天之将丧斯文也，后死者不得与②于斯文也；天之未丧斯文也，匡人其如予何③？"

【注释】① 畏于匡：匡地，在今河南省长垣县西南。畏，受到困境或威胁。② 与：同"举"，这里是掌握的意思。③ 如予何：奈我何，把我怎么样。

【译文】孔子在匡地受困时，他说："周文王去世后，周代的礼乐文化不在这里吗？上天如果想要灭亡这些文化，那我也不会掌握这些文化了；上天如果不灭这些文化，那么匡人又能把我怎么样呢？"

【解读】☞ 天不灭道　孰敢灭之

　　世界上任何事物的发展都不是一帆风顺的，挫折和困难在所难免。文王之道反映的是客观规律，他所推行的礼乐制度是经过了历史的沉淀，是合乎天道、人道的，是不会灭亡的。孔子所传之道是对人类有利的，符合自然规律、社会规律和人生的规律的伟大文明。在孔子看来，文王之道就是天道，天道就是天人合一的大道。老子曰："道大，天大，地大，人亦大，域中四大人居其一焉。"人是贯穿于天地之间的，道由人传，人由天使，孰要灭道，天将灭之。何为天？天就是广大百姓。谁违背天意，就会遭到百姓的唾弃。谁违背规律，就会受到规律的惩罚。

【品悟】谋事在人，成事在天。顺应天意，天助成功。

太宰①问于子贡曰："夫子圣者与？何其多能也？"子贡曰："固天纵之将圣，又多能也。"子闻之，曰："太宰知我乎？吾少也贱，故多能鄙事②。君子多乎哉？不多也。"

【注释】① 太宰：官名。② 鄙事：鄙贱的才艺。

【译文】太宰问子贡说："夫子是位圣人吧？为什么这样多才多艺呢？"子贡说："本是上天让他成为圣人，又使他多才多艺。"孔子听到后说："太宰了解我吗？我少年时地位低贱，所以学会了不少鄙贱的才艺。要成为君子，学会这些技艺，多吗？不多吧。"

【解读】☞ 圣贤之道　源于实践

人的成功源于在实践中不断总结和奋斗，但在人们看来，孔子博学多才是上天注定的。持这种观点的人不在少数，子贡就是其中的代表。子贡是孔子的弟子，他认为孔子是天才，是老天赋予他多才多艺的。孔子否认了他的观点。孔子用自己的经历告诉人们，他年少时家境贫寒，需要谋生。所以，通过自学多掌握一些技艺。他多才多艺不是天生的，而是在生活中学到的。他还告诉人们，这些技艺并不算多，每一个人都可以学到。

一个人的成长环境是不一样的，条件差一点并不一定是什么坏事，条件好一点，也未必就是好事。社会就如一个大课堂，可以学习到不少知识。人生的道路不是一帆风顺的，需要不断地学习才能取得进步。孟子说："天将降大任于斯人也，必将苦其心志，劳其筋骨，饿其体肤，空乏其身，行拂乱其所为，所以动心忍性，增益其所不能"，讲的就是这个道理。

【品悟】家寒出孝子，贫贱早当家，命运掌握在自己手中。

牢①曰："子云，'吾不试②，故艺'。"

【注释】① 牢：传说此人系孔子的学生。② 试：用，被任用。

【译文】子牢说："孔子说过，'我没有被任用，所以学得一些技艺'。"

【解读】☞ 穷则思变　变则通也

"少而贱"是孔子年少时的境遇；"吾不试"是孔子长大时的经历。正因为在这样的环境中，使他提早学会了自理的本领，长大又学会了养家的本领，孔子用自己的经历说明了为什么能博学的原因。他告诉世人，任何时候都要积极向上，有所追求，贫穷和挫折不是"低能"的理由，相反可以成为"博学"的动力，要相信只有努力才能改变现状，才能取得进步。要发扬愈挫愈勇的精神，要相信天生我才必有用。人生奋斗不可止步，好学才可上进。生而知之者是不存在的，学而知之者才是永恒的。

【品悟】穷则变，变在学，学则通。

子曰："吾有知乎哉？无知也。有鄙夫①问于我，空空如也②。我叩③其两端④而竭⑤焉。"

【注释】① 鄙夫：乡下人。② 空空如也：一无所知。③ 叩：叩问、询问。④ 两端：两头，指正反、始终、全方面。⑤ 竭：穷尽、尽力追究。

【译文】孔子说："我有知识吗？其实没有。有位乡下人有问题问我，我全然不知。我从他那个问题的首尾两头去盘问，然后尽量地告诉他。"

【解读】☞ 格物致知　知其所止

知识不是天生就有的，是在实践中不断学习和积累的。具体来说，就是要善于对事物进行认真分析和了解并研究总结，最终上升到理论高度，再用理论去指导实践，这样才可以达到"有知"。从"鄙夫之问"中可看出孔子是通过"叩其两端而竭焉"，所谓"两端"就是事物正反两个方面，"叩"就是分析，"竭"就是深入分析研究，这样才能把问题弄明白。人不可能对世间所有事情都精通，但掌握了分析问题的方法之后，类似问题就可以迎刃而解。这是孔子在实践中总结出来的获得知识的方法和智慧。所以多见、多问全面分析事物的本质，才能了解掌握事物产生发展灭亡的规律，从而成为一个真正的智者。

【品悟】万物不齐，各有其理，究其源头，可知根本。

子曰："凤鸟①不至，河不出图②，吾已矣夫！"

【注释】① 凤鸟：传说中的神鸟。它的出现象征着"圣王"出世。② 河不出图：传说在伏羲氏时代，黄河中有龙马背负八卦图而出。

【译文】孔子说:"凤鸟不见来了,黄河中也不见出图了,我这一生恐怕是完了吧!"

【解读】☞ 生不逢时　寄予后世

　　传说中若有圣王出世,必有吉显示。"凤鸟相鸣""黄河出图"是大吉大利的预兆。孔子为弘扬礼乐文化奔波了一生,直到晚年还没有见到社会环境的改善迹象。在他看来,靠当时统治者重视和恢复礼制恐怕是靠不住了,他发出感叹,告诉弟子及后人,他这一生恐怕要完了,以后的路还很漫长,希望门人弟子及后人们一定要坚守道义,勇往直前,不要放弃希望。

【品悟】老之将至,感慨万千,理想信念,怎敢忘怀!

子见齐衰①者,冕衣裳②者与瞽者,见之,虽少,必作;过之,必趋。

【注释】① 齐衰:丧服,古时用麻布制成。② 冕衣裳:冕,官帽;衣,上衣;裳,下服,这里统指官服。

【译文】孔子看见穿丧服的人、穿戴着礼帽礼服的人和盲人时,虽然他们年轻,也一定要站起来;从他们面前经过时,一定要快步走过。

【解读】☞ 躬行礼仪　君子之德

　　礼仪能体现一个人的修养和德行。孔子遇见有丧者、着官服者、盲人都要行礼,走过三者时要快步轻过,以表示对此三种人的敬畏和礼让。服丧之人,家有不幸,须得同情,这是仁的表现;着官服者,公务在身,为国为民,须表尊敬,这是敬畏;盲者,身为残者,不能见日月,须有恻隐之心。一个人的素质和教养,可以从对待这三种人的态度上体现出来。对服丧者的态度可见一个人的仁心;对官人的态度可见一个人的敬畏心;对盲人的态度可见一个人的慈悲心,有这"三心"才不失一个君子形象。

【品悟】生活之事虽小，以小可以见大。习惯成自然，守礼即素养。

颜渊喟然①叹曰："仰之弥②高，钻之弥坚，瞻之在前，忽焉在后。夫子循循然善诱人，博我以文，约我以礼，欲罢不能。既竭吾才，如有所立卓尔③。虽欲从之，末由也已。"

【注释】① 喟：叹息的样子。② 弥：更加，越发。③ 卓尔：高大、超群的样子。

【译文】颜渊感叹地说："夫子之道，越抬头看，越觉得高；越钻研，越觉得深。他联系实际，博古论今，上下贯通，深入而浅出。他善于有步骤地诱导我们，用各种典籍丰富我的知识，用各种礼仪制度来约束我的言行，使我想停止学习都不可能。我已经用尽我的才力，似乎能够独立地工作。要想再向前迈进一步，还未找到好的办法。"

【解读】☞ 结合实际　循循善诱

颜回对孔子思想十分崇尚，他认为孔子思想境界和教学方法令人敬仰。境界之高，人不可攀，知识之广，人不可望。他的高深之处就在于活学活用，能把广博知识与实际紧密结合并在实践中丰富和发展，他所讲的道理深入浅出，他授课方式循序渐进，因材而异。颜渊自叹，很难达到老师的境界。孔子之所以这样受人敬佩，不仅仅是他的博学，更是他与时俱进的智慧。在他的思想体系中既有普适性和长远性，又有现实性和针对性。这种思想理论在今天也不过时。

【品悟】冰冻三尺，非一日之寒。孔子境界，高大深远，非常人难以理解。

子疾病，子路使门人为臣。病间①，曰："久矣哉，

> 由之行诈也。无臣而为有臣。吾谁欺？欺天乎？且予与其死于臣之手也，无宁②死于二三子之手乎！且予纵不得大葬，予死于道路乎？"

【注释】① 病间：病情减轻。② 无宁：宁可。

【译文】孔子患了重病，子路让弟子以家臣的身份来料理后事。孔子的病情减轻后，他说："很长时间了，仲由还干弄虚作假的事情。我没有家臣，却偏偏要假装有家臣，让我骗谁呢？骗上天吗？与其在虚假的家臣侍候下死去，我宁可在弟子的陪伴下去死。如果不能以大夫之礼来安葬，难道就会被死在路边吗？"

【解读】☞ 不在其位 不享其名

孔子病重期间，弟子仲由认为孔子曾为大夫，便自作主张以大夫的规格为孔子准备后事。病情减轻后，孔子批评了仲由，要实事求是，不可弄虚作假，一切应依礼而行。孔子当过一段鲁国的大夫，病重时早已不在大夫之位。虽然以大夫之礼办理后事是比较体面，但弟子"无臣而有臣"的做法严重违背了礼仪规矩，这对于长期弘扬《周礼》的孔子来说是莫大的耻辱。孔子病愈后，批评了子路违礼行为。他认为违礼之葬是不道的，不仅会损坏自身形象，而且对礼的推行造成不良影响。以道而行更能受到人们的尊重。夫子对礼的坚守让后人敬佩。

【品悟】孔子实事求是，坚守礼仪，宁死不移，令人尊敬。

> 子贡曰："有美玉于斯，韫椟①而藏诸？求善贾②而沽诸？"子曰："沽之哉！沽③之哉！我待贾者也。"

【注释】① 韫椟：收藏物件的柜子。② 善贾：识货的商人。③ 沽：卖出去。

【译文】子贡说:"这里有一块美玉,是把它收藏在柜子里呢?还是找一个识货的人卖掉呢?"孔子说:"卖掉吧!卖掉吧!我正等着识货的人呢。"

【解读】☞ 美玉待贾　良才待用

子贡把经商之事比作道义,来与孔子讨论如何行道。是"藏而不沽"还是"待价而沽"?孔子确定是"待价而沽"。孔子早想把自己的理想通过入仕的方式付诸实践,通过实践来推行礼治,但未能如愿。无奈之下率领弟子开始了周游列国传经授道的生涯。有人认为孔子不想入仕为官,一心想做一名教书育人的传道者,这种观点是不正确的。在《论语》中孔子两次谈到入仕问题,一次是讲"吾不试,故艺",再一次就是本章所讲"我待贾者也"。因为古代官位就是名正言顺的君子之位,君子的行为就是百姓的榜样。如果一个有理想和抱负的人能在朝为官的话,他的影响力和感召力就会远远超过普通人。如果当初孔子得到朝廷的重用,他的思想会很容易被人们接受并传播。

【品悟】美玉待善贾,如良马遇伯乐,可行千里也。

子欲居九夷①。或曰:"陋②,如之何?"子曰:"君子居之,何陋之有?"

【注释】① 九夷:古代对于东方少数民族的通称。② 陋:鄙野之地。

【译文】孔子想要去九夷之地居住。有人说:"那里非常简陋,怎么能住呢?"孔子说:"有君子去住,还简陋吗?"

【解读】☞ 君子居之　何陋之有

判断一个地方陋与不陋,关键在于这个地方是不是有仁人志士居住,是不是有优秀文化存在。一般人强调的是物质条件,而孔子强调的是精神状态和文化氛围。在古代社会能提出这样一个判断标准真是难能可贵。事实证明:一个地方的先进和落后,主要看这个地方的政治文化和人们的精神面貌以及经济发展等，而不只是看这个地方的人多人少、楼高楼低。正如现在社会上，有人总是把经济发展当作唯一繁荣标准，这是不正确的。真正繁荣之地首先应该是有一种先进的思想文化、和谐的社会氛围、安定的政治环境。判断一个地方繁华与落后的标准往往决定一个地方未来发展方向。所以，真正的地标不是某处的高楼大厦和人员熙攘，而是这个地方是不是有先进的文化氛围。比如：泰山之所以为五岳之尊，是因为有圣贤者居之的缘故。所以，哪里有真理，哪里就有希望；哪里有太阳，哪里就光明。

【品悟】繁华之地，不在于物质，而在于人才。贤能之人居住于此，众人自然归附。

子曰："吾自卫反鲁，然后乐正①，《雅》《颂》各得其所。"

【注释】① 乐正：整理音乐。

【译文】孔子说："我从卫国返回到鲁国以后，开始整理《诗经》使雅乐和颂乐各就其位。"

【解读】☞ 著书立说　以宜后人

孔子反鲁时已至晚年，他想在有生之年整理诗书，修正礼乐，理顺历代文化礼乐制度。其目的在于：一方面，对古代文化典籍进一步整理和完善并形成一整套完整的文献资料，使后人参阅；另一方面，对家乡的"狂者"进行引导，使他们能够"中道而行"与现实结合。孔子曾说："归与，归与，吾党小子狂简，斐然成章，不知所以裁之。"在他临终前终于完成了对《诗》《书》《礼》《易》《春秋》等的整理和完善工作，形成了一整套治国理政的经典文献，为中华文化的流传作出了巨大贡献。

【品悟】归乡著述，立德育人，立言惠世，名留青史。

子曰:"出则事公卿,入则事父兄,丧事不敢不勉,不为酒困,何有于我哉?"

【译文】孔子说:"在外事奉公卿,在家孝敬父兄,丧事不敢不尽心尽礼,不被酒所困,这些事我做到了哪些呢?"

【解读】☞ 为人做事　依礼而行

无论何时何地,无论大事小事,君子都应该遵循的基本规矩和礼仪。这些基本行为规范都是人们工作和生活常遇见的,也是很容易做到的。其中有些是生活中常见的小事,从对待这些事的态度上,能够体现一个人的品质和修养。"事公卿"讲的是国家责任,"事父兄"讲的是家庭责任,"丧事"讲的是社会礼仪,"不为酒困"讲的是生活责任。总体来讲体现了当时社会的核心价值和个人的责任担当。

【品悟】在职一心为公,在家尊老爱亲,在世依礼而行,此为君子之德。

子在川上曰:"逝者如斯夫,不舍昼夜。"

【译文】孔子在河边说:"有志者就应像这河水一样啊,昼夜前行,永不停息。"

【解读】☞ 矢志不移　勇往直前

河水是永远向前的,永不停息。人们追求理想目标也要像河水一样不断向前,无论遇到什么艰难险阻都要不改初心,这样才能达到理想的彼岸。正如孟子所说:"虽千万人,吾往矣。""逝"的本意是"往",即去那里,向那里走的意思,表示向着目标方向前进。有学者认为,本章的意思是:过去的时光如流水一样永不回头,人们应珍惜时光。但从前后章句所表达的意思来说,这种理解有待于商榷。

【品悟】人生如矢,志不可移,孜孜不倦,如川不息。

> 子曰:"吾未见好德如好色者也。"

【译文】孔子说:"我没有见过追求美德像追求美色那样(用心)的人。"

【解读】☞ 好德如色　社会和谐

美色如花,人见人爱,故有"爱美之心,人皆有之"之说。爱美求美,本无可厚非,但美有外表之美和内涵之美,有行为之美和道德之美等。有人不识真美,不惜牺牲时间、精力甚至生命去求外表之美,而忽视了内在真美,实在令人遗憾。美德是人类的最美的花朵,有益于社会进步发展,有益于人类和谐美满,是人们共同向往的目标和追求。而美色只是一时华丽,只能满足人们暂时的感官享受,经不住时间的考验。孔子的感叹反映了人们急功近利、浮躁虚荣的思想。如果人们能像追求美色一样去追求大道,世界将会变得更加美好。

【品悟】好色者常有,好德者难求。若好色者众,则美色者起;若好德者众,则美德者兴,君子者存。

> 子曰:"譬如为山,未成一篑①,止,吾止也;譬如平地,虽覆一篑,进,吾往也。"

【注释】① 篑:土筐。

【译文】孔子说:"譬如堆土成山,只差一筐土就完成了,这时停下来就不得完成,那是因为自己放弃的原因;譬如填坑平地,虽倒一筐就平了,那也是因为自己坚持到底的结果。"

【解读】☞ 为山平地　成败在己

要达到理想目标,就要像"川流不息"不舍昼夜,勇往直前。孔子用"堆山"和"平地"来作比喻,阐明了坚持和放弃的两种结果,令人深思。孔子强调了成功与否主要在于自身的努力程度。马克思主义哲学中也阐述了这样的观点：决定事物发展变化的根本原因在于事物内部矛盾运动，当量变达到一定程度时候就会生产质变。无论是为人还是为事，干与不干在于自己，如果能够坚持下去必定能有所收获，如果放弃将一事无成。故有"成事在天，谋事在人"之说，在此"天"就是正确的方法，即合道，"在人"就是发挥人的主观能动性。

【品悟】世事成败，贵在坚持。积少成多，进退由我。

子曰："语之而不惰者，其回也与！"

【译文】孔子说："听我说话始终不懈怠的人，大概只有颜回吧！"

【解读】☞ 成功之路　贵在坚持

孔子讲过"吾十五而志于学"，所谓"志"就是指志向，有了志向以后就要孜孜不倦地去追求，从而达到"而立""不惑""知天命"等目标。颜回就是这样做的，从懂得人生大道后，他就从没停止追求。自古及今，能做到追求不止的人是很少的。在孔子的弟子中，常常有人放弃学业和追求，其中代表人物是冉求，他曾以"力不足也"为由放松了学习，孔子批评其为"今汝画"，经过孔子的教育，纠正了自己的想法，最终成为君子。

【品悟】追求真理，要坚信不疑，终生不改。

子谓颜渊曰："惜乎！吾见其进也，未见其止也。"

【译文】孔子说起颜回道："真可贵呀！我见他不断进步，从来没有看见他停止追求。"

【解读】☞ 笃信不止　方可有进

颜回是孔子最得意的学生，他勤奋刻苦，在生活方面没有什么过分要求，但在学习和道德修养追求上，却能一以贯之，坚持不懈。孔子赞扬他"一箪食，一瓢饮，在陋巷"，他认为如果人人都能像颜回一样好学，都可以成为君子。孔子以颜回为榜样教育其他学生，希望他们持之以恒，不断进步。

【品悟】居敬笃信，进而不止。安贫乐道，好学至德。

子曰："苗而不秀①者有矣夫！秀而不实者有矣夫！"

【注释】① 秀：稻、麦等庄稼吐穗扬花叫秀。

【译文】孔子说："庄稼中只长苗而不开花的有之！有花有苗而不结果者有之！"

【解读】☞ 精心培育　功到自成

老子说过"道法自然"，意思是：自然界就是一本教科书，蕴含着无数深刻的道理。一般来说，禾苗成长的顺序是：长苗、开花、结果。但有的只长苗而不开花，有的虽开花而无果实，还有的虽挂果而最终也没长成，等等。其原因很多，有的是气候原因，有的是人为原因，有的是自然灾害原因等。苗要正常生长，需要有人护，有人打理，再遇有较好的气候环境，才能正常开花结果。人的成长也是如此，有人不能正常成长，有人能成长却不能守道，有人守道但不能坚持，最终一事无成。

【品悟】自然之道，乃人生之道也，人而无恒则无果。

子曰："后生可畏，焉知来者之不如今也？四十、五十而无闻焉，斯亦不足畏也已。"

【译文】孔子说："年轻人也是值得尊重的，怎么能知道后来者不可居上呢？如果到了四五十岁还没有什么名望，那就要更加努力了。"

【解读】☞ 后来居上　值得敬畏

　　人类总是在不断向前发展的,"青出于蓝而胜于蓝""长江后浪推前浪""一代更比一代强"讲的就是这样的道理。孔子告诉人们只要懂得学习的道理,就一定会进步。如果人们到了四十、五十岁还没有成果,也没有名声,也不必悲观失望,要相信"世上无难事,只怕有心人"。学习是无止境的,终身学习才会不断进步。人生没有大的作为并不要紧,只要坚持好学不辍,依礼而行,就一定会受到人们的尊重。有的学者把"斯亦不足畏也"理解成"没有希望了"或者"不被人敬重了"等,是值得商榷的。因为本篇前后几个章节讲的都是让人们"进也"不让人们"止也"的道理。不论任何时候,作为教育家的孔子总是鼓励人们积极上进,不断修养自身的,如同我们今天强调要终身学习的道理一样。他时时告诉人们"学习是不能停止的",正如《荀子》所云:"学不可以已。"

【品悟】人生在世,奋斗不息,矢志不移,未来可期。

　　子曰:"法语①之言,能无从乎?改之为贵。巽与②之言,能无说乎?绎之为贵。说而不绎,从而不改,吾末如之何也已矣。"

【注释】① 法语: 法,指礼仪规则,理论原则。② 巽与: 巽,恭顺,谦逊。与,称许,赞许,恭维。

【译文】孔子说:"道义之言,能不听从吗?从内心修正自己更为可贵。恭维的话,谁听了能不高兴呢?认真分辨真伪,更为可贵。只是喜欢别人恭维而不去分析,表面上听从礼法而不改正自己的错误,我实在是没有什么好办法了。"

【解读】☞ 知行合一　方为正道

　　崇尚道义者有两种情况:一是无奈而从;二是真心而从。无奈而从,是迫于压力,只是在表面崇从,而内心是抵触的。这种崇从是有水分的,不长久的。只有真心发自内心的敬畏,才能使人自省,不断进步。"从"和"绎"讲的就是如何落实的问题。如果只是在口头或表面上同意,却没有实际行动,那就没有希望了。

【品悟】行动是解决问题的最好方法。

子曰:"主忠信,毋友不如己者,过则勿惮改。"

【译文】孔子说:"以忠信为主,不要向落后者看齐,有过不要怕改正。"

【解读】☞ 坚守忠信　不善而改

本章见于《学而》篇第8章。在此再次出现,目的是贯穿前后,要求人们无论为人处世都要以忠信为主,积极向上,见贤思齐,坚守道义,不怕改过。因为只有改过,人才能不断进步,成为君子。学习的过程就是改过自新的过程,这一点必须时时牢记。

【品悟】为人处世,当忠信道义,择善而存,不善而改。

子曰:"三军可夺帅也,匹夫不可夺志也。"

【译文】孔子说:"一国军队,可以被别人夺去主帅,但一个人,却不能轻易被夺去志向。"

【解读】☞ 将帅易夺　志向难改

追求道义是孔子一生的志向和理想,他希望每个人都要有自己的理想和目标并终生为之奋斗。在孔子看来,理想和志向高于一切,即使是三军主帅的职位,也不可与之相比。一个人的理想信念是否能够实现主要靠自己的坚守和努力。三军之帅,位高权重,君臣官兵一致,才有取胜的可能,若遇强敌，则不保位。而人的志向则在自己，只要坚守谁也不可夺去。

【品读】事人治国，在于治心，心志不二，治之何难。

子曰："衣敝缊袍①，与衣狐貉②者立而不耻者，其由也与？"

【注释】① 敝缊袍：敝，破旧。缊，旧的、破烂的。② 狐貉：用狐和貉的皮做的裘皮衣服。

【译文】孔子说："穿着破旧的衣袍，与穿着狐貉皮袍的人站在一起而不感到自卑，大概只有仲由吧。"

【解读】☞ 君子坦荡　贫贱不屈

有志者，意志专一，心无旁骛。颜回好学，箪食瓢饮，无怨无悔。子路好义，虽然衣着破旧但从没有觉得自卑。有志的人不为衣食而困，不为表面华丽所动，他们的志向远大，胸怀宽广，任何时候都能分清是非，辨别轻重。这才是孔子希望的君子人格。

【品悟】志存高远者，不在乎衣食车马之物；声色权欲，不可动摇君子之志。

"不忮不求，何用不臧①？"子路终身诵之。子曰："是道也，何足以臧？"

【注释】① 不忮不求，何用不臧：这两句见《诗经·邶风·雄雉》篇。忮，音 zhì，嫉妒，嫉恨。臧，善，好。

【译文】"不嫉妒，不贪求，有什么不好呢？"子路时常诵读《诗经》里的这句诗。孔子说："仅仅做到这些，就能算好吗？"

【解读】☞ 不忮不求　君子之守

不嫉妒、不贪求的品质，是对君子的基本要求，也是实现道的基本方法。子路常常把它作为座右铭提醒自己不要有嫉妒贪求的思想。但孔子知道后并没有表扬子路，而是对子路提出更高的要求，他告诉子路：不忮不求是君子的基本素养和品质，能做到这些，充其量只是懂得了君子"不该做什么"，即君子"有所不为"。但是，君子"该做什么和怎么做"却没有表现出来。真正的君子应该懂得"什么不该做、什么该做、如何做"等一系列问题。这样才能达到"有所不为，有所为"的君子境界。这是孔子对子路的希望，也是对弟子们的要求。

【品悟】不忮不求，常人所守。君子之行，应有所不为而有所为。

子曰："岁寒，然后知松柏之后凋后也。"

【译文】孔子说："天冷了，才知道松柏是最后凋谢的。"

【解读】☞ 岁寒知松　日久见人

松柏可以说是树中君子，松柏的坚强品质是经历了寒冬之后才知道的。高贵的品质也是通过实践才能检验出来的。长期以来，我们党坚持"实践是检验真理的唯一标准"，这个理论适合于任何人和事。谁是真正的人才，不在于他说得有多好听，而在于他做得有多好看。在古代，判断是不是君子，就要看他是不是能依礼而行，坚守道义。这就如同现在检验真正的共产党员一样，要看他是不是符合党员的标准，是不是能始终坚守理想信念，是不是能永远为人民服务。民间有句俗语："是骡子是马，拉出来遛遛"，讲的就是这个道理。

【品悟】强风知劲草，寒梅能傲霜，路遥知马力，日久见人心。实践是检验真理的唯一标准。

子曰："知者不惑，仁者不忧，勇者不惧。"

【译文】孔子说："有智慧的人不会迷惑，有仁德的人不会忧虑，勇敢的人不会畏惧。"

【解读】☞ 知仁勇者　君子之德

君子品质主要体现在仁、智、勇三个方面。仁者是为他人着想，所以没有忧虑和怨言；智者可以分清是非，所以才不会因迷失方向而感到困惑；勇者是能够见义勇为，所以无所畏惧。三者同时具备，才可成为一个真正的君子。这三者是相互联系、相互促进的，智和仁是勇的基础，勇和智是仁的支撑，仁贯穿智和勇之间，三者相得益彰。这三个方面的品质只有在长期学习实践中才能够形成。

【品悟】仁智勇，三达德。智者知是非，仁者有恻隐，勇者敢作为。三位一体，君子人也。

子曰："可与共学，未可与适道①；可与适道，未可与立；可与立②，未可与权③。"

【注释】① 适道：适，往。这里是志于道，追求道的意思。② 立：坚持到底，成就事业。③ 权：秤锤。结合实际，与时俱进。

【译文】孔子说："可以共同学习的人，未必能有共同的志向；有共同志向的人，未必能坚持到底，能坚守志向的人未必能与时俱进。"

【解读】☞ 人各有志　和而不同

物以类聚，人以群分，自古及今都是如此。人世间群很多，如当今的微信群一样，有单位群、朋友群、家庭群、同学群等。入群也讲究目标和条件，如学校群中有年级群、有班级群、有家长群等，虽然目标都是为了学习，但结果却不一样。这正是本章所讲的：可以一起学习的人不少，但能坚守到底并有成就的人不多。这与一个人的家庭环境、社会环境、思想认识和个人喜好相关联。人各有志本无可厚非。有人一生为个人,有人一生为集体,有人一生为国家,有人一生无所作为,所以古人把人分为五种:小人、成人、君子、贤人、圣人。孔子主张人应有仁爱之心,要时刻站在他人立场上思考问题,这样既不伤人又不伤己,还能利于社会和谐发展。然而在现实生活当中,人们虽然都在学习,然而志向、目标及为人处世之法各有异同。本章喻人:人要宽恕,不可强求,和而不同才能共享太平。

【品悟】得道有先后,行道有高低,唯有共学共进者方可与立。

"唐棣①之华,偏其反而②。岂不尔思,室是远而。"子曰:"未之思也,夫何远之有?"

【注释】① 唐棣:一种植物,属蔷薇科,落叶灌木。② 偏其反而:翩翩飞舞的样子。

【译文】有一首诗这样写道:"唐棣的花朵啊,翩翩飞舞,渐行渐远。难道我不思念你吗?只是由于家住的地方太远了。"孔子说:"没有真的思念,如果真的思念,有什么遥远呢?"

【解读】☞ 心不在焉　学无所成

追求理想不能三心二意,要有坚定不移的决心,才能达到目标。一个人的追求必须发自内心,内心有目标,精神才有动力,行动才有方向,学习才能有所收获。没有收获,首先要看是不是真在追求,如果"身在曹营心在汉",口是心非,心不在焉,无论什么事情都无法成功。就如唐棣之花一样,说是思念着父母,实际越飞越远。翩翩起舞,随风而去,远离父母之怀,何存思念之心。孔子一语道破:若有思念,何远之有!

【品悟】求学之路,任重道远,凡中道而废者,其无恒也。

乡党第十

导 语

《乡党》篇共27章,记载了孔子在现实生活中是如何践行礼仪的。为后人学习、研究、继承传统礼仪提供了参考。

> 孔子于乡党,恂恂①如也,似不能言者。其在宗庙、朝廷,便便②言,唯谨尔。

【注释】① 恂恂:温和恭顺。② 便便:辩,善于辞令。

【译文】孔子到了家乡,温和恭敬,像是不善于说话的样子。然而在宗庙里、朝廷上,却表达流利,善于言辞,只是比较谨慎而已。

【解读】☞ 乡党如亲　不可妄行

　　家乡是一个人从小生长的地方,一般同姓家族、邻里居多,因长期集居一处而形成了一个村邑。邻里之间亲如一家,上有尊长,中有同辈,下有幼小,相互熟识。我们常说:故乡是"生我养我"的地方,一山一水难赋深情。回到故乡如回家中一样,要放下身段,谦虚谨慎。对长者要恭敬,对同辈要有礼,对少者要关爱。正如夫子所说要"恂恂如也"。而在朝廷则不一样,在朝为官都是臣子,主要责任是为民履职,为国尽力,不可有私心,所以要畅所欲言,实话实说,依礼而行。

【品悟】乡党之地,生于斯,长于斯。宗族之恩与邻里之情非同寻常,应倍加恭敬,因此需谨慎行事。

> 朝,与下大夫言,侃侃如也;与上大夫言,訚訚①如也。君在,踧踖②如也,与与③如也。

【注释】① 訚訚:正直而又和颜悦色的样子。② 踧踖:恭敬而不安的样子。③ 与与:谨慎、威仪适中的样子。

【译文】孔子在上朝的时候,与下大夫说话,自然而温和;与上大夫说话,谦虚而公正;国君在,恭敬而又不安,仪态谨慎适时又不失尊严。

【解读】☞ 不同场合　规矩不同

人与人交往一般是通过语言。孔子非常重视说话的礼仪，他在教诲弟子时十分重视说话的重要性。同一场合，与不同的人交流，有不同的礼仪。如与属下说话，重在庄重；与上级交谈，重在恭敬；与平辈说话重在协商等。有人认为这种交流是一种不平等的表现，这是错误的观点。不同的交流方式和态度，体现的是交流的艺术礼节和人文关怀。我们常讲的"要摆正自己的位置"也包含着这个道理。

【品悟】不同时代，礼仪不同。君臣上下，有别尊卑，各司其职，各得其所，赤胆忠心，同事一国。

君召使摈①，色勃如也；足躩②如也。揖所与立，左右手，衣前后，襜③如也。趋进，翼如也。宾退，必复命曰："宾不顾矣。"

【注释】① 摈：动词，负责招待国君的官员。② 足躩：脚步快的样子。③ 襜：整齐之貌。

【译文】国君召孔子去接待宾客时，孔子脸色立即庄重起来，并快步上前；向同行们作揖，或者向左拱手，或者向右拱手，衣服前后摆动，整齐不乱；快步走的时，像鸟儿展开双翅一样轻盈稳妥。送走宾客后，要向君主回报说："客人已经不回头了。"

【解读】☞ 待客以礼　不失仁义

朝廷之上的礼仪，展现了一个国家的文明和素质，同时也体现了一个国家的形象。对待礼仪要有正确的态度，特别要注意细节还要兼顾美感。如对待宾客、同事、国君等，每一个环节都彬彬有礼。国君召唤，一定有重大事项，所以不敢怠慢；自古客为上，特别是对待外宾不敢马虎；与同僚一起相互行礼，要顾全左右，不能失礼；快步上进时，要讲究行走仪态，不失风度；完成任务后，要向君上汇报，做到善始善终。

【品悟】君命不可慢，宾客不可轻，事君以忠，待人以礼，为事以诚，落落大方而不失威仪，风度翩翩而不失涵养；与客有礼，兼顾左右，均不失礼。

入公门，鞠躬①如也，如不容。立不中门，行不履阈②。过位，色勃如也，足躩如也，其言似不足者。摄齐③升堂，鞠躬如也，屏气似不息者。出，降一等④，逞⑤颜色，怡怡如也。没阶，趋进，翼如也。复其位，踧踖如也。

【注释】① 鞠躬：谨慎而恭敬。② 履阈：门槛，脚踩门槛。③ 摄齐：提起衣服的下摆。④ 降一等：从台阶上走下一级。⑤ 逞：舒展开，松口气。

【译文】孔子在进入朝廷大门时，谨慎而恭敬，好像没有他的容身之地。站着时，他不站在门的中间；行走时，不踩门槛；在国君面前走过，他庄重严肃，脚步加快，不敢大声说话；走上大堂时，提起衣服恭恭敬敬，凝神静气；退下台时，脸色逐渐舒展，怡然自得的样子；走下台后，便快步向前，像鸟儿展翅一样。回到原位，表现出恭敬而不安的样子。

【解读】☞ 敬畏公门　信守规矩

　　进入公门也要讲究规矩礼仪。从进门到上朝，在不同情况下，不同环境中都有不同的礼仪。包括：在门口、过门槛、过君位、上堂、下堂以及复位时的基本礼仪。这些礼仪表情各异，形象生动。这一路行走一路行礼，看似冗长，却很完美怡人，体现了礼仪之邦上下之间，内外之间的文明之行。

【品悟】朝廷之上，大雅之堂。公事之地，礼必周全，人人应有敬畏之心。

执圭①，鞠躬如也，如不胜。上如揖，下如授。勃如战色②，足躩躩③，如有循。享礼④，有容色。私觌⑤，愉愉如也。

【注释】① 圭：玉器，上圆下方，典礼时官员所持以示身份。② 战色：战战兢兢的样子。③ 躩躩：小步快走的样子。④ 享礼：享，献上。指向对方贡献礼物的仪式。⑤ 觌：会见。

【译文】双手执圭，恭敬有加，好像举不起来。向上举好像在作揖，向下拿好像在交给别人。面色矜庄好像在作战。脚步也紧凑狭窄，好像沿着直线行走。敬献礼物时，和颜悦色。私下会见时，轻松愉快。

【解读】☞ 执圭如授　恭敬有礼

　　臣与君情投手足，执圭如奉君之命，当双手执之，进退时小心谨慎，如负重任。献礼甘愿，必有容色，私下交往，和谐愉快。在朝堂之上议事的礼仪，也反映了我国古代官员在议事时应有的规矩。从不同场合、不同环境其表现出的容貌、神态、言行等细节，可以看到古代为官礼仪。古代的"官"一般只有修成"君子"的人才可以当任。今天，各行各业都有职业礼仪，从中也可以看到不少古代礼仪的传承。这些礼仪虽没有什么强制，但这就是人们常说的规矩。

【品悟】君有君威，臣有臣忠。公门之所，一心为民，严肃认真，不可轻为。

君子不以绀、緅饰①，红、紫不以为亵服②。当暑，袗絺绤③，必表而出之④。缁衣⑤羔裘⑥，素衣麑⑦裘，黄衣狐裘。亵裘长，短右袂。必有寝衣，长一身有半。狐貉之厚以居⑧。去丧，无所不佩。非帷裳⑨，必杀之⑩。羔裘玄冠⑪不以吊。吉月，必朝服而朝。

【注释】① 不以绀緅饰：绀，深青透红，斋戒时服装的颜色。② 亵服：亵服，平时在家里穿的衣服。③ 袗絺绤：袗绤，单衣。絺，细葛布。④ 必表而出之：把麻布单衣穿在外面，里面还要衬有内衣。⑤ 缁衣：黑色的衣服。⑥ 羔裘：羔皮衣。⑦ 麑：小鹿，白色。⑧ 狐貉之厚以居：狐貉之厚，厚毛的狐貉皮。居，坐。⑨ 帷裳：上朝和祭祀时穿的礼服，用整幅布制作，不加以裁剪。折叠缝上。⑩ 必杀之：一定要裁去多余的布。杀，裁。⑪ 羔裘玄冠：黑色皮礼帽。

【译文】君子不用深青带红或黑中透红的布镶边，不用红色或紫色的布做内衣。夏天穿粗细葛布单衣，一定要套上外衣。黑色衣服配黑色羔羊皮袍；白色衣服配白色鹿皮袍；黄色衣服配黄色狐皮袍。平常内衣皮袍要做得长一些，右边的袖子短一些；睡衣要做得长一些；用狐貉做毛垫要厚一点；丧服期满，便可佩戴上各种各样的装饰品。如果不是礼服，一定要加以剪裁；不穿着黑色的羔羊皮袍和戴着黑色的帽子去吊丧。每月初一，一定要穿着礼服去朝拜君主。

【解读】☞ **服饰各异　宜人宜礼**

我国古代对人们在公共场合的衣着打扮都有一定要求，而且在不同场合装束是有差异的。随着社会发展，这种要求逐渐形成了中国最早的衣着习惯并成为中国服饰文化的内容。这种服饰文化是在人们长期生产、生活中不断探索和改进中形成和发展的。古人的服饰特点是内外兼顾，重点突出在颜色的搭配、衣服的长短、布料的稀密等方面，这些要求既考虑了风俗习惯、个人隐私的合理，又注重了身体健康和出行方便等因素，既合乎科学又不失审美，有利于人们对美好生活的追求。对研究我国古代服饰文化的发展演进以及现代服饰的传承创新有一定的参考价值。

【品悟】君子服饰，必有讲究。与人不失敬，与君不失尊，彬彬而有礼，翩翩且有度。

> 齐，必有明衣，布①。齐必变食，居必迁坐②。

【注释】① 明衣，布：要沐浴更衣，其料为布，以示纯洁干净。② 居必迁坐：指从内室迁到外室居住，不和妻妾同房。

【译文】斋戒时，一定要沐浴更衣，特别是用布做的衣服。斋戒的时候，一定要改变平常的饮食，居住也一定搬移地方（不与妻妾同房）。

【解读】☞ 洁身淳朴　以示诚敬

古代举行重大活动时也有基本礼仪，包括衣着、饮食、行为等。斋戒是中国古代君主及各诸侯举办的重大活动。凡参与者都要进行事前准备，以确保活动的顺利进行。比如沐浴、更衣等，保持干净整齐以表示对神灵的诚心和敬畏，相当于今天重大活动时着正装和化淡妆等事前工作。变食、迁居等是为了保持精神饱满，不影响活动的正常进行（比如国庆阅兵时对参阅部队队员的衣食要求更加严格）。这些礼仪是古代优秀文化的重要内容，为后世举行重大活动仪式提供了借鉴。

【品悟】斋者，礼也。整饬自身，净化心灵，全力以赴，确保顺利。

> 食不厌精，脍①不厌细。食饐②而餲③，鱼馁而肉败，不食。色恶，不食。臭恶，不食。失饪，不食。不时④，不食，割不正⑤，不食。不得其酱，不食。肉虽多，不使胜食气⑥。唯酒无量，不及乱⑦。沽酒市脯，不食。不撤姜食，不多食。

【注释】① 脍：切细的鱼、肉。② 饐：陈旧。食物放置时间长了。③ 餲：变味了。④ 不时：合时，时鲜。⑤ 割不正：肉切得不方正。⑥ 气：同"饩"，即粮食。⑦ 不及乱：乱，指酒醉。

【译文】粮食不嫌做得精，鱼和肉不嫌切得细。粮食陈旧和变味了，鱼和肉腐烂了，都不吃。食物的颜色难看，不吃。气味难闻，不吃。烹调不当，不吃。不到用餐时间，不合季节、时令的食物，不吃。不是按一定方法砍割的肉，不吃。佐料放得不适当，不吃。肉虽多，但吃的量不超过粮食的量。只有喝酒不限量，不能喝醉。从市上买来的肉干和酒，不吃。吃完了，姜不撤除，但也不多吃。

【解读】☞ 饮食有度　健康为益

古代人们根据平常生活经验和习惯，对饮食有了一些标准和要求，这些要求都是人们通过长期的观察和实践才总结出来的，是对身体健康有益的饮食习惯。比如：粗粮细做，肉类细食，过期变色不可食，不熟者不可食，外卖的肉干和酒，不加工不可食，等等，所有的这些规定看似严格了一些，但从这些细微之处可以感到古人在饮食卫生方面的讲究。这些饮食文化对当今饮食文化的发展和追求提供了参考。

【品悟】饮食有原则，荤素须结合。肉不可过多，酒不可过量，食不可过饱，多者不宜，过者有害，适度适中，皆为上者。

祭于公，不宿肉①，祭肉②不出三日。出三日，不食之矣。

【注释】① 不宿肉：祭肉不过夜。② 祭肉：这是祭祀用过的肉。

【译文】参加君祭祀典礼，所分到的祭肉，不能过夜。祭祀用过的肉不超过三天。超过三天，就不可吃了。

【解读】☞ 祭肉分享　及时有益

祭品处置是祭祀礼仪中的内容之一。一方面，祭典所用的肉不可以过夜，必须在祭祀进行结束后立即分发，不可怠慢；另一方面，如果祭典时间较长，祭肉过了三天，那么分发的祭肉就有可能腐败变质。透过这些规定，我们可以看到饮食礼仪不仅显示了对祭典活动的重视而且有益于人的身体健康。其中蕴含了科学饮食习惯，是中国古代劳动人民的饮食智慧。

【品悟】践行礼仪，应有规矩，灵活运用，不可教条。

食不语，寝不言。

【译文】吃饭的时候不交谈，睡觉的时候不说话。

【解读】☞ 言语之礼　理当适时

　　饮食礼仪是饮食文化中的一种。孔子主张吃饭时尽量不要说话，休息时也不要言语。吃饭时，口含食物，如果边吃边说，容易引起喷食、噎食和漏食，既不文雅又不利健康。休息时，需要安静，如有异声则不易入眠，影响他人休息，此为不仁。所以，吃饭和睡觉时不主张说话。古圣先贤早就有这样的意识，现在世界好多国家，都有明文规定：公共场所不得大声喧哗，不准有噪音等，以免影响他人。

【品悟】寝食有礼，人之常情；若有言语，视其环境。扰人碍事，皆不文明。

虽疏食菜羹，瓜祭①，必齐②如也。

【注释】① 瓜祭：饭前把席上各种食品分出少许，放在食具之间祭祖。② 齐：同"斋"。

【译文】即使粗茶淡饭，饭前也要把它们取出一些来祭祖，而且表情要像斋戒时那样严肃恭敬。

【解读】☞ 一饭一食　思之不易

　　"吃水不忘挖井人"，今天我们所食用的每种食物，都是远古祖先冒着生命危险，经过反复尝试才确定下来的。其间他们不乏有为此付出心血和生命的英雄先辈，没有这些勇于探索者的辛勤劳动和智慧，就没有今天这些丰富的食物。凡是可食之物，都离不开阳光、空气、水等自然的神奇力量。祭食之礼，既有不忘祖先之恩，又有感恩天地自然之义。反映了我国古代劳动人民对先祖和天地自然的感恩之情以及对大自然的敬畏之心。

【品悟】古之食祭，意在感恩。感恩古圣先贤之智慧，感恩天地自然之大德，感恩辛勤劳作之耕者。

席①不正，不坐。

【注释】① 席：古代没有椅子和桌子，都坐在铺于地面的席子上。

【译文】席子放得不端正，不坐。

【解读】☞ 座有规矩　位有尊卑

古人聚餐是席地而坐，故称宴席。坐前席应摆正，不可乱放，座位左右上下要合乎礼节。座位的方向、高低很有讲究，代表着进食者的尊卑贵贱。比如长者居上位，幼者居下位，君居上位，臣居下位等。子女不可坐父母位，客不可居主人位等。例如家宴长者为主，国宴君为主，朋友之宴兄长为主。从座位可以分出主次来。当然各地风俗不一样，但原则是不变的，这种习惯延续至今。

【品悟】座有规矩，位可区分。家中有长幼，堂中有尊卑，错位则不恭，不恭则无礼。

乡人饮酒①，杖者②出，斯出矣。

【注释】① 乡人饮酒：指当时餐饮之礼。② 杖者：持杖之人，老年人或残疾人。

【译文】行乡饮酒之礼结束后，一定要等老人或残疾人先离开，然后自己才离去。

【解读】☞ 饮食之礼　杖者为先

古代礼仪非常周密，从饮食起居到邻里相处都有一套严格的礼仪程序。特别是在聚餐时最为讲究，从入座到结束离座都有一套规矩。古代餐饮礼节，重视长者和病残者。长者或病残者先坐，其余才可坐，长者或残者先离席，其余才可以离，以表示对老人和病弱者的尊重。这是仁爱思想在饮食生活中的具体表现。

【品悟】 餐饮之礼，中有大义。关爱老弱，中华美德。

乡人傩①，朝服而立于阼阶②。

【注释】 ① 傩：古代迎神驱鬼的宗教仪式。② 阼阶：阼，东面的台阶。主人立在大堂东面的台阶，在这里欢迎客人。

【译文】 乡里人举行迎神驱鬼的仪式时，主人要穿着正装站在东边的台阶上。

【解读】☞ 集会之礼　以东为祥

傩是乡民集会的一种仪式，目的是驱凶除邪，迎接吉祥。阴蔽之处常被认为邪气诞生之地（如现代人们认为一般细菌都从阴处而来一样）。古人认为东方为太阳升起之地，阳气很足，是正气之源，所以常把东面作为正阳方向，西面则作为阴邪的方向，乡人们在举行类似活动时，要求人们处于东面，因为东面阳气足，对身体大有益处，不会被阴气所伤。

【品悟】 乡风不可违，礼仪不能丢，主人居上位，以东为最贵。

问①人于他邦，再拜而送之②。

【注释】① 问：问候，看望。② 再拜而送之：在送别客人时，两次拜别。

【译文】托人去看望在外地的朋友时，要向受托者拜两次送行。

【解读】☞ 他邦托人　再拜为礼

古代行礼，有一拜礼、二拜礼、三拜礼等。一般情况下，两拜以上为重礼，如托人看望外地的朋友要向受托人拜两次。两拜的意思：一拜是拜受托之人，二拜是拜看望之人，所表达的礼很周到。这就叫礼数。正如现代人托人捎东西、送祝福给朋友，一般是备两份礼，一份是给远方朋友，一份是谢托付的人。由于古代交通、通信等不便，人与人之间的交往比较困难，与远方朋友交流更是难上加难的事情，托朋友捎信捎物往往需要劳神费力，所以托付别人又叫拜托并以两拜来表示感谢。

【品悟】问人之礼，讲究仁义，代劳他人，周全是礼。再拜而谢，与此同理。

康子馈药，拜而受之。曰："丘未达，不敢尝。"

【译文】季康子给孔子赠送药品，孔子拜谢之后接受了，说："我对药性不了解，不敢尝。"

【解读】☞ 馈药亦礼　尝需谨慎

药物不同于一般礼品。一般礼品，在接受时先拜谢，再赞赏。比如食物、衣物、器具，朋友相赠，先品后赞，这是基本礼仪。但送药则不同，若不知药品作用和效果，盲目品尝会导致一些不良后果，这对双方都没有益处。比较稳妥的做法是，先问清楚药物的成分、作用、药性、用途等再做品试，所以孔子先谢而不尝。不敢先尝，是做事要谨慎，也是对生命和健康的负责。所以特殊礼品，需有特殊礼节。

【品悟】药以治疾，不可不慎。或有馈药，拜而受之。然药性未知，用法未闻，故谨慎为好。

> 厩焚。子退朝，曰："伤人乎？"不问马。

【译文】马棚失火了。孔子退朝回来，说："伤人了吗？"不问马的情况。

【解读】 ☞ 生命至上　民生至上

以人为本，生命至上是中华民族的优良传统。有一次孔子家里的马棚失火了，他退朝回来后，首先问有没有人受伤，虽然马很贵重，但却不问马。这是中华优秀传统文化精华所在。春秋战国时期，战乱不休，人们常把财富看得比较重，而儒家思想所重视的是人而不是物。当马棚遭遇火灾时，孔子最关心的是人的安全，而不是自己财物的损失，这正是儒家"仁爱"思想的具体体现。孔子主张的"礼"是以人为中心的礼，而不是以"物"为中心的礼。通过这一段故事，我们可以看到中华民族自古就有"生命至上，人民至上"的理念。

【品悟】为富不仁者以财货为重，富而知礼者以人为重。

> 君赐食，必正席先尝之。君赐腥①，必熟而荐②之。君赐生，必畜之。侍食于君，君祭，先饭。

【注释】① 腥：生肉。② 荐：供奉。

【译文】国君赐熟食，一定要先摆正席位后尝一尝。国君赐生肉，一定煮熟了，先给祖宗上供。国君赐给活物，一定要饲养起来。陪国君吃饭时，在国君举行饭前祭礼的时候，一定要先尝饭。

【解读】 ☞ 君臣有序　礼仪规矩

接受馈赠的基本礼仪：第一，国君赐给食物时，要正席而尝，以示敬意；第二，国君赐给生肉时，要先煮熟飨祖先，以示敬重；第三，国君赐给活物时，要饲养起来，以表示珍惜爱护，以示爱惜；第四，陪国君吃饭君祭时，要先尝一尝，以示忠诚。这四种基本礼仪，反映了对国君的尊敬和忠诚之心。

【品悟】赐食之礼，重在君臣之义。受者回报，以示感恩、敬畏、谢意、忠诚之心。

疾，君视之，东首①，加朝服，拖绅②。

【注释】① 东首：头朝东。② 绅：束在腰间的大带子。

【译文】孔子病了，国君来探视，他便头朝东躺着，身上盖上朝服，拖着大带子。

【解读】☞ 危难之时　不敢忘礼

探望病人或他人双方都有礼仪。按规矩，头为首东为上，所以君来时头要向东方，不可使君处西位，以此表示对国君的崇敬。朝服盖身，以示身虽在床上，心却在朝廷，时刻不忘君上，牢记使命。如当今，有功之臣辞世时，身覆党旗或国旗，以表示生是党国的人，死是党国的魂，至死不忘党和国家。

【品悟】朝服拖绅，不忘使命，人在病榻，心在朝廷。危难之时不忘国，君臣之义存于心。

君命召，不俟驾行矣。

【译文】国君召见，孔子不等车马驾好就先步行走着去。

【解读】☞ 君欲召见　疾行勿缓

这是国君召见时的礼仪。作为君子应时刻把国家的利益放在第一位。遇君召见，一定是有要事相商，若有所迟，恐误国事。所以，当国君召见时要立即行动，不敢怠慢，这是敬畏，也是忠诚，更是一种工作态度。也可以说是讲"政治"，正如我们执政的中国共产党，任何时候都要把党和人民的利益放在第一位。当党和国家需要时应不讲条件冲锋在前，为国分忧。

【品悟】君命如山，政事为要，有命必赴，赴命不豫，不简不慢，不可变通。

入太庙，每事问。

【译文】孔子只要进入太庙，大小事都要细问。

【解读】☞

本章内容曾在《八佾》篇中出现过。讲述了夫子每次去古代圣贤祖庙，都要详细问一些情况，既是礼节，也是谨慎。

【品悟】礼法需与时而进，多问更符合民情世情。

朋友死，无所归，曰："于我殡。"

【译文】朋友去世，没有人办理丧事，孔子说："由我来办吧。"

【解读】☞ 友如兄弟　情同手足

何为朋友？有共同志向，走共同道路的人才可称为朋友。朋友本没有共同的血脉，没有共同的年龄，没有共同的住所，但却有共同的愿望，他们从四面八方能够走到一起，靠的是"志同"与"道合"。他们像同一战壕的战友，有着共同的目标和心愿。朋友心心相印，亲如兄弟，他们情同手足，爱如同胞。他们亲如一家，一人有难，共同承担，为其而殡，理所当然。

【品悟】兄弟共事父母，朋友志同道合，来自五湖四海，有难相互提携。

> 朋友之馈，虽车马，非祭肉，不拜。

【译文】朋友馈赠物品，即使车马，而不是祭肉，（孔子在接受时）也是不拜的。

【解读】☞ 朋友之情　义以为重

夫子把祭肉看得比车马还重要，这是为什么呢？因为车马属于交通工具，赠车马无非是一种值钱的东西。而赠祭肉则不同，因为赠送祭肉是一种特别的礼节，不同于金银财宝等物品。祭肉中不仅包含着对祖先神灵的敬意和祝福，更包含着祖先神灵对后人的希望和辅佐，所以祭肉之拜，如拜祖恩，表达了对礼的重视。

【品悟】车马只为物，祭肉有大义。拜肉不拜车，舍财货取仁义。

> 寝不尸，居不客。

【译文】睡觉不要像死尸一样僵硬，居家也不必要太严肃。

【解读】☞ 君子居家　申申如也

家是自由又私密的地方，可以放松不可放纵，也不可以太严肃，所以在家里也要注意自己的言行礼仪。这里强调了两个方面：一方面睡觉的姿势，不可太僵，那样会使人感到不舒服；另一方面，平时在家也不可过于严肃呆板，那样会使人感到压抑，不自在。在家最好的状态是轻松愉快、悠闲自在，让人感到亲情的温暖。正如"子之燕居，申申如也，夭夭如也"。

【品悟】君子重仪礼。坐要有坐相，站应有站姿，居家不失礼，健康又有益。

> 见齐衰①者，虽狎②，必变。见冕者与瞽者③，虽亵④，

必以貌。凶服⑤者式⑥之。式负版者⑦。有盛馔，必变色而作。迅雷风烈必变。

【注释】①齐衰：指丧服。②狎：亲近的意思。③瞽者：盲人，指乐师。④亵：常见、熟悉。⑤凶服：丧服。⑥式：同"轼"，古代车辆前部的横木。⑦负版者：背负国家版图的人。

【译文】看见穿丧服的人，即使与对方关系再密切，也一定要改变态度。看见着官服的和盲人，即使很熟悉，也一定要有礼貌。在车上遇见穿丧服的人，要俯伏在车前横木上以示哀悼。遇见背负国家图版的人，也这样做（以示敬意）。参加丰盛的宴会，要表示衷心谢意。遇见迅雷大风，态度严肃（以示敬畏）。

【解读】☞ 礼行天下　社会和谐

处于严肃的场合，要保持庄重，这是一种公众礼仪。本章特别突出了几种场合，其中与《子罕篇》中第十章内容有重复之处，重点突出遇见不同的人或在不同场合都有不同的礼节。行礼过程中不能因为是熟悉的人而打折扣，都要毕恭毕敬。特别是遇到办公事的人，都要表示敬意，因为公事关乎每个人的利益，虽然素不相识，但是他们的工作是值得我们每一个人尊重。如现代社会中所有公职人员和从事服务工作的人们，我们应该对他们的工作表示敬意。遇到老弱病残者，要有同情心和慈悲心。遇到宴请自己的人，都要表示谢意。遇到雷电大风，要有敬畏之心，同时做好防范准备，如今日的天气预报及灾害预报等。一切都在礼之中，有礼才会和谐，有礼才有温暖，有礼才有信心，有礼才能团结向上。

【品悟】礼之行，因人而异，因时而变。其目的在于：克己固仁，修养自身，弘扬文明，推进社会。

升车，必正立，执绥①。车中，不内顾，不疾言，不亲指②。

【注释】① 绥：上车时扶手用的索带。② 不亲指：不指手画脚。

【译文】上车时，一定先端正地站好，拉着扶手带上车。在车中，不向内回顾，不很快地说话，不指指点点。

【解读】☞ 乘车有礼　安全第一

为了安全乘车也要讲礼。从上车、坐车、行车，各个环节都有礼仪和规矩。其目的就是为了保障安全。车是大家共同乘坐的工具，地方小，不方便，人的言行不仅会影响到乘车者的情绪，还会影响到行驶的马和驾驶者的注意力，稍有不慎就会产生危险。"不内顾，不疾言，不亲指"等，这些乘车之礼，为当今旅客文明乘车提供了有益的借鉴。

【品悟】乘车之礼，自古有之，文明乘车，安全第一。

色斯举矣①，翔而后集②。曰："山梁雌雉③，时哉时哉！"子路共之，三嗅而作。

【注释】① 色斯举矣：色，脸色（异常情况）。举，鸟飞起来。② 翔而后集：飞翔一阵，然后落到树上。③ 山梁雌雉：山梁上的母野鸡。

【译文】看到异常情况，野鸡突然起飞，观察一番，飞翔了一阵后，见是善者便落在树上。孔子说："这些山梁上的母野鸡，时运真好呀！时运真好呀！"子路向他们拱拱手，野鸡叫了几声便飞走了。

【解读】☞ 心怀抱负　趁时而做

世界上的任何动物都有其生活的习惯和规律，这里以孔子团队遇见到母鸡的这一段故事，阐述了人与自然和谐相处的道理。野母鸡带着他的团队自由自在地生活，当看到一队人马出现时，惊奇地起飞，在飞翔中它们观察到孔子这一队人马彬彬有礼并无恶意时，才落到树上。当子路作出有礼仪之举时，野鸡以"三嗅"回复而去。这是人类的文明行为在自然界的反应。这一段和谐的场景使孔子抒发了无限的感慨：野鸡真赶上好时运了！好时运是指野母鸡遇到文明的团队，而不是猎人，它们发现没有危险后，才落到了山坡的树上。而与野鸡运气相反的孔子及弟子们却没有这么好的时运，他们依然要面对着不少困难与挫折，他们的抱负何日才能实现呢？夫子之叹意义深远！

【品悟】人之善恶，鸟兽知也，见善而存，不善而举。鸟且知时务，何况人乎？

先进第十一

> **导 语**

《先进》篇共 26 章,重点记述了孔子弟子们各自的特点,表现了他们通过学习修养成长为君子的过程。

> 子曰:"先进①于礼乐,野人②也;后进③于礼乐,君子也。如用之,则吾从先进。"

【注释】① 先进:指先学习礼乐后再做官的人。② 野人:平民百姓。③ 后进:先做官后再学习礼乐的人。

【译文】孔子说:"先学习礼乐而后再做官的人,一般是平民;先做了官然后再学习礼乐的人,是君子。如果选用人才,那我主张选用先学习礼乐的人。"

【解读】☞ 先学为进　后学为补

　　周朝时期,等级制度十分严格,处于贵族阶层或有爵位者,他们的后人有先为官后再学习的特权。身为平民百姓,只有通过先学习文化礼乐制度并得到社会认可后才可以被选用为官。孔子主张在选人用人方面,首先应选用那些先学习礼乐文化的人。先学后用与先用后学和边学边用有着很大的不同。先学后用等于先掌握理论知识,再把理论知识用于实际工作中,这样更能胜任工作。先工作后学是不得已而为之的,正如有人先工作后再取得在职学历一样。正常来说,先上学后就业最为科学。孔子主张先学习后工作,显然对一些当官者不利。在当时能提出这样的观点需要很大勇气,这无疑是一场制度的革命。

【品悟】先学而后仕,可谓循序渐进;先仕而后学,可谓亡羊补牢。

> 子曰:"从我于陈、蔡者,皆不及门也。"

【译文】孔子说:"曾跟随我从陈国到蔡地去的学生,现在都不在我身边了。"

【解读】☞ 先学后仕　夫子欣慰

　　孔子及弟子曾在外游学十四年之久,他们学习了不少理论知识,同时也积累了丰富的实践经验。由于经历了坎坷,弟子们更加成熟。在周游列国过程中,他们深入了解社会实际,更能够把所学到的理论知识与现实有机地结合起来。孔子晚年时,弟子们大多数都学有所成并得到了各地诸侯的重用,这是孔子十分高兴的事。

【品悟】 实践才能出真知。孔子团队,周游列国,历经坎坷,不畏困难,终于成就绩业。

> 德行①:颜渊、闵子骞、冉伯牛、仲弓。言语②:宰我、子贡。政事③:冉有、季路。文学:子游、子夏。

【注释】① 德行:有道德,有品行。② 言语:善于辞令,善于表达。③ 政事:行政事务。

【译文】德行好的有:颜渊、闵子骞、冉伯牛、仲弓。善于辞令的有:宰我、子贡。擅长政事的有:冉有、季路。通晓文学艺术的有:子游、子夏。

【解读】☞ 桃李天下 各有所成

孔子"三千徒弟子,七十二贤人",他们的成就突出表现在四个方面:即德行、言语、行政和文学等。这四方面是作为君子必备的基本素养,也是治国理政的基本能力。其中,德行是第一位的,其次是言语,再次是行政,最后是文学,具备了这四个方面素质基本上就可以在世界上立足了。这几方面的优点体现在孔门十哲身上:德行方面的代表有颜渊、闵子骞、冉伯牛、仲弓;辞令言语方面代表有:宰我、子贡;政事方面代表有:冉有、季路;文学方面代表有:子游、子夏。正是这些优秀的弟子及再传弟子的不懈努力才传承了中华优秀文化,丰富了中华文明内涵。

【品悟】儒家之教,重在四科:即道德、言语、行政、文学,如同现在的德、能、勤、绩四个方面。四者全,国之治也。

> 子曰:"回也非助我者也,于吾言无所不说。"

【译文】 孔子说:"颜回对我没有帮助,我说的话他没有不心悦诚服的。"

【解读】 ☞ 回如夫子　道可传也

孔子所有弟子中最优秀者是颜回,他对孔子的思想理解得较为透彻,在思想上和行动上能与孔子保持高度一致,多次受到孔子的赞扬。孔子说颜回对自己没有帮助其实是反语,颜回的态度对孔子来说可以说是莫大的鼓励,因为在弟子中唯有颜回能准确理解孔子的思想。他把颜回当成了"知己"和思想的继承者,希望有一天能超越自己并把儒家思想发扬光大。他曾告诫弟子们说:"当仁不让于师",表达了对未来的希望和信心。

【品悟】 回颜安贫而乐道,孔子传而不辍。志同道合者,心心相印,无须多言。

> 子曰:"孝哉闵子骞!人不间①于其父母昆②弟之言。"

【注释】 ① 间:批评,挑剔。② 昆:哥哥,兄长。

【译文】 孔子说:"闵子骞真是孝顺呀!人们不会怀疑他的父母兄弟(称赞他)的话。"

【解读】 ☞ 子骞之孝　华夏经典

闵子骞是历史上有名的孝子,被列入二十四孝之一,可以说是儒家弟子中孝顺的代表人物。相传闵子骞遭受继母虐待,其父要休其继母,子骞下跪相求并说:"母在一子单,母去三子寒",其言使继母受教,从此全家和好,众人无不夸其孝。子骞是孔门十哲中德行科的高才生。闵子骞的故事是中华儿女为孝的榜样。

【品悟】 骞之孝,堪为典范,《芦花》一剧,出自此章。古今诵之,以示弘扬。

> 南容三复白圭①，孔子以其兄之子妻之。

【注释】① 白圭：白圭指《诗经·大雅·抑之》的诗句："白圭之玷，尚可磨也，斯言之玷，不可为也。"

【译文】南容反复诵读"白圭之玷，尚可磨也；斯言之玷，不可为也"的诗句。孔子把侄女嫁给了他。

【解读】☞ 南容之行　使人无忧

在《公冶长》篇中有关于南容的描述："邦有道，不废；邦无道，免于刑戮。"本章又描述了南容时刻记着白圭之诗，不断修养自己的故事。他的特点是非常谨慎，尤其是注意自己的言行，很有敬畏之心，工作上不敢有半点闪失。正因为他始终秉持着这样一种品德，所以才能在礼崩乐坏的社会，既立足于朝廷，又保持洁身自好，这在古代是很难得的人才，孔子十分欣赏。

【品悟】三复白圭者，心有敬畏，谨言慎行，善于反思，符合为仕之道。

> 季康子问："弟子孰为好学？"孔子对曰："有颜回者好学，不幸短命死矣，今也则亡。"

【译文】季康子问（孔子）："（你的）弟子中谁是最好学的？"孔子回答说："颜回好学，不幸短命去世。现在没有这样的人了。"

【解读】☞ 好学短命　社稷之悲

孔子门人众多，好学者不计其数，但他们的遭遇却不尽人意。当季康子问到谁最好学时，孔子只列出了一个人——颜回。他说："颜回最好学，可惜短命死了，现在没有最好学的了。"本来说出谁好学就可以了，但是孔子却带着感情强调了"可惜短命死了，现在没有这样的人了"，这句话看似多余，其实不然。孔子的话不仅表达了对颜回的思念和惋惜，更反映了对当权者轻视知识分子的不满。

【品悟】贤者不用，良才无位。圣贤颠沛流离，居上者难逃其责。

> 颜渊死，颜路①请子之车以为之椁②。子曰："才不才，亦各言其子也。鲤③也死，有棺而无椁。吾不徒行以为之椁，以吾从大夫之后，不可徒行也。"

【注释】① 颜路：颜渊的父亲。② 椁：古人所用棺材，内为棺，外为椁。③ 鲤：孔子的儿子。

【译文】颜渊死了，颜路请求孔子卖掉车子，给颜渊买个外椁。孔子说："有才无才，我都把他们当作自己的儿子。孔鲤死的时候，也是有棺无椁。我没有卖车步行为他买椁。（因为按照礼制）我应随在大夫之后，是不可以徒行的。"

【解读】☞ 生也君子　葬以君子

颜回好学上进，深得孔子信任，他把颜回当作自己的儿子一样看待。颜回死后，父亲颜路请孔子卖掉自己的车子，给颜渊买椁。尽管孔子十分悲痛，他却坚守葬礼，不搞特殊。车子是朝廷配备的交通工具，是为公事所用的，不可自作主张，无车而从，更不可公车私用，自行处理。孔子坚持原则，严守规矩，在礼面前一视同仁，值得我们后人学习。

【品悟】君子要坚持原则，凡事依礼而行，做事量力而为。

> 颜渊死，子曰："噫！天丧予！天丧予！"

【译文】颜渊死了，孔子说："唉！天要完我呀！天要完我呀！"

【解读】☞ 颜回之逝　如失手足

颜回对孔子思想理解的最深刻，掌握的最准确，而且还能够有所发挥。颜回死时，孔子已到暮年，他多次赞扬颜回，并把颜回当作自己事业继承者，所以颜回的死对孔子打击很大。在他看来失去颜回就如同失去了自己的未来和希望，所以发出了"老天亡我"的失望之叹。这一叹息不仅是因颜回之死，也是因社会之乱，警示朝廷应重视知识重视人才。

【品悟】颜回之逝，如失大道。孔子切肤之痛，油然而生。

颜渊死，子哭之恸。从者曰："子恸①矣！"曰："有恸乎？非夫人之为恸而谁为？"

【注释】① 恸：过于悲痛。

【译文】颜渊死了，孔子哭得极其悲痛。跟随的人说："您太悲痛了！"孔子说："我悲伤过度了吗？不为这样的人悲伤，还为什么人伤心呢？"

【解读】☞ 君子之痛　痛在回也

孔子视回如子，亲生儿子孔鲤去世，老来丧子之痛本已不幸，颜回也去了，对于孔子来说真是莫大的伤痛。因颜回好学，又对自己的思想理解完整准确，原打算靠颜回传承自己的思想的愿望眼看就要落空，所以他说："不为这样的人悲伤，又为谁呢？"孔子的话表达了对知识分子所处环境的忧虑和当政者不重视人才的不满。

【品悟】孔子之悲，警示后者，传承文明，重中之重。

颜渊死，门人欲厚葬之，子曰："不可。"门人厚葬之。子曰："回也视予犹父也，予不得视犹子也。非我也，夫二三子也。"

【译文】颜渊死了，孔门弟子想要厚葬。孔子说："不能这样做。"弟子们依然厚葬了他。孔子说："颜回把我当父亲看待，我却不能像对待儿子看待他。这不是我本意，而是你们这些学生要这样做啊！"

【解读】 ☞ 礼别尊卑　众心难违

在颜回葬礼问题上，孔子看是责怪弟子们，实则是一种默许。颜回是大家公认的贤者，他的德行远远超过了那些士大夫们。如果社会有道，颜回一定会居于士大夫之列，死后也会以大夫之礼葬之。礼的目的是扬善去恶，引领社会，如果贤者不得好报，死后不能善终，这样不仅伤害了民心，而且也亵渎了礼的宗旨。所以，在颜回葬礼问题上，孔子并没有过分责怪弟子们，只是说说而已，最后还是遂了大众意愿，也向社会展示了民心不可违的道理。

【品悟】礼应与时俱进。厚葬颜回，乃民心所向。虽不符合周礼，却合天理民意。

季路问事鬼神。子曰："未能事人，焉能事鬼？"曰："敢问死？"曰："未知生，焉知死？"

【译文】季路问怎样去事奉鬼神。孔子说："没能事奉好人，谈什么事奉鬼神呢？"季路又问："请问死（是怎么回事）？"（孔子回答）说："不懂得生，怎么能懂死呢？"

【解读】 ☞ 行远自迩　登高自卑

"子不语'怪、力、乱、神'"，这是孔子的讲学原则。孔子主张做好当下，善待人生。当下是活生生的现实，只有做好现实，才会面对美好的未来。做好现实就是做好"生"的文章，做好"生"的文章，才能懂得"死"的意义。什么是"生"的文章呢？"生"的文章就是要修好德，成为君子。孔子认为："慎终追远，民德归厚矣"。所以，当子路问到"事鬼神"时，他没有正面回答,只是告诉子路:"未能事人,焉能事鬼",他强调了要"事人",把人放在了第一位。因为"事人"是活生生的现实,是实实在在的事情,看得见,摸得着,可以做到。而鬼神则属未知领域和一些奇怪事物,如风雨雷电等。对于古人来说这些都是鬼神之事。这就好似当今的手机、电视、无线电器等事物,在科学没有发现之前都是无法想象的神奇事物一样。孔子对于没有把握的事情不轻易去议论,因为"君子耻躬之不逮也"。本章反映了孔子实事求是的人生态度。

【品悟】事生者易,事死者难,先易后难,古今之道。做人做事要有实事求是态度。

闵子侍侧,訚訚①如也;子路,行行②如也;冉有、子贡,侃侃如也。子乐。曰:"若由也,不得其死然。"

【注释】① 訚訚:谦和而恭敬的样子。② 行行:刚强的样子。

【译文】闵子骞侍立在(孔子)身旁时候,(表现得)谦和而恭顺;子路则是刚强不屈;冉有、子贡则能言而善辩。孔子很高兴。(但却)说:"像仲由这样,(若不修养)恐怕不得善终啊!"

【解读】☞ 刚柔相济　可以长久

孔子弟子们各有不同的性格特点。闵子骞恭敬有礼,谨慎小心;冉求、子贡善于表达,擅长交际;子路勇敢耿直,坚强不屈。孔子看到弟子们通过学习修养都有了长足进步,凸显了君子品质,所以很高兴。但是,子路刚强不知权变,让孔子有些担忧。所以,顺便提醒子路要刚柔相济,注意修养,不然的话,很可能会吃亏的。孔子时刻关爱着弟子们的学习和生活,并及时指出他们自身存在的问题和不足。同时告诉大家,学习和修养永远在路上。

【品悟】百人百性,学以自新。修养可改变性格,性格决定命运。

鲁人为长府①，闵子骞曰："仍旧贯②，如之何？何必改作？"子曰："夫人不言，言必有中。"

【注释】① 为长府：改建国库。② 仍旧贯：仍，沿袭；贯，事。

【译文】鲁国翻修叫长府的国库。闵子骞道："旧库还可以用，何必改建呢？"孔子道："这个人平日不多言，一开口就说到要害。"

【解读】☞ 勤俭持家　中华美德

自古民间有"清官不修衙门"之说。当鲁国的当政者要改建库房的时，子骞指出："库房还好好的，为什么要改造呢？为什么不节俭一点呢？"改造库房需要耗费人力、物力，这必然增加百姓的负担。在这关键时刻，平时不好言语的子骞提出了自己的意见。他的意见符合实际、符合民心，可见子骞并不是不善于说话，而是知道什么时候该说，什么时候不该说。他一心想着百姓，为着百姓，关键时候一语中的。这正是他仁心的具体体现，也是孔子赞扬他的原因。

【品悟】君子不言，言必能中。为民执政要敢于担当，不可劳民伤财。

子曰："由之瑟，奚①为于丘之门？"门人不敬子路。子曰："由也升堂矣，未入于室也！"

【注释】① 奚：为什么。

【译文】孔子（责怪子路）说："仲由怎么在我门口弹瑟呢？"孔子的学生们因此都不尊敬子路。孔子便说："仲由弹瑟，达到升堂的程度，只是还没有入室罢了。"

【解读】☞ 音乐之美　在于和谐

子路为了显示自己的弹瑟技艺，有意在孔子门前弹奏，遭到了孔子的批评，从此后大家对子路有了看法，影响了彼此之间的关系。了解这种情况后，孔子重新评价了子路，客观肯定了子路在弹瑟方面取得的进步，同时指出了存在的不足。弟子们对子路的态度有了改善。

乐教的目的是促进团结和谐，孔子在教学过程中也会有一些失误，但一发现过失就立刻纠正。这种现象在现代教育中也是常见的，有时批评学生不当就会出现不良后果，甚至伤害学生之间的感情。所以，教学一定要考虑综合效果，不可顾此失彼。本则故事对现代教育很有借鉴意义。

【品悟】音乐之道在于和谐。尽善尽美者是谓上者。凡事需要精进，没有最好，只有更好。

> 子贡问："师与商①也孰贤？"子曰："师也过，商也不及。"曰："然则师愈②与？"子曰："过犹不及。"

【注释】① 师与商：师，颛孙师，即子张。商，卜商，即子夏。② 愈：更好，强些。

【译文】子贡问孔子："子张和子夏二人谁更贤能呢？"孔子回答说："子张过了，子夏赶不上。"子贡说："这就是说子张好一些吗？"孔子说："过了与赶不上是一样的。"

【解读】☞ 中庸之道　过犹不及

任何事物都讲求中正，即中庸之道。所谓中正，指与时间、地点、人物相适合的行为和事物。适时、适地、适人才可以谈得上中。就像射箭一样：如果用力过猛，箭可以射穿靶心；用力不足，箭不能射到靶上；唯有用力适度，方可射中靶心，又不穿透，这样才可称之为中。"过"，是超越现实和时代的空想，"不及"是思想和言行落后，这两者都不符合时代要求。本章告诉人们：凡事要讲究适度。过度了就可能遭到损伤，不及就达不到目标。随着时代和社会的发展，每个阶段都有与之相适应的目标。只有达到这个目标，才可以称为中正。

【品悟】过与不及皆为不中，此为古今修养之道。

> 季氏富于周公，而求也为之聚敛①而附益②之。子曰："非吾徒也。小子鸣鼓而攻之，可也。"

【注释】① 聚敛：积聚和收集钱财，即搜刮。② 益：增加。

【译文】季氏比周朝的公侯还要富有，冉求却又替他搜刮，增加更多的财富。孔子说："他不是我的弟子了，你们可以大张旗鼓地攻击他！"

【解读】☞ 治国之要　在于中正

冉求是孔子的学生，在季氏家理政，此处以冉求不行中庸之道的典型事例来教育人们。季氏的财产已经富可敌国，但冉求还是为其聚敛财富，这既不符合仁政之法，也不符合中庸之道。孔子看到自己的弟子不是安抚百姓，实行仁政，而是在搜刮百姓，为季氏敛财。冉求只求其利的做法违背孔子治国之道，所以孔子说："他不是我的弟子了"，号召弟子们大张旗鼓地批评他。

【品悟】治国理政，在于和谐。贫富分化，民心乱也。老子言："天之道，损有余而补不足。"

> 柴也愚，参也鲁，师也辟①，由也喭②。

【注释】① 辟：偏，偏激。② 喭：鲁莽，粗鲁，刚猛。

【译文】高柴愚直，曾参迟钝，颛孙师偏激，仲由鲁莽。

【解读】☞ 人各有偏　修则可正

　　每个人成长的环境不同，所以才形成不同的性格特征。不同的人，各有所长，也各有所短，但经过学习修养，因材施教，都可以改变自己并完善自我取得成就。高柴治国有方，得到了孔子的称赞；曾子著写《大学》，弘扬了孔子思想；子张办学，继承并发展了儒家学说；子路刚强勇猛，立场坚定，为政有方，树立了君子形象，成为受人尊敬的勇敢者的代表。本章列举了孔子四位弟子的不足：高柴愚笨，曾参迟钝，子张偏激，子路鲁莽，几乎每个人都不是完美的人，他们或许有这样或那样的不足，但通过良好的教育和修养，都能改变自身的缺点，形成完善的人格。孔子说过：人人都可以成为圣贤。这正是孔子教育思想的目标所在。

【品悟】人性各不同，修则能成器。好学能上进，终于有所成。

　　子曰："回也其庶①乎！屡空。赐不受命，而货殖②焉，亿③则屡中。"

【注释】① 庶：庶几，近道。② 货殖：做生意。③ 亿：同"臆"，猜测，估计。

【译文】孔子说："颜回的道德学问已接近道了，可是他常常贫困。端木赐不受命做官，而去做生意，猜测市场行情往往很准。"

【解读】☞ 人各有长　扬长避短

　　颜回与子贡都是孔子学生中的优秀者，两人各有优缺点。总的来说，颜回好仁而不善理财；子贡善理财而不好为官。二人各有所长，颜回好学，箪食瓢饮在陋巷；子贡好商，长于辞令富甲一方。二者相比，一个重学，一个重商，二者都是治国之才。以德治国，以财富国，以兵强国，此三者为治国"三要"，其中以德为最。子贡曾问于孔子："兵、食、信"三者的关系，最终以"信"为胜。而颜回侧重于守"信"，子贡侧重于守"食"，这两者都不可缺。颜回、子贡都不失为孔子最优秀的弟子，只是侧重点不同而已。

【品悟】人各有志，求而得之。有心则成，无意不通。

> 子张问善人之道。子曰："不践迹①，亦不入于室。"

【注释】① 践迹：迹，脚印。踩着前人的脚印走。

【译文】子张问成为善人的方法。孔子说："不踩着别人的脚印走，学问道德也难以到家。"

【解读】☞ 不学先贤　无以至善

所谓善人是指生性温和、淳朴善良，对人从来不会有恶意的人。这种人是合乎道德的，最朴实的人。一般来说，人生下来就处于不同环境，养成不一样的习惯，形成不一样的性格。所以每个人都存在着这样和那样的缺点和不足。要成为人人都喜欢的善人，往往需要经过长期的教育和修养，不断改善自己，才可以达到善者的境界。修养过程就是向古圣先贤学习的过程。孔子说"不践迹"就是向古人学习。如果不学习、研究和总结古圣先贤的言论和行为，免不了是要走弯路的。古圣先贤的言论和行为是经过实践检验过的，被世人认可并流传下来的真理，放弃圣贤之道就是放弃真理，没有真理的指导是难以达到理想目标的。牛顿曾说过："如果说我比别人看得更远些，是因为我站在巨人的肩膀上"讲的就是这个道理。

【品悟】至德要道，非一日之功所能及，继承先辈，终身学习方可达也。

> 子曰："论笃是与①，君子者乎？色②庄者乎？"

【注释】① 论笃是与：论，言论。笃，诚恳。与，赞许。意思是对说话笃实诚恳的人表示赞许。② 色，外貌、外表、神情。

【译文】孔子说："总是推许言论笃实的人，这种笃实的人是真正的君子呢？还是伪装君子呢？"

【解读】☞ 察言观行　可以识人

学会识人认人是一种本领。有人口头上讲得很好，态度表现真诚，但在实际工作和生活中，却是另外一个人。如果我们不加以考察说话人是否真的言行一致，就轻易赞赏，那么对其本人和社会都是无益的，也是不负责任的。所以，称赞或表彰人首先要"知人"，"知人"就是分清是非，确认是否先进或落后。经过多方考察，听取群众意见，才能公开表彰，否则将不会服人。正如党中央强调领导干部不要做"两面人""两面派"，讲的就是那些嘴上说一套实际做一套的阳奉阴违的人。"两面人""两面派"之所以有市场，就是因为我们对这类人识别不准，有时误认为是好人而公开表彰，甚至提拔重用，既损害了国家和人民的利益，也败坏了党的形象和声誉。所以对一些说得好听的人，要深入分析考察，辨别是非后再下结论。

【品悟】自古有言行一致者，亦有言不由衷者。不可听其言而信其行，而要听其言而观其行，此可谓识人之法。

子路问："闻斯行诸①？"子曰："有父兄在，如之何其闻斯行之？"冉有问："闻斯行诸？"子曰："闻斯行之。"公西华曰："由也问闻斯行诸，子曰，'有父兄在'；求也问闻斯行诸，子曰，'闻斯行之'。赤也惑，敢问。"子曰："求也退，故进之；由也兼人②，故退之。"

【注释】① 诸："之乎"二字的合音。② 兼人：好勇过人。

【译文】子路问:"听到别人的建议就行动吗?"孔子说:"有父兄在,怎么能一听说就行动呢?"冉有问:"听到了别人的建议就行动吗?"孔子说:"听说了就行动起来。"公西华说:"仲由问'听说了就行动起来吗?'您回答说'有父兄健在',冉求问'一听说就行动吗?'您回答'听到了就行动起来'。我被弄糊涂了,想问个明白。"孔子说:"冉求平日做事退缩,所以要鼓励他勇于前进;仲由好勇过人,所以要约束他。"

【解读】☞ 进退之法　因人而异

因材施教是教学中的重要方法。因材施教的前提是识人,每个人都有自己的个性特点,有的急躁冒进,有的畏缩不前。冒进者常常表现的是"过之",畏缩者则表现的是"不及",过犹不及,难以成事。所以,孔子主张要根据人和事的特点,运用适当的方法去教育和引导人们克服自身缺点,倾听大家的意见,少犯错误,这样往往能取得成功。知人善任,就是先知人再任用的意思。老子云:"高者仰之,下者举之,不足者补之"讲得也是这个道理。

【品悟】为人做事的方法可以灵活多变,不可千篇一律,应因时、因地、因人而异,宜进则进,宜退则退,最为科学。

> 子畏①于匡,颜渊后。子曰:"吾以女为死矣。"曰:"子在,回何敢死?"

【注释】① 畏:受到威胁。

【译文】孔子在匡地受到围困,颜渊最后才逃出来。(一见面)孔子说:"我以为你已经死了呢。"颜渊说:"夫子还在,我怎么敢死呢?"

【解读】☞ 师生之情　犹如父子

孔子根据弟子们不同特点因材施教,希望他们学成后发挥优势成就一番事业。他经常谈起自己最喜欢的学生,并关心他们的未来。比如对子路的担心，对子贡的遗憾，对颜回的喜爱。特别是把颜回当作自己思想的传承人。颜回也很争气，对孔子思想要义总能准确领悟，可以说他是孔子最得意的门生。在匡地受困时，颜回走失，孔子一见面又急又喜地说："以女为死矣"，对颜回的担忧的心情溢于言表。颜回的回答也让人感动。他说："子在，回何敢死。"短短几个字，表现了颜回对孔子的忠心和崇敬之情，由此可以看出师徒感情胜过父子。

【品悟】孔子视颜回如子，颜回视孔子为父。子先死为不孝，道又不能传，故"何敢死"！

季子然①问："仲由、冉求可谓大臣与？"子曰："吾以子为异之问，曾由与求之问。所谓大臣者，以道事君，不可则止。今由与求也，可谓具臣②矣。"曰："然则从之者与？"子曰："弑父与君，亦不从也。"

【注释】① 季子然：鲁国季氏的同族人。② 具臣：普通的臣子。

【译文】季子然问："仲由和冉求可以说是大臣吗？"孔子说："我以为你是问别人，原来是问由和求呀。所谓大臣是能够用仁义之道来事奉君主，如果行不通，他宁肯不干。现在由和求这两个人，也可以算作臣子吧。"季子然说："那么他们会事事听从（季氏）吗？"孔子说："杀父、杀君的事，他们是不会同意干的。"

【解读】☞ 心有道德　礼义不违

子路和冉求都擅长执政，二人在帮季氏管理政事，当季子然问到这二人是否为大臣时，孔子的评价是：子路和冉求虽算不上大臣，但他们是有原则规矩的"具臣"。子路和冉求都是平民百姓出身，他们是先通过学习而后才为官的，是属于"先进"者，他们懂得为政的根本和基本要求。虽有不足，但能坚守底线。

【品悟】大臣具臣，皆是为政。本领有高低，原则能不移。

子路使子羔为费宰。子曰："贼夫人之子①。"子路曰："有民人焉，有社稷②焉。何必读书然后为学？"子曰："是故恶夫佞者。"

【注释】① 贼夫人之子：贼，害。夫人之子，指子羔。② 社稷：指祭祀土地神和谷神的地方，即社稷坛。

【译文】子路让子羔去做费地的长官。孔子说："这是误人子弟。"子路说："那里有老百姓，有土神谷神，难道只有读书才算学习吗？"孔子说："所以（我）讨厌那种为自己辩护的人。"

【解读】☞ 先学习　后实践

孔子主张"先进于礼乐"，但子路在实践中却不践行。子羔还没有学成，子路就想让他去任职，这与孔子思想相悖。子路认为先做官后学习也能胜任工作，何必要专门学习。在孔子看来，先学习后任职，能够做到心中有数，少犯错误。如果先任职后学习，会因为没有理论基础，出现不必要的差错。孔子主张"先进于礼乐"是比较科学的为学之道和为政之道。

【品悟】学习和做事都要从基础做起，不可走捷径。脚踏实地一步一个脚印是成功者的关键。

子路、曾晳①、冉有、公西华侍坐。

子曰："以吾一日长乎尔，毋吾以②也。居③则曰：'不吾知也！'如或知尔，则何以哉？"

子路率尔④而对曰："千乘之国，摄⑤乎大国之间，加之以师旅，因之以饥馑，由也为之，比及三年，可使有勇，且知方⑥也。"

夫子哂之。

"求，尔何如？"

对曰："方六七十，如五六十，求也为之，比及三年，可使足民。如其礼乐，以俟君子。"

"赤，尔何如？"

对曰："非曰能之，愿学焉！宗庙之事，如会同⑦，端章甫⑧，愿为小相⑨焉。""点，尔何如？"

鼓瑟希，铿尔，舍瑟而作。对曰："异乎三子者之撰。"

子曰："何伤乎？亦各言其志也。"

曰："莫春者，春服既成，冠者五六人，童子六七人，浴乎沂，风乎舞雩，咏而归。"

夫子喟然叹曰："吾与点也！"

三子者出，曾皙后。曾皙曰："夫三子者之言何如？"

子曰："亦各言其志也已矣。"

曰："夫子何哂由也？"

曰："为国以礼，其言不让，是故哂之。"

"唯求则非邦也与？"

"安见方六七十，如五六十，而非邦也者？"

"唯赤则非邦也与？"

"宗庙会同，非诸侯而何？赤也为之小，孰能为之大？"

【注释】① 曾皙：名点，字子皙，曾参的父亲。② 毋吾以也：不要因我（年长）就不敢说话了。③ 居：平日。④ 率尔：急遽而不加考虑的样子。尔，相当于"然"。⑤ 摄：迫于、夹于。⑥ 方：合乎礼义的行事准则。⑦ 会同：古代诸侯朝见天子的通称。⑧ 端章甫：穿着礼服，戴着礼帽。⑨ 相：诸侯祭祀、会盟或朝见天子时，主持赞礼的司仪官。

【译文】子路、曾皙、冉有、公西华坐在孔子近旁侍奉。

孔子说："因为我年纪比你们大些，人家不用我了。（你们）平日说：'没有人了解我啊！'假如有人了解你们，那么（你们）打算怎么做呢？"

子路不假思索地回答说："一个拥有千辆兵车的（中等）诸侯国，夹在（几个）大国的中间有（别国）军队来攻打它，接下来（国内）又有饥荒；如果让我治理这个国家，等到三年，就可以使人人都有勇气，而且知道义理。"

孔子对他示以微笑。

"冉有，你怎么样？"

（冉有）回答说："一个纵横六七十里或者五六十里（的小国），如果让我去治理，等到三年，可以使人民富足。至于礼乐教化，（自己的能力是不够的）要等待君子（来推行了）。"

"公西华，你怎么样？"

（公西华）回答说："不敢说我能胜任，但是愿意在这方面学习。祭祀祖先的事，或者诸侯朝见天子，我愿意穿着礼服，戴着礼帽，做一个小司仪。"

"曾皙，你怎么样？"

（曾皙）弹奏瑟的声音渐渐稀疏，铿的一声，把瑟放下，站起来，回答说："我和他们三人为政的才能不一样。"

孔子说："那有什么关系呢？不过是各自谈谈自己的志向。"

（曾皙）说："暮春时节，春天的衣服已经穿好了。成年人五六个，少年六七个，到沂水去洗洗澡，在舞雩台上吹吹风，唱着歌回家。"

孔子长叹一声说："我赞成曾皙啊！"

子路、冉有、公西华都出去了，曾皙最后走。曾皙问（孔子）："他们三位的话怎么样?"

孔子说:"也不过是各自谈谈自己的志向罢了!"

(曾皙)说:"您为什么笑仲由呢?"

(孔子)说:"治国要用礼,(可是)他(仲由)的话毫不谦逊,所以笑笑他。""难道冉求讲的不是国家的事吗?"

"怎么见得纵横六七十里或五六十里就不是国家呢?"

"难道公西赤讲的不是国家的事吗?"

"宗庙祭祀、朝见天子,不是诸侯国(的事)又是什么呢?如果公西赤只能(替诸侯)做一个小司仪,那么谁能做大司仪呢?"

【解读】☞ 礼乐之教　　人性归也

弟子四人各谈理想,其中子路偏重治理军队,所以他强调了经过三年治理,可以让百姓勇敢;冉求偏重治理财政,所以他强调可使百姓富足;公西赤偏重推行礼法,所以他宁愿去当一个小小的司仪;曾点的理想是追求自由自在的生活。对于四人的理想,孔子略作评议,并特别称赞了曾点。曾点虽然没有豪言壮语,但他表达了对未来生活的向往,他所描述的情景正是人人希望拥有的自由、民主、和平、安定的社会环境。礼乐之治可使百姓安居乐业,社会和谐,天下大同。这样的理想目标正是孔子所倡导的。每个人都有自己的理想,但个人理想不能脱离实际,要符合大众利益,不能与社会发展方向相背离。实现理想要通过学习思考并不断努力。有了理想才有方向,有了方向才有光辉的未来。

【品悟】志有各异,因其修养不一。先进后进有次第,循序渐进志不移。不移终得大道行,天下为公大同矣。

颜渊第十二

导 语

《颜渊》篇共 24 章,重点讲述了如何推行仁政。孔子根据弟子们的实际讲述了实行仁政的方式方法。

颜渊问仁。子曰："克己复礼①为仁。一日②克己复礼，天下归仁焉。为仁由己，而由人乎哉？"颜渊曰："请问其目？"子曰："非礼勿视，非礼勿听，非礼勿言，非礼勿动。"颜渊曰："回虽不敏，请事斯语矣。"

【注释】① 克己复礼：克己，克制自己，战胜自己。复礼，符合于礼。② 一日：一旦。

【译文】颜渊问如何才能做到仁。孔子说："克制自己，一切依礼而行，这就是仁。一旦这样做了，天下就太平了。施行仁德，在于自身，难道还要靠别人吗？"颜渊说："请问施行仁德的内容是什么吗？"孔子说："不合礼法的场所不去看，不合礼法言论不去听，不合礼法的观点言论不传，不合礼法的事情不去做。"颜渊说："我虽不聪敏，愿照此去做。"

【解读】☞ 欲施于仁 从我做起

孔子认为实现仁德首先在加强自身建设，具体来说有四种方法，即："非礼勿视，非礼勿听，非礼勿言，非礼勿动"。概括起来就是："克己复礼为仁"，这是孔子关于仁的解读。颜回是孔子最优秀的弟子之一，也可称是孔子的继承人，所以孔子把天下归仁的希望寄托在颜回身上，并且告诉颜回，一旦人人都能从自身做起，不断学习修养，加强自身建设，使每个人都成为君子一样的人，那么天下就太平了。

【品悟】人人自觉，天下太平。万事从己始，己欲仁则仁至也，人人欲仁则天下归仁矣。

仲弓问仁。子曰："出门如见大宾①，使民如承大祭②；己所不欲，勿施于人；在邦无怨，在家无怨。"仲弓曰："雍虽不敏，请事③斯语矣。"

【注释】① 大宾：贵宾。② 大祭：大的祭礼。③ 请事：从事，照着去做。

【译文】仲弓问怎样才能做到仁。孔子说："外出庄重，好像去接待贵宾，役使百姓谨慎，如行祭典；自己不想做的事，不要强加于别人。在诸侯国里做官不会招致怨恨，在大夫的采邑里做官也不会招致怨恨。"仲弓说："我虽然愚笨，愿照此去做。"

【解读】☞ 己所不欲　勿施于人

颜回和冉雍都是德行方面的典型代表。孔子曾说："雍也可使南面"，可见其仁德足可担当大任。孔子告诉冉雍要做到仁，必须注意三个点：一是要注重自己的个人修养，对人对事态度要端正谨慎；二是要时时处处为他人着想，站在他人立场上思考问题；三是积极向上，无怨无悔。这三点分别强调了良好的自身，端正的人生态度，积极向上的精神风貌，一心为民的工作情怀。冉雍品德高尚，人人皆知，如果能长期坚持并发扬光大，那么就真正达到了仁的境界了。

【品悟】己所不欲，却施于人，此为强人所难。己所不欲，勿施于人，此乃以人为本。

司马牛①问仁。子曰："仁者，其言也讱②。"曰："其言也讱，斯③谓之仁已乎？"子曰："为之难，言之得无讱乎？"

【注释】① 司马牛：姓司马，名耕，字子牛，孔子的学生。② 讱：说话谨慎。③ 斯：就。

【译文】司马牛问怎样才能做到仁。孔子说："仁人说话要谨慎。"司马牛说："说话谨慎，就做到仁了吗？"孔子说："做起来很难，说话就不能谨慎点吗？"

【解读】☞ 谨言慎行　则近仁矣

人与人之间沟通和交流，主要是通过言语来实现的，所以说话要考虑别人的感受。对于一个国家来说,"一言可以兴国,一言可以亡国"。对于一个人来说,一言不慎可能伤及他人,可能坏了一件好事。所以孔子主张讲话一定要谨慎。那么,如何才能做到谨慎呢?孔子说"非礼勿言",意思是说话也要以礼而言。当司马牛问道:"说话谨慎就做到仁了吗?"孔子说:"做到仁很难,但为什么不能从说话做起呢?"

任何事都是由易到难。有人说到做到,有人说到做不到,有人连说都做不到,甚至常抱怨社会不公,抱怨他人无能,从来不想自己的问题,这样的人永远达不到仁的境界。对于每个人来说,要做到仁就必须先从自身做起,特别是从说话做起。孔子主张从说话开始,与我们现代社会推行文明用语的主张是一致的。先有文明语言,再规范文明行为,再充实内心世界,从而让仁爱畅行天下。

【品悟】出言虽易,慎言者难为,出言不逊,最易伤人。故行仁者,须从言始,一以贯之,则近仁也。

> 司马牛问君子。子曰:"君子不忧不惧。"曰:"不忧不惧,斯谓之君子已乎?"子曰:"内省不疚,夫何忧何惧?"

【译文】司马牛问怎样做一个君子。孔子说:"君子不忧愁,不恐惧。"司马牛说:"不忧愁,不恐惧,这样就可以称得上君子了吗?"孔子说:"做到问心无愧,人还有什么忧愁和恐惧呢?"

【解读】☞ 内省不疚　不忧不惧

君子是具备仁、智、勇三达德的人。孔子认为:仁者不忧,智者不惑,勇者不惧。司马牛能分清是非,可以称得上智者,但离仁和勇还有距离。司马牛的兄长是宋国大夫桓魋,他反对孔子之道并在宋国"犯上作乱",遭到宋国当权者的打击,全家被迫出逃。司马牛不赞成兄长的所作所为,逃到鲁国,拜孔子为师,并声称桓魋不是他的哥哥。孔子知道后告诉他:

只要选择正确的道路做到问心无愧就可以说是君子了。他鼓励司马牛不仅要分清是非,还要做到仁和勇,因为仁者无忧,勇者无惧。

【品悟】人若自省,方知不足,不足则改,改则通,通则无悔,无悔则无忧。

司马牛忧曰:"人皆有兄弟,我独亡!"子夏曰:"商闻之矣:'死生有命,富贵在天。'君子敬而无失,与人恭而有礼,四海之内,皆兄弟也。君子何患乎无兄弟也?"

【译文】司马牛忧愁地说:"别人都有兄弟,唯独我没有。"子夏说:"我听说过:'死生听之命运,富贵由天安排。'君子只要内心有敬畏又不失道义,对人恭敬而又有礼,那么,普天下的人就如同兄弟了。君子何愁没有兄弟呢?"

【解读】☞ 四海之内　皆兄弟也

司马牛的兄长桓魋在人生观和价值观等方面与司马牛甚不相同,引起了司马牛的不满。他认为自己虽有兄长如同没有一样。听了他的抱怨,子夏劝说道:"死生有命,富贵在天",意思是人的生死都有定数,富贵贫贱在于道义。这里的定数是指生与死的规律,即生命的规律,并非人们常说的生命的长短。只要不违背社会规律、自然规律和人生规律,人们都会过上幸福生活。以此告诉司马牛不必忧惧,只要能找到志同道合的朋友并与人和谐相处,普天之下的人都会亲如兄弟。

【品悟】兄弟之义不限于血脉。志同道合,相敬如宾,有礼恭敬,皆为兄弟。

子张问明。子曰:"浸润之谮①,肤受之愬②,不行焉,可谓明也已矣。浸润之谮,肤受之愬,不行焉,可谓远③

也已矣。"

【注释】① 浸润之谮：像渗水一样不易觉察的谗言。② 肤受之愬：这是说像皮肤之痛一样诽谤。③ 远：明之至也。

【译文】子张问什么是贤明。孔子说："像水润物那样暗中挑拨的谗言，像切肤之痛那样直接的诽谤，你的情绪都不受影响，就是贤明。暗中挑拨的和直接的诽谤，你的情绪都不受影响，可算是有远见的人了。"

【解读】☞ 明辨是非　方可致远

不惑是君子必备的基本素质和智慧。一个人如果不能分清是非，就会出错，可能给他人或集体造成损害。要做到不惑，既要有广博的知识，又要有高深的修养，还要有识别真善美、假恶丑的能力。谗言像暗流一样，会在不知不觉中渗透到人的内心，稍不留神就会信以为真，上当受骗。对于他人的诽谤，如果没有一定的涵养和定力，就会产生情绪的冲动，造成严重的后果。西方流传着一句话：谎言一千遍就可能成为真理。这句话对一般人来说也许如此，但对于君子来说是行不通的。能够在谎言和诽谤面前坚守立场和方向，才是一位真正的智者。由此而知：贤明之人，在黑暗中能看到光明，在困境中能看到希望，在现实中能看到未来。

【品悟】谮愬之言不行，可见其是非分明，仁德之至。

子贡问政。子曰："足食，足兵，民信之矣。"子贡曰："必不得已而去，于斯三者何先？"曰："去兵。"子贡曰："必不得已而去，于斯二者何先？"曰："去食。自古皆有死，民无信不立。"

【译文】子贡问如何从政。孔子说："有充足粮食，有强大的军备，有坚定的信仰。"子贡说："如果不得已而去掉一项，那么在三项中先去掉哪一项呢？"孔子说："去掉军备。"子贡说："如果不得已再去掉一项，那么这两项中去掉哪一项呢？"孔子说："去掉粮食。自古以来人总是要死的，如果百姓没有信仰，那么国家何以存在呢？"

【解读】☞ 治国理政　以信为首

孔子与子贡的这段对话，给我们指出了治国要道。治理好一个国家必须有三个基本条件：一是食；二是兵；三是信。食是指物质基础；兵是指军队的建设和保障；信是指精神信仰。在这三者当中，哪一个最为重要呢？有人认为"食"最重要，因为民以食为天，没有粮食人们就会饿死，还谈何治国？有人认为"兵"最重要，没有军队，百姓无法安宁；有人认为"信"是一种精神力量，有无皆可。但是孔子最终指出"信"是最重要的。孔子的回答折服了子贡，从此子贡成了孔子忠实的信徒。军队是保障国家利益和百姓生活的利器，粮食是人类生存的基础，是保持生命的源泉，信仰是人类的精神动力，是社会存在和发展的最终决定力量。孔子的伟大之处就在于他的目光更远，境界更高，他的理想是建立一个和谐美好的大同世界。有了大同理想和信仰，人类才会自觉地为此目标而团结奋斗，就像我们今天的共产党人追求共产主义社会一样。大同社会是人人大公无私，彬彬有礼，尊老爱幼，心存仁爱，和谐相处，共同繁荣的状态。到那时，人人高度自觉，乐于奉献，文明礼貌，军队、警察还有什么作用呢？

如果社会动荡，民不聊生，即使有足够粮食，百姓又能生存多久呢？人的寿命总是有限的，如果不讲"信"，那活着又有什么意义呢？孔子提出的"民无信不立"为人类发展和繁荣提供了最好的方案和智慧，这是人类社会的宝贵的精神财富。

【品悟】兵虽能防，无信不强；食虽能养，无信不长；信有大德大义，力量无限。

棘子成[①]曰："君子质而已矣，何以文为？"子贡曰：

"惜乎夫子之说君子也！驷不及舌②。文犹质也，质犹文也。虎豹之鞟③犹犬羊之鞟。"

【注释】① 棘子成：卫国大夫。② 驷不及舌：指话一出口，难以收回了。驷，四马之车。③ 鞟：去掉毛的皮，即革。

【译文】棘子成说："君子只要品质好就可以了，何必要那些装饰？"子贡说："可惜啊，您这样理解君子。一言既出，驷马难追。人的本质是可以从衣着打扮中表现出来的，文与质同等重要。否则，就如去掉了毛的虎、豹皮，与去掉了毛的犬、羊皮一样，看上去没有区别。"

【解读】☞ 文质彬彬　然后君子

　　一个真正的君子不仅要注意内在修养，还要重视外在形象。卫国大夫棘子成认为君子有好的品质就可以了，不需要有什么修饰。子贡的观点是：君子是内在优秀本质与完美的外部形象结合起来的整体，只强调内在本质或只注意外部形象都是片面的。在古代，君子是人们向往和追求的目标。无论是内在的还是外在的，都应是美好的。人们常常认为内在的美是主要的，外在美可以忽视。子贡认为，内在的美需要人们去发现，而外在的美人们一眼就可以辨别出来，就像动物的毛一样，如果去了毛就难以辨别。外部的形象与内在本质相统一，才可以成为真君子。所以，君子要内外兼修，树立标杆。

【品悟】质存于内，需要长守。文显于外，不可不修。由里及表，表里如一，方可行也。

哀公问于有若曰："年饥，用不足，如之何？"有若对曰："盍彻乎①？"曰："二②，吾犹不足，如之何其彻也？"对曰："百姓足，君孰与不足？百姓不足，君孰与足？"

【注释】① 盍彻乎：盍，何不。彻，古代一种田税制度。旧注曰："什一而税谓之彻。"② 二：抽取十分之二的税。

【译文】鲁哀公问有若："遭了饥荒，国家财政困难，怎么办？"有若回答说："为什么不实行十分之一的税率呢？"哀公说："现在实行十分之二的税率都不够用，怎么能实行十分之一呢？"有若说："如果百姓财用足够，您怎么会不够呢？如果百姓的财用不够，您怎么能够呢？"

【解读】☞ 民富国强　治国之方

仁政的核心就是为民谋利，时时处处先要为百姓着想。百姓富有了，国家才能富足，这是先民后国的思想。当鲁国遭灾荒时，鲁哀公主张加税，有若主张减税。哀公认为国库充足，百姓生活才会好，所以要加税。但有若认为，百姓富足了国库就不会空虚，所以提倡减税。这里体现了"民本"思想。自古以来就有"民富国强"和"国富民强"的争论。儒家主张先富民才可富国，民富是基础，如果通过苛捐杂税导致民不聊生，即使国家再富，民心丧失，这种富有也不会长久。这种以"富民"为核心的思想，值得后人思考和借鉴。

【品悟】治国有次第，富民为第一，民富则教之，教之以乐礼，民之知礼，国必盛之。

子张问崇德①辨惑。子曰："主忠信，徙义，崇德也。爱之欲其生，恶之欲其死，既欲其生，又欲其死，是惑也！'诚不以富，亦祇以异②。'"

【注释】① 崇德：提升道德修养。② 诚不以富，亦祇以异：这是《诗经·小雅·我行其野》篇的最后两句。意思是说"不是因为财富多，而是你已变了心"。

【译文】子张问怎样提高道德修养水平和辨别是非的能力。孔子说："以忠信为主，行为符合道义，这就是崇德。爱一个人时，就希望他过得很好，恨一个人时，希望他立刻消失。有时，既想让他活好，又想让他快死，这就是迷惑。（正如《诗经》上）所说：'不是因为她富有，只是因为他变了心。'"

【解读】☞ 忠诚不移　坚守不惑

　　崇德和辨惑是人们经常遇到的问题。辨惑的前提是崇德，崇德的根本在于忠信道义，坚守中和。忠诚就是至诚，心中有忠信道义，就不会有迷惑。因为忠信道义就如同一杆秤，时刻掂量着孰重孰轻，更像一座灯塔照耀着前方，永远使人向上向善。如果真的产生了迷惑，那一定是心中丧失了原则和标准。"爱之欲其生，恶之欲其死"是走了极端，这叫"过"，是迷的开始，"过犹不及"是迷的结果。"既欲其生，又欲其死"才是真正的不辨是非，不知所措的迷惑。总之，迷惑就是迷失了方向，失去了自我，失去了真心。正如《诗经》所说："诚不以富，亦祇以异"，意思是心中没有方向和自我，偏离了中庸之道，所以变了心。

【品悟】 坚守忠信，可以不惑，坚定信念，可以不惰。践行忠信道义，是谓崇德。

　　齐景公①问政于孔子。孔子对曰："君君、臣臣、父父、子子。"公曰："善哉！信如君不君，臣不臣，父不父，子不子，虽有粟，吾得而食诸？"

【注释】 ① 齐景公：齐国国君。

【译文】 齐景公问孔子如何治理国家。孔子说："君要像君，臣要像臣，父要像父，子要像子。"齐景公说："说得好呀！如果君不像君，臣不像臣，父不像父，子不像子，虽然有粮食，我能吃得上吗？"

【解读】☞ 信守规矩　遵循道义

为政之道重要方面之一就是信守规矩。孔子主张在其位谋其政，用现在的话说就是做好自己的本职工作。人之所以为人，是因为人有人道。人道就是要有仁爱的思想，仁爱思想可以由近及远延伸至社会各个方面。有人认为这是一种封建社会的礼制，其实不然。君臣父子之道并不是一些人所说的"君让臣死，臣不敢不死；父让子亡，子不敢不亡"的意思，而是处理人与人、与集体、与国家之间关系的基本原则。正如我们共产党人所讲个人服从组织、多数服从少数、全党服从中央的原则一样。有人拿西方的民主政治说事，其实西方也有西方的规矩，没有规矩就会一盘散沙。民主、自由、平等是有条件的，不是谁想干什么就干什么的自由主义，也不是没有约束的无政府主义。人与人在生命、法律、追求、责任等方面是平等的，但在年龄、辈分、性别、能力、学识、修养等方面是不同的。由此而产生了各种各样的社会关系，并形成了一系列的行为规范和法律制度，有了这些制度规范，就更利于社会和谐稳定。过分强调"平等"和否定"差异"都是不科学的，也是有害的。如果人人追求无限制的自由而没有君臣父子之礼节，那么，社会就会陷入无君、无臣的混乱状态，还谈什么社会制度和管理规则呢？还谈什么和谐稳定呢？

【品悟】君臣义，父子亲，男女别，仁义在，此为道也。尊道才可贵德，有德才可长久。

子曰："片言可以折狱①者，其由也与！"子路无宿诺②。

【注释】① 折狱：狱，案件。即断案。② 宿诺：宿，久。久拖未办。

【译文】孔子说："凭借一些供词就可以判断案情的，大概只有仲由能够做到吧。"子路讲究信用，办事从不拖拉。

【解读】☞ 刚正无私　民无讼也

子路是孔子弟子中最为刚正者之一,他看起来好像是个粗人,但是他爱憎分明,公道正派,讲究原则。判断案情是古代为政的主要工作,在审案过程中子路通过当事人简单阐述,就可以分辨是非,很快断定案情并作出裁决,这种能力得到百姓的信赖和称赞。有的学者认为,这段话是批评子路做事草率,其实不然。古代办案程序简单,一般要求当场定罪并作出结论。不像现在办案那么多程序。但无论现代还是古代,作为一个好的法官,听到案情的基本过程,就能大致判断出孰对孰错,这是基本素质和能力,而子路就是其中之一。孔子说过:"视其所以,观其所由,察其所安,人焉廋哉!"这段话,讲的就是判断事物的方法其实很简单,能做到"视、观、察"三点就可以了。子路不愧行政科的高才生,深刻领会了识人识事之法,并把所学到的知识用于实践,得到了孔子的表扬。同时,子路的人格魅力也受到了人们的追捧,凡是他审定的案件,大家都很信服。

【品悟】以刚正取信于民,以德行施于为政。自正则民正,自信则民信,自刚则民刚,民服民信民刚则政可治也。

子曰:"听讼①,吾犹人也。必也使无讼②乎!"

【注释】① 听讼:诉讼。审理诉讼案件。② 使无讼:使人们之间没有诉讼之事。

【译文】孔子说:"审理诉讼案件,我同人们一样。定要使案件不再发生!"

【解读】☞ 听讼之义　在于无讼

天下没有任何人想打官司,也没有任何人想闹矛盾起纠纷,更没有人想违法犯罪。产生纠纷的根源是人们不明道理,又不好学的结果。所以,应该把听讼当作一场生动的现场教学课。通过案情的审理、调解等,教育人们辨别真伪,认识是非,改过迁善,使诉讼案件不再发生。要做到这一点,就要通过现场审理,众人旁听,公正判决,帮助人们分清是非,辨别真伪,认识正确和错误。以此为鉴，警示自己，反省自我。把矛盾和纠纷扼杀在摇篮里。

古代案件比较简单，可分民事和刑事案件。民事案件一般是因不明事理所致，而刑事案件则是不懂法律，忘记危险或有侥幸心理所致。通过案情审理，使大家明白道理，教育人们少犯或不犯错误，这是"听讼"的初衷。

【品悟】自省者自知，自知者明也；自修者知礼，知礼者容也；宽恕者知人，知人者智也。明智之人何有讼乎？

> 子张问政。子曰："居之无倦，行之以忠。"

【译文】子张问如何为政。孔子说："在位要勤勉不怠，推行政令要忠心不二。"

【解读】☞ 脚踏实地　忠心耿耿

为政的基本要求是脚踏实地，忠心耿耿，无怨无悔。最好的为政结果是"无讼"，即社会和谐。子张有思想，有才能，有个性。一般情况下，个性较强的人不易与人相处。孔子针对子张的个性特点强调了一个"忠"字，重点谈了为政的态度问题。子张为人耿直，清流不俗，时有偏激。当子张问政时，孔子的回答，一是忠告；二是希望和建议。既是对子张的关心，又是对子张的教育。他告诉子张，忠心是内在的要求，勤奋是外在的表现，表里如一，一心为公，为大家做好榜样，这才是一个合格的为政者。

【品悟】坚守岗位，孜孜不倦，忠心耿耿，不改初心。

> 子曰："博学于文，约之以礼，亦可以弗畔矣夫。"

【译文】孔子说："君子只要能广泛地学习文化典籍，再用礼来约束自己，也就不会背离仁道了。"

【解读】☞ 博学以礼　道义不离

　　君子要坚守中庸之道，做到中庸必须坚持两点：一是博学，博学才会明大义，知荣辱。人之所以偏离正道，是因为目光短浅，孤陋寡闻，不明道义。不知道人外有人，天外有天的道理。二是知礼。坚持礼仪才能规范行为。没有规矩，不成方圆，不成方圆就没有秩序。依礼而行便成规矩，井然有序才会国泰民安，天下太平。

【品悟】有才之人，应以礼相待，恃才无礼，最易叛离。

> 子曰："君子成人之美，不成人之恶。小人反是。"

【译文】孔子说："君子帮助别人成就好事，而不助长别人做坏事。小人则相反。"

【解读】☞ 分清道义　成仁之美

　　"君子成人之美，不成人之恶"是"己欲立而立人，己欲达而达人"在现实生活中的具体实践。帮助别人成就好事，这是君子所为，也是仁道的体现。所谓美事，就是合乎道义之事。如果不分是非，不明道义，盲目为他人提供帮助，对别人产生了伤害，甚至违反了国家法律，既伤了别人，又害了自己。比如，有人在不知不觉中成了别人犯罪的同谋和帮凶，造成了终生遗憾。所以，助人也要分清是非，头脑清醒，要时刻明白什么事该做，什么事不该做。

【品悟】成人之美乃君子之品格，成人之恶小人之德行。

> 季康子问政于孔子。孔子对曰："政者，正也。子帅以正，孰敢不正？"

【译文】季康子问孔子如何执政。孔子回答说:"政,就是端正的意思。如果您带头端正,那么有谁敢不端正呢?"

【解读】☞ 上正下顺　民正国治

为政的本义就是坚守正义并引领大家向着正确方向前进。只有大行正义之道,国家才能得治,社会才能和谐,人民才能幸福。孔子说:"政者,正也",意思是为政者首先要端正自己并引领别人走上正道,最终达到全社会和谐安定,这是为政的本义。维护社会正义是对为政者的基本要求,以自身正确的言行,去影响和带动他人共同进步,是领导干部的责任。"子帅以正"强调的就是执政者要作出正确的表率,成为人们学习和效仿的榜样,使全社会步入正确的道路。

【品悟】为政应从我做起,从现在做起,树立标杆。

　　季康子患盗,问于孔子。孔子对曰:"苟子之不欲,虽赏之不窃。"

【译文】季康子苦于盗贼多,问孔子治理方法。孔子回答说:"假如你自己不重财轻义,即使奖励偷窃,也没有人行盗。"

【解读】☞ 上梁不正　下则倾覆

盗窃之行自古为众人所不齿,是要受到惩罚的。为什么有人却要冒着被治罪的风险去行窃呢?一般情况下,百姓的行为总是跟着领导学的。正如孔子说:"君子之德,风;小人之德,草;草上之风,必偃。"季氏执政时期,搜刮民财,不顾百姓死活,导致国家混乱。所以,孔子指出,治国理政要从为政者自身做起。为政者就是"关键少数",如果"关键少数"能严于律己,信守法律规矩带头为民着想,百姓才会信服,国家就会和谐安稳。

【品悟】君贪得无厌,则民行窃不断。

> 季康子问政于孔子曰:"如杀无道,以就有道,何如?"孔子对曰:"子为政,焉用杀?子欲善而民善矣。君子之德风,人小之德草,草上之风,必偃。"

【译文】季康子向孔子问政。他说:"如果杀掉无道者,使人们趋于有道,怎么样?"孔子说:"您治理政事,哪里用得着杀戮的手段呢?您只要带头行善,老百姓也会跟着行善。在上位者的德行好比风,在下位人的德行好比草,风吹向哪边,草就必然定向着哪边。"

【解读】☞ 领导作风　亦即民风

在治国理政过程中领导干部作风建设至关重要。可以说,干部作风就是政风民风,居于上位者常常被人们视为榜样。一般情况下,百姓总是自觉地向上看齐,所以上位者的言行就像风向标一样指引着人们向前。居上者行善,百姓也就跟着行善;居上者不善,人们离善就会越来越远。孔子把居上者的德行比作风一样,百姓的行为就像草,风向哪里吹,草就向哪里倒。我们党经常强调,一定要加强党的作风建设,党风就是民风,民风代表着党风,讲得就是这个道理。

"杀无道"只是注重了运用法律惩治坏人,使坏人"不敢"做坏事,而没有解决"不想"做坏事的问题。如果领导干部能带头加强道德建设,使人们知耻并形成良好风气,大家都"不想"做坏事,这才是解决问题的根本。

【品悟】以身作则,树立榜样,上行下效,政之治也。

> 子张问:"士何如斯可谓之达①矣?"子曰:"何哉,尔所谓达者?"子张对曰:"在邦必闻②,在家必闻。"子曰:"是闻也,非达也。夫达也者,质直而好义,察言而观色,

虑以下人。在邦必达，在家必达。夫闻也者，色取仁而行违，居之不疑。在邦必闻，在家必闻。"

【注释】① 达：通达，显达。② 闻：有名望。

【译文】子张问："读书人怎样做才叫通达？"孔子说："你说的通达是什么意思？"子张答道："在国内有名望，在家族有名声。"孔子说："这只是名声，而不是通达。所谓达，就是品质端正，遵从道义，善于观察事物，能识时务，谦恭待人。这样的人才可说在国通达，在家族通达。至于只有名声的人，看似外表仁爱，内心却是违背仁义，又好以仁义自居而不加疑惑。做官的时候一定会骗取名望，居家的时候也一定会骗取名望。"

【解读】☞ 闻者重表　达者内修

"达"与"闻"既有联系又有区别。孔子具体分析了"达"与"闻"的区别，消除了子张心中的迷惑。孔子认为：所谓"达"就是上下通达，是对事物的全面理解，既能做到知行合一，又能审时度势，是被社会认可的一种状态和境界。所谓"闻"，有两种情况：一是徒有虚名，二是很有声誉，如在某一方面很出色。在现实社会中，不乏"达""闻"者。比如，有人因一次直播成了网红；有人因一首歌成为歌手；还有人因一宗大案成了典型，这些都可以说是做到"闻"了，但离"达"还有很长的距离。如果是德艺双馨的艺术家、歌唱家，就可以说做到"达"了，如果单纯说是有了点击率，只能说是"闻"了。诸葛亮在《出师表》中写道："苟全性命于乱世，不求闻达于诸侯"，其中"闻达"讲得也是这个意思。

【品悟】"闻"者，重于名，"达"者，通四方，内修外显，名副其实。

樊迟从游于舞雩之下，曰："敢问崇德、修慝①、辨惑。"子曰："善哉问！先事后得②，非崇德与？攻其恶，无攻人之恶，非修慝与？一朝之忿，忘其身，以及其亲，非惑与?"

【注释】① 修慝:邪恶。修,改正。② 先事后得:先做事,后获得。

【译文】樊迟陪着孔子在舞雩台下散步,说:"请问怎样提高品德、消除邪念、辨别是非?"孔子说:"问得好!先努力做事,然后收获,不就是提高品德了吗?改正自己。不去宣传别人的缺点,这不就消除邪念了吗?因一时气愤,忘记了自己,甚至也忘记了亲人,这不就是迷惑吗?"

【解读】☞ 先人后己　顾全大局

　　如何做到"崇德、修慝、辨惑",孔子回答同一问题因人而异。对于樊迟来说,提高道德修养,脚踏实地做事,不求获得利益多少,这就是崇德;严格要求自己,少指责别人,不断改善自己,这就做到了"修慝";因一时冲动,不顾自身危险和家人朋友的安全,这就是迷惑。迷惑存在于生活和工作的各个方面,如有的学生在学习中迷惑,不知方向;有的夫妻在感情中迷惑,不懂夫妻之道;有的教师在教学中迷惑,不知教育之本;有的党员干部在权力中迷惑,不知执政之要等。这些人只顾眼前,不思长远,注定要在人生道路上遭遇挫折和失败。

【品悟】先人后己,从我做起;乐于奉献,勤奋努力。公而忘私,顾全大局。

　　樊迟问仁。子曰:"爱人。"问知。子曰:"知人。"樊迟未达。子曰:"举直错诸枉①,能使枉者直。"樊迟退,见子夏曰:"乡②也,吾见于夫子而问知,子曰'举直错诸枉,能使枉者直',何谓也?"子夏曰:"富哉言乎!舜有天下,选于众,举皋陶③,不仁者远矣。汤有天下,选于众,举伊尹④,不仁者远矣。"

【注释】① 举直错诸枉：错，同"措"，放置。诸，"之于"。枉，不正者。选拔优秀人才居于一般人才之上。② 乡：同"向"，过去。③ 皋陶：传说中舜时掌握刑法的大臣。④ 伊尹：汤的宰相。

【译文】樊迟问什么是仁。孔子说："爱人。"樊迟问什么是智，孔子说："知人。"樊迟还不明白。孔子说："选拔优秀的人才于一般人才之上，这样就能带动不肖者改邪归正。"樊迟出来，见到子夏说："我见到老师，问什么是智，他说'选拔优秀的人才于一般人才之上，这样就能带动不肖者改邪归正'，这是什么意思？"子夏说："这话说得多么深刻呀！舜有天下，在众人中挑选人才，把皋陶选拔出来，不仁的人就远离邪恶了。汤有了天下，在众人中挑选人才，把伊尹选拔出来，不仁的人也远离了邪恶了。"

【解读】☞ 举直错枉　枉可直也

孔讲阐述了要达到崇德修慝辨惑需要做到两点：一是爱人；二是知人。爱人，就是心中要时常有仁爱之心，为他人着想；知人，就是要明辨是非，分清善恶。孔子特别强调，在为政过程中要坚持爱人和知人。比如，在选拔干部时要把优秀人才选拔到重要工作岗位上来，以先进带后进，共同进步达到治理好国家的目的。"错诸枉"的意思就是要把先进者置于后进者前面，使先进者不断去影响和教育后进者改过自新共同上进。孔子提出的选人用人之法，值得我们后人思考和借鉴。

【品悟】善者不立，民之不幸，政之不行，国之废也。

子贡问友。子曰："忠告而善道之，不可则止，毋自辱焉。"

【译文】子贡问怎样对待朋友。孔子说："忠诚劝勉，善意引导，如果不听也就罢了，不要自取其辱。"

【解读】☞ 朋友以忠　互敬互助

朋友关系是除亲属关系外的最常见、最亲近的关系，如何处理好朋友间的关系至关重要。所以,从古到今人们就如何交朋友进行了深入的探讨和研究。朋友之间讲求一个"信"字,这是维系双方关系的纽带。所谓"信",就是诚信、忠诚、信任的意思。这就要求真正的朋友要相互善待,取长补短,共同进步。若一方有错,要开诚布公,推心置腹,善意劝导,尽力而为。如果对方执意不听劝,就要适可而止,应给予其思考或反省的时间使其明白。不然就会适得其反,这是交友的一个基本方法,也是劝人的技巧。孔子讲过,"过犹不及",就是这个道理。

【品悟】交友之道在于诚信。朋友之难,主动帮之;朋友之过,尽力劝之;朋友不听,适可止之。

曾子曰:"君子以文会友,以友辅仁①。"

【注释】① 辅仁:增进仁德。

【译文】曾子说:"君子以文化交流相互结交,以朋友相互学习取长补短相互促进。"

【解读】☞ 君子之交　不图名利

人与人交往不图名利,只求相互学习,相互影响,共同进步,人生才有意义。人类生活在这个星球上,如果为了争名夺利,那么,世界就不会太平,更不会和谐发展。所以,人与人交往要以文明为根本,以礼让为抓手。随着社会进一步发展,人际交往越来越便捷,越来越广泛。如果整日无所事事,吃喝玩乐,生命就失去了意义。曾子提出的"以文会友,以友辅仁"为人际交往提供了最佳方式。如果人人都能如此,那么,就真正实现了"有朋自远方来,不亦乐乎",这世界就会变得更加美好。

【品悟】君子之交,彬彬有礼,相互鼓励,相互学习,情同手足,亲如史弟。

子路第十三

导 语

本篇共 30 章,着重阐述了孔子如何根据弟子们的特点提出为政要求,展现了孔子在实践中的为政方法。

> 子路问政。子曰:"先之,劳之①。"请益②。曰:"无倦。"

【注释】① 先之,劳之:先做表率,劳而无怨。② 益:多讲一些。

【译文】子路问怎样做好政事。孔子说:"自己先做表率,然后让百姓勤奋工作吧。"子路请求多讲一点。孔子说:"永远不要懈怠。"

【解读】☞ 以身作则　劳而无怨

子路是孔门弟子中为政能力较强者。他为人刚正,做事果敢,从不拖拉,但生性急躁。孔子针对子路的性格特点,强调了治理国家不仅要有奉献精神,还要依礼而行,要为百姓树立榜样,使百姓明白道理,这样治理政事就顺利多了。只要领导无私奉献,百姓就会衷心拥护。百姓懂得礼法,就会自觉地遵守法律法规,照章办事,长期坚持,就会形成习惯,国家就会长治久安了。

【品悟】国家之治,重在教化。君子率先垂范,使民效之,持之以恒,政则顺之。

> 仲弓为季氏宰,问政。子曰:"先有司①,赦小过,举贤才。"曰:"焉知贤才而举之?"曰:"举尔所知;尔所不知,人其舍诸②?"

【注释】① 有司:设置岗位,职责分明。② 诸:所举之才。

【译文】仲弓做了季氏的家臣,问怎样才能做好政事。孔子说:"先确定岗位,明确职责,赦免小过,选拔贤才。"仲弓又问:"怎样才能识别贤才并把他们选拔出来呢?"孔子说:"先选拔你所了解的人才;那些你不了解的贤才,别人难道会舍弃他吗?"

【解读】☞ 明确岗位　选贤用能

针对冉雍提出的为政问题，孔子提出了三点要求：一是明确岗位和职责；二是建立容错机制；三是选用贤德人才。明确职责是首要环节，职责不明做事就没有方向和目标。明确目标后就能各干其事，确保各项事业的有序开展。宽容小过是在坚守原则的基础上，鼓励员工大胆创新工作的一种方法，也是为政者应有的胸怀。要允许别人犯错误，同时允许别人改正错误。容错是一种执政智慧。在选人用人问题上，孔子主张首先要选择自己了解的贤才，为选人用人做好示范。这样一来，每个人身边的贤才都会通过各种渠道被发现和推荐上来。

【品悟】选人用人，不拘一格，德才兼备，由近及远，近者悦，远者来。

子路曰："卫君①待子为政，子将奚先？"子曰："必也正名②乎！"子路曰："有是哉，子之迂③也！奚其正？"子曰："野哉，由也！君子于其所不知，盖阙④如也。名不正，则言不顺；言不顺，则事不成；事不成，则礼乐不兴；礼乐不兴，则刑罚不中；刑罚不中，则民无所措手足。故君子名之必可言也，言之必可行也。君子于其言，无所苟而已矣。"

【注释】① 卫君：卫出公，名辄，卫灵公之孙。② 正名：即正名分。③ 迂：迂腐。④ 阙：同"缺"，存疑。

【译文】子路说："卫国国君等着您去治理政事，您打算从何做起呢？"孔子说："要先正名。"子路说："这样做您太迂腐了吧！有什么可正的呢？"孔子说："仲由，真鲁莽啊！君子对于他所不懂的事情，大概采取保留态度。名不正，地位就不明确，说起话来就不顺；说话不顺，事情就不好办；事情不好办，礼乐也就不能兴盛；礼乐不能兴盛，法律制度就得不到推行；法律制度不能推行，百姓就不知怎么办好。所以，君子一定要有名分职位，有了名分职位说话一定会有分量，说话有分量才能行得通。君子对于说话措辞，没有一点马虎的地方才可以。"

【解读】☞ 君子之治　在于礼法

治理政事首先要"正名"。正名就是要由组织宣布任命职位，使其有正式名分。名分是代表国家或组织行使权力的岗位。有了名分，就成了国家社会公认的管事的人，说话办事就有人信，有人听，就能起到治理政事的作用。正如孔子所说"在其位，谋其政"。在古代如果没有名分，很难得到百姓的认可，所说的话只能代表自己。所以，无论是古代还是现代，名分都很重要，因为名分说小了是代表组织和团体，说大了是代表国家和人民利益。

【品悟】治理政事在于理顺关系，摆正位置，有位才可以有为，无位不知该何为。地位不明，没有底气，百姓不服，政不可治也。

> 樊迟请学稼①。子曰："吾不如老农。"请学为圃②。曰："吾不如老圃。"樊迟出。子曰："小人哉，樊须也！上好礼，则民莫敢不敬；上好义，则民莫敢不服；上好信，则民莫敢不用情③。夫如是，则四方之民襁④负其子而至矣，焉用稼？"

【注释】① 稼：种植。② 圃：菜地，这里是种菜的意思。③ 用情：真心实意。④ 襁：背婴孩的背篓。

【译文】樊迟向孔子请教如何种庄稼。孔子说："我不如老农。"樊迟又请教如何种菜。孔子说："我不如菜农。"樊迟退出。孔子说："樊迟，真是小人的眼界啊！在上位者重视礼，百姓就不敢不敬；在上位者重视义，百姓就不敢不服从；在上位者重视信，百姓就不敢不真诚。如果做到这些，天下百姓就会背负小儿女前来投奔，哪里用得着自己亲自去种庄稼呢？"

【解读】☞ 不在其位　不谋其政

"在其位谋其政"，意思是要知道自己的职责和任务并认真完成。樊迟是孔子的弟子，孔子谓其"小人哉"并没有贬低他的意思。只是提醒樊迟虽然在位，但不知道执政的重点，没有真正理解谋政的方法。孔子主张执政者首先应有大思想、大格局、大方向，再教育和引导百姓明理行义，而不是去做具体的事情。樊迟所关注的只是一些具体的事项，比如：农业技术方面的问题，这些具体的耕作技术，农民是很精通的。然而，在所有技术中，治国理政是最难的。作为君子，如果只想着种庄稼这点事，格局未免太小了。在这一点上，我们要保持清醒的头脑，明白孔子所讲是大道、大义和大局，而不是一些具体的事。掌握这些道义后，就知道重点该做什么，而不是胡子眉毛一把抓。

【品悟】君子之责在于推行仁义，教化礼乐，使民富足和谐。稼圃之事，乃为技艺，君子为稼为圃，如舍本求末，抓小弃大也。

子曰："诵《诗》三百，授之以政，不达①；使于四方，不能专对②；虽多，亦奚以为？"

【注释】① 达：通达，运用。② 专对：独立应对。

【译文】孔子说："有人熟读《诗经》三百篇，交给他政事，却不能完成任务；让他负责外交，也不能独立应对；这样的人读书再多，又有何用呢？"

【解读】☞ 读书之义　在于运用

学习要坚持学以致用。读书不可死板教条，也不能为读书而读书，要结合实际，活学活用。如果只会死记硬背，掌握个别词句，而不理解和总结其核心要义和精神实质，就没有达到学习的目的。学习的目的和意义就是要提高自身的素养和能力，把所学知识变为治国理政的智慧，为人类造福。

【品悟】读书目的，在于实践。要把所学用于服务社会，不断推动社会事业进步。如果只是记住了书本上的文字和句读，而不在实践中运用，那么这样的读书是无意义的。

子曰："其身正，不令而行；其身不正，虽令不从。"

【译文】孔子说："自身行为正当，不用政令，百姓也能行正道；自身行为不正当，虽有政令，百姓也不会听从。"

【解读】☞ 其身不正　虽令不行

只有端正自己，那么治理政事就容易多了。端正自己是学习的根本目的。每个人都能做到端正自己，那么这个社会是多么美好。有人问孔子《诗经》的中心思想是什么，他回答道："诗三百，一言以蔽之，曰：'思无邪。'""思无邪"是思想纯正的意思，读《诗经》的最大目的就是让人们做到纯正自然。自身正才可树立榜样，有了榜样，百姓就会跟着去做了。他强调君子的形象有超越政令的作用。正如我们现在各行各业都树立榜样一样，看着榜样自然就会主动学习，省去了许多说教环节。常言道，榜样的力量是无穷的。在强调树立形象的同时，还要在实践中提升自己的本领，要做到活学活用，不可生搬硬套。

【品悟】为政者当以修身为本，本立则道生。故修身为第一要务，身之不修，礼之不讲，何以服人？

子曰："鲁卫之政，兄弟也。"

【译文】孔子说："鲁国的政事和卫国的政事，就像兄弟一样。"

【解读】☞ 鲁卫之政　同病相怜

鲁国和卫国都是周朝的诸侯国，有共同的制度基础和相同的文化根脉。这两个国家，虽然礼崩乐坏，但传统思想道德的基础还存在。如果重新治理，恢复礼治的话，这两个国家是很有希望强盛起来的。之所以产生乱象，是因为为政者不注意修养自身，没有作出表率。如果当政者能像先王一样，以身作则，立身安民，那么这两个国家一定会很快地兴盛起来的。

【品悟】鲁卫之政，同根同源，亲如兄弟，政有病，病相似，携手共治，业可兴也，此为大计。

子谓卫公子荆①："善居室②。始有，曰：'苟合矣。'少有，曰：'苟完矣。'富有，曰：'苟美矣。'"

【注释】① 卫公子荆：卫国大夫，卫献公的儿子。② 善居室：善家理财。

【译文】孔子谈到卫国的公子荆时说："他善于居家理财。刚有一点积蓄，他就说：'够了。'稍多一点时，他就说：'完美了。'更多一点时，他就说：'太完美了。'"

【解读】☞ 知足者富　不贪者廉

卫国虽乱，但有君子之德的人大有人在，公子荆就是这样的人才。从言行来看，他是一个谦虚谨慎、不贪不求的官员，在物质利益上没有过分的追求，能时刻保持清醒头脑，这是先王之道的保留。正是由于这些人的坚持，大道才得以传承。任何时代，我们都要相信总有好人存在，"星星之火，可以燎原"，未来一定会越来越好。这是孔子对卫国的信心，也是对未来的信心。

【品悟】常怀知足之心，则可不贪。不贪不求，方可洁身自好。

> 子适卫，冉有仆。子曰："庶①矣哉！"冉有曰："既庶矣，又何加焉？"曰："富之。"曰："既富矣，又何加焉？"曰："教②之。"

【注释】① 庶：众多，这里指人口众多。② 教：教化。

【译文】孔子到了卫国，冉有驾车陪同。孔子说："人真多呀！"冉有说："人口多了，又该做什么呢？"孔子说："使他们富起来。"冉有又问："已经富了，又做些什么呢？"孔子说："教育他们。"

【解读】☞ 物质精神　循序渐进

治国理政的目标总是需要经过一定时期才能实现。孔子认为一般可分三步走：第一步是"庶民"，使人口增加，解决劳动力问题；第二步是"富民"，让百姓富足，解决基本生活问题；第三步是"教民"，让百姓学习礼乐文化，树立理想信念，追求更美好的生活。这样做更为科学，"仓廪实而知礼节"，讲的就是这个道理。这也是孔子治国理政思想的方略，是早期的物质文明与精神文明两手抓的重要思想，值得我们后人借鉴。

【品悟】百姓之富并非最终目的，教化百姓，使其知礼知法，文明和谐。此为治国最终目标。

> 子曰："苟有用我者，期月而已可也，三年有成。"

【译文】孔子说："如果有人用我的治国策略，一年便可出成绩，三年就会大见成效。"

【解读】☞ 圣人治国　三年见效

孔子对治国理治方法很有信心。他认为如果让他来实施治理，一年就可以初见成效，三年可以大见成效。表明孔子对自己的治政方略充满信心，也反映了孔子推行以道治国的迫切心情。为什么说一年就可以见到成效呢？因为一年经历了四季，每一季都按时安排重点工作，一年的实践使百姓看到好处，三年治理使百姓养成习惯并受到教育，形成习惯就可以形成完备的机制，各项事业发展就能大见成效了。

【品悟】先富后教，民可知礼，知礼可治，愈治愈好，长此以往，国可安也。

子曰："'善人为邦百年，亦可以胜残①去杀②矣。'诚哉是言也！"

【注释】① 胜残：去暴为善。② 去杀：弃恶行善，免去刑罚。

【译文】孔子说："'善人治理国家，经过百年，也就可以使人们弃恶从善，免除刑罚了。'这话说得真对呀！"

【解读】☞ 善人治国　百年成效

如果是善人治国，需要用百年的时间才可以达到"去恶从善，不触犯刑律"的效果。这里的善人是指有道德但才能不足的人。一般来说，善人德行比较好，能以仁德感化人，使人们自我觉悟，和谐相处，相互帮助，共同进步。这是善人治理国家的效果，需要时间较长一些。若是圣人治国则时间就短一些，因为圣人之治德才兼备，一方面可以教化百姓，一切依礼而行；另一方面可使百姓很快致富，过上富裕幸福的生活。

【品悟】善政者，不以刑而治，而以其德行影响百姓。如若人人知礼行礼，则德治自然形成，社会将和谐而无讼也。

子曰："如有王①者，必世而后仁。"

【注释】① 王：以德而有天下。

【译文】孔子说:"如果有王者兴起,一定需要三十年才能实现仁政。"

【解读】☞ 王者治国　一世可成

以上两篇连续讲了治国理政的问题,概括起来:若孔子治理则三年可成;若善人治理则百年可顺。本章讲了若王者治理则三十年可以实现仁政。"仁政"是孔子所倡导和追求的理想目标。善人有所不足,王者可与圣贤等同。自古至今,有才者可以霸天下不可以王天下。只有圣人才可以王天下。

【品悟】善者德丰才不足,故百年也。王者德才兼备,故一世也。故治国不可急于求成,需恭行不怠也。

> 子曰:"苟正其身矣,于从政乎何有?不能正其身,如正人何?"

【译文】孔子说:"如果能正心修身,那么,治理国家还有什么困难呢?如果自身不端正,何谈端正别人呢?"

【解读】☞ 正心修身　身正国治

孔子认为,治理国家应从执政者本身抓起。执政者就是"关键少数","关键少数"端正了,就会成为别人的榜样,说话办事就有说服力和公信力。如果为政者本身连自己也做不好,却要求别人去做好,这是行不通的,也是徒劳的。

【品悟】为政之方,重在正己。《中庸》云:"行远必自迩,登高必自卑。"

> 冉子退朝。子曰:"何晏①也?"对曰:"有政②。"子曰:"其事也。如有政,虽不吾以,吾其与闻之。"

【注释】① 晏:晚。② 政:公事。

【译文】冉求退朝回来。孔子说:"为什么这么晚才回来?"冉求说:"有公事。"孔子说:"那是私事罢了。如有公事,虽然我不参政,我也会知道的。"

【解读】☞ 正大光明　勿谋私利

为政的关键在于公正无私。冉求回家晚了,孔子问为什么下班回来这么晚?冉求说有公事。孔子一听就知道冉求在说谎,他告诉冉求如果有公事的话他也会知道。孔子从侧面告诫冉求,要注意自己形象,修正自己的行为,不能搞阴谋诡计。凡为政事,要公开公正,不可有私。如果有了私心,那么什么事情也干不好。

【品悟】为政要大公无私。如若有私,难以服人,人心不服,政不可治。

定公问:"一言而可以兴邦,有诸?"孔子对曰:"言不可以若是其几①也。人之言曰:'为君难,为臣不易。'如知为君之难也,不几乎一言而兴邦乎?"曰:"一言而丧邦,有诸?"孔子对曰:"言不可以若是其几也。人之言曰:'予无乐乎②为君,唯其言而莫予违③也。'如其善而莫之违也,不亦善乎?如不善而莫之违也,不几乎一言而丧邦乎?"

【注释】① 几:期也。意为简单理解。② 乐乎:以……为乐。③ 莫予违:莫违予。

【译文】鲁定公问:"一句话就可以使国家兴盛,有这样的话吗?"孔子答道:"话不可以这样简单机械地去理解。不过,臣子说:'做君难,做臣不易。'假若他懂得了做君的难处,那么这不就近乎一句话可以使国家兴盛吗?"鲁定公又问:"一句话可以亡国,有这样的话吗?"孔子回答说:"话不可以这样简单机械地去理解。不过,国君说:'我并不想做君主,只是想让别人听我的话。'如果他说得对而没有人违抗,那不很好吗?如果说他说得不对又没有人敢违抗,那不就近乎一句话可以亡国了吗?"

【解读】☞ 君臣合道　国可兴也

作为一国之臣和一国之君,如果都能做到端正自身,相互体谅,一心为公,那么国家就会兴盛。端正自身往往体现在言行上,所以社会上就有"一言可以兴国,一言可以亡国"之语。对于一个臣子来说,如果能够体谅国君的难处,那么就会主动替国君分忧,国家就会强盛。如果不能体谅国君的难处,就会敷衍差使,国家就会衰弱。对于一个国君来说,如果本身胸无大志,贪图虚荣,在百姓面前作威作福,那么这样的国君是不会长久的。国君的言语代表一个国家的导向。如果国君说话正确百姓就响应,国家就可以兴盛;如果说话错误,百姓也会迷茫或跟着走错方向而导致亡国。

【品悟】 百姓一言,可知其心;臣子一言,可知其忠;君上一言,可知其治。民心齐,国可治;臣心忠,国可顺;君心正,天下平。故,一言可知兴衰也。

叶公①问政。子曰:"近者悦②,远者来。"

【注释】 ① 叶公:楚国大夫。② 悦:内心欢喜。

【译文】 叶公问怎样治理政事。孔子说:"使身边的人心悦诚服,远处的人自然归附。"

【解读】☞ 近者悦　远者来

治理政事要从身边做起,治好身边的人,做好身边的事,不可舍近求远。《中庸》曰:"行远必自迩,登高必自卑。"要脚踏实地,一步一个脚印,做好身边的每一件事,让百姓有获得感和幸福感,这样才能达到"近者悦"。治理政事是有规律可循的,要从我做起,从小事做起,从现在做起,把近处治理好了，那么远方的百姓就会闻讯而来。

【品悟】万丈高楼平地起，为人为事皆如此。近者不悦远者去，北辰之光群共之。

> 子夏为莒父①宰，问政。子曰："无欲速②，无见小利。欲速则不达，见小利则大事不成。"

【注释】① 莒父：鲁国的一个城邑，在今山东省莒县境内。② 速：速度，快速。

【译文】子夏做莒父的总管，问孔子政事。孔子说："不要求快，不要贪图小利。强求速度反而达不到目标，贪求小利难成就大事。"

【解读】☞ 欲速不达

为人为政为事最基本的态度和方法：一是不可"欲速"，"欲速则不达"，急于求成者往往达不到目的；二是不可贪图眼前小利，眼前的小利一般人都能看到，但长远的利益只有贤者才可以看见。眼前小利很容易使人一叶障目，看不见远大目标，甚至因小失大而丧失追求的动力。本章体现了小与大、近与远的辩证法思想。凡事都不能急于求成，也不能因小失大，要有长远目标并一步一个脚印，脚踏实地去做，这样才能成功。

【品悟】善人治国，百年而已；王者治国，一世而已；夫子治国，"期月而可，三年有成"。

> 叶公语孔子曰："吾党①有直躬者②，其父攘羊，而子证之。"孔子曰："吾党之直者异于是：父为子隐，子为父隐，直在其中矣。"

【注释】① 党：乡党，五百户为一党。② 直躬者：正直的人。

【译文】叶公告诉孔子说："我的家乡有个正直的人，他的父亲偷了羊，他就告发了父亲。"孔子说："我家乡的正直人与你讲的正直人不一样：父母为子女隐瞒，子女为父母隐瞒，正直隐含在其中了。"

【解读】☞ 父子相隐　直在其中

孔子认为"父为子隐，子为父隐"并不是有些人所理解的父母支持子女的不法行为或者子女支持父母的不法行为，更不是包庇犯罪。这种隐是一种知耻和孝慈的表现，更是亲情的真实流露和表达。"隐"也是一种教育的方式方法，是合乎礼的。治理国家要以德而治，依礼而行，而父子互"隐"正是德礼的践行。有人对此难以理解，是因为忽视了事件的主体。此事主体是父与子互隐，而不是素不相识的人。父与子之间有孝与慈的大道，而大道是不可违的，这是一个特别的事实。《孟子》中也讲到若舜的父亲杀人，舜会如何呢？孟子认为"舜会放弃天下，背着父亲逃到海滨去过上自由的生活"，讲的也是这个道理。孔子所讲的"直"是对孝和慈的不弃，而不是与亲人同谋和包庇犯罪等，这种隐值得人们深思。

【品悟】父子相隐，并非助过，子欲父善，父欲子迁，有过虽隐，隐中有明。过错可以改，孝慈不可移，直在其中矣。

> 樊迟问仁。子曰："居①处恭，执事敬，与人忠。虽之夷狄②，不可弃也。"

【注释】① 居：平居之时（平时在家）。② 夷狄：偏远之地。

【译文】樊迟问怎样才能做到仁。孔子说："平时恭敬，办事认真，待人忠诚。虽然是偏远之地，也不可违背这些基本准则。"

【解读】☞ 恭敬忠信　仁义之道

孔子通过"其父攘羊"之事讲到了"小直"与"大直"的道理。"小直"中有小仁,"大直"中有大仁。本章讲了仁政思想,他认为要做到仁就必须从小事做起,特别概括了三个字:恭、敬、忠。"恭"强调平时恭敬,符合孝悌要求;"敬"强调办事严肃谨慎,符合礼的要求;"忠"强调待人忠厚诚实,符合德的本色。如果做到这三个方面,就基本上做到仁了。

【品悟】恭、敬、忠这三种品质,终身保持,可畅行天下。

子贡问曰:"何如斯可谓之士矣?"子曰:"行己有耻,使于四方,不辱君命,可谓士矣。"曰:"敢问其次。"曰:"宗族称孝焉,乡党称弟焉。"曰:"敢问其次。"曰:"言必信,行必果,硁硁①然小人哉!抑亦可以为次矣。"曰:"今之从政者何如?"子曰:"噫!斗筲之人②,何足算也?"

【注释】① 硁硁:敲击石头的声音。指不作分析地做事。② 斗筲之人:比喻器量狭小的人。

【译文】子贡问道:"怎样做才可以称为士?"孔子说:"自己的行为有羞耻之心,出使四方,能够完成君主交给的使命,就可以称为士。"子贡说:"请问次一等的。"孔子说:"宗族称赞他孝敬长辈,乡党称赞他恭敬尊长。"子贡又问:"请问再次一等的。"孔子说:"言语一定信实,行为一定果断,固执己见,像小人一样!可以说是再次一等的士了。"子贡说:"现在的执政者怎么样呢?"孔子说:"唉!这些目光短浅、心胸狭小的人,哪里能算得上士呢?"

【解读】☞ 士有上下　不失本分

士人,一般是指读书人,介于大夫与庶人之间者。要实现孔子所倡导的治国理想,首先需要千千万万有志之士的不断努力。士可分几类:一类是有德有才，不辱使命的；二类是道德高尚才能不足而可以治家的；三类是诚实干事自食其力的。当子贡问到当时的执政者时，孔子回答说，那些高高在上，知礼而不行，有道而不遵，自私自利，目光短浅，胸无大志者，根本就算不上什么士。孔子对士人的希望是"士不可以不弘毅，任重而道远"，因为士人是读书人，懂得道理同时又处在重要岗位，有重大的影响力。所以在执政过程中发挥士人的作用是非常重要的。

【品悟】士者，身处基层，坚守其德，任劳任怨，乃治国理政之中坚力量，不可小视。

子曰："不得中行①而与之，必也狂狷②乎！狂者进取，狷者有所不为也。"

【注释】① 中行：中道而行，行为合乎中庸。② 狂狷：狂，志高而行不掩；狷，知未及而守有余。

【译文】孔子说："如果不能与守中庸之道者交往，那一定要与狂妄或拘谨的人来往！狂者善于进取，狷者不敢妄行。"

【解读】☞ 中行不得　狂狷亦可

孔子一生都在追求"中正"，然而现实生活中人们往往达不到这样的境界。孔子联系自己的实际，谈了自己的想法。他认为如果不能找到"中正"之人与之交往的话，能找到与此接近的人交往也是可以的。但是什么样的人才能接近"中正"之境呢？思来想去还是"狂者"和"狷者"比较接近。"狂者"属于"过"，"狷者"属于"不及"。取其优点去其缺点就可以达到中正之境。与"狂者"交，可反省自己是否有过错；与"狷者"交，可反省自己是否有不足。这样既可使自己进步，也可帮人进步。

【品悟】狂狷者各有裨益，然其心存仁义。狂者冒进；狷者拘谨。狂狷结合，取长补短，则可中正。

> 子曰："南人有言曰：'人而无恒，不可以作巫医①。'善夫！""不恒其德，或承之羞②。"子曰："不占而已矣。"

【注释】① 巫医：用卜筮为人治病的人。② 不恒其德，或承之羞：此二句引自《易经·恒卦·爻辞》。

【译文】孔子说："南方人有句话说：'人如果做事没有恒心，就不能当巫医。'这句话说得真好啊！""人不能长久地保持自己的德行，就会蒙受羞辱。"孔子说："（这句话是说，没有恒心的人）用不着去占卦了。"

【解读】☞ 恒常之心　可得真理

中庸之道是放之四海而皆准的道理。古代我国南方属边远地区，虽不发达，但在生活上也是崇尚中庸的。孔子用南人的谚语来说明中庸重要性。巫医，对于南方人来说，是给人治病消灾的民间医生，做好一个巫医的前提是要有恒心。这种恒心是指对生活中各种事物长期观察和总结的方法。当人们遇到一些困难和疑难时，巫医就用总结出来的经验和方法去给人们指点迷津，这就是"巫医"所为。持之以恒是一种探索精神和优秀品质，所有科学真理的发现都需要这样一种精神，如果缺乏这种精神和品质，就不会发现和掌握客观事物的本质和规律，更谈不上给人"治病"了。

【品悟】不恒者，则不诚；不诚者，则不灵，有志者事竟成。

> 子曰："君子和而不同，小人同而不和。"

【译文】孔子说："君子与人和谐相处而不盲从附和，小人只盲从附和，而不肯表达自己不同的观点。"

【解读】☞ 守仁则和　守利则难

君子是一个有主见的人，他坚守仁道，处处为别人着想，所以君子能与任何人和谐相处。与人交往依礼而行，尊重他人，不失道义。他不谄媚、不附庸、不奉承，与人相融又与众不同。小人则不然，小人自私自利，心胸狭小，以我为中心，不顾全大局，搞小圈子和团伙。严重者不分是非黑白，唯利是图，表里不一，言行不一，行相同而心不同，这类人最容易形成"圈子文化"和"两面人"。在现实社会中小人只能与自己有利的人暂时"和"，当有利益冲突时就会露出小人的面目。所以小人无论是在社会生活中还是政治生活中都是不受欢迎的人物。

【品悟】 君子重义，求周与和；小人重利，同流与比。故君子坦荡荡，小人长戚戚。

子贡问曰："乡人皆好之，何如？"子曰："未可也。""乡人皆恶之，何如？"子曰："未可也。不如乡人之善者好之，其不善者恶之。"

【译文】子贡问孔子说："乡人都喜欢的人，这个人怎么样？"孔子说："不可断定其好坏。"子贡又问孔子说："乡人都厌恶的人，这个人怎么样？"孔子说："也是不可断定他的好坏。最好的人是乡里的好人都喜欢他，乡里的坏人都厌恶他。"

【解读】☞ 民主集中　善恶可分

真正的君子对于好人来说，他是善者，但对于坏人来说，就不一定了，犹如警察与罪犯一样。在一个由善人组成的居住地，君子就是他们崇尚的领袖；而在一个君子和小人混合的居所，如何分辨出善恶，则是一种智慧。所以孔子说："善者好之，其不善者恶之。"由于人的学知和价值标准不一样，对一个人的评价结论就有差别。善人的标准一般是"仁善"，而恶人的标准一般是"恶"，用恶的标准去判断"善"当然结论就是"不善了"。所以，人一定要学会分清是非，慎重观察，不然就会背离人道，容易伤害他人。

【品悟】善者善之，不善者恶之，则善；善者恶之，不善者善之，则恶；此为辨善之法。

子曰："君子易事①而难说②也。说之不以道，不说也；及其使人也，器之。小人难事而易说也。说之虽不以道，说也；及其使人也，求备焉。"

【注释】① 易事：容易相处共事。② 难说：难于取悦。

【译文】孔子说："与君子共事很容易，但取得他的欢喜很难。不按道义相处，他是不会喜欢的；君子使用人才时，总是量才使用。与小人共事很难，但要取得小人的欢喜很容易。顺着小人的性子，即使不按道义相处，小人也会喜欢；小人使用人，常苛求责备他人。"

【解读】☞ 君子无私　小人反是

君子胸怀宽广，以大局为重，以仁义为要，与人相处"和而不同"。君子无论身居何方，总是依礼而行，坚守中庸，不以己喜而喜，不以己悲而悲，以"和"为贵，以"仁"为则，所以容易相处。而小人则相反，小人心胸狭窄，以"我"为中心，秉守"顺我者昌，逆我者亡"的原则，对人求全责备，喜怒无常，以"利"为贵，以"私"为贵，所以不好相处。这就是君子与小人、善者与不善者在现实生活中的表现。之所以有这种表现和结果，是因为君子和小人站位不同、修养不同。这正是君子守"仁义"，而小人少"仁义"的真实写照。

【品悟】君子仁义有原则，事者心甘情愿；小人寡德无敬畏，小恩小惠可悦。

子曰："君子泰而不骄，小人骄而不泰。"

【译文】孔子说:"君子安稳而不傲慢,小人傲慢而不安然。"

【解读】☞ 骄泰之情　可见人心

君子和小人在现实生活中的状态和表现是有差别的。君子心存仁爱,能够正确地对待生活,"不以物喜,不以己悲",遇事谨慎,行事以礼,不骄不躁,所以常常心平气和,宽以待人,精神舒泰。而小人则不同,小人心存私利,以自我为中心,目中无人,身居高位则骄,身居下位则躁,所以常常心不在焉,不能安分,无礼失人。从平常生活中的表现,就可以看出君子与小人修养的不同。

【品悟】君子淡定,"不以物喜,不以己悲"。小人器小,有喜则狂,有忧则伤,喜怒无常。

子曰:"刚、毅、木①、讷②,近仁。"

【注释】① 木:质朴。② 讷:慎言。

【译文】孔子说:"刚强、果敢、朴实、谨慎,这四种品德接近于仁。"

【解读】☞ 刚毅木讷　君子之行

孔子把君子外部表现总结为四个方面:一是坚强;二是有毅力;三是淳朴;四是谨慎。一个人如果有了这四种品质,就接近仁道了。坚强不屈,就会坚守正义而不动摇;有了毅力,就会有恒心,有恒心就不会懒惰;保持质朴才会纯正无邪;说话做事谨慎,能与人和谐共处,更不会出错。具备这四种品质,就离仁道不远了,因为这四种品质是仁道在生活中的具体体现。有了这四种品质再加之以礼乐文化修养,就可以成为真正的仁者。

【品悟】无欲则刚,毅者果敢,木者为朴,讷者慎言,仁在其中。

子路问曰:"何如斯可谓之士矣?"子曰:"切切①

偲偲②，怡怡③如也，可谓士矣。朋友切切偲偲，兄弟怡怡。"

【注释】 ① 切切：恳切。② 偲偲：详勉也，勉励。③ 怡怡：和悦也，和气。

【译文】 子路问孔子："怎样做才可以称为士呢？"孔子说："互相勉励积极上向，和谐共处，相互帮助，可以算是士了。朋友互相勉励，兄弟和睦相处。"

【解读】 ☞ 相互学习　共同努力

　　古代社会是分阶层的，士人介于平民以上、君子以下的阶层，一般指读书人或有文化修养的人，相当于我们今天的一般干部。士人须经过一定的学习和修养才可以达到君子之位。本章阐述了孔子对士人的一般要求，他强调了士人之间要相互学习，共同努力，与人和谐相处。孔子还主张人与人之间应如士人一样积极向上，追求进步，这样整个社会才会不断进步，社会治理才会不断向好。

【品悟】 士者如基石，融通上下，和谐共进。

子曰："善人教民七年，亦可以即①戎②矣。"

【注释】 ① 即：就。② 戎：战事。

【译文】 孔子说："善人教导百姓七年，就可以让他们懂得保家卫国的道理了。"

【解读】 ☞ 百姓受教　可以爱国

　　保家卫国自古就是百姓应尽的义务。如何让百姓真正懂得这个道理呢。在孔子看来只有通过教化才能使人们懂得保家卫国的意义。同时，教育人们忠孝爱国思想、斗争规则和军事技术等，有了这些基础就能担当保家卫国的使命了。没有忠孝的基础，就没有保家的精神，有了保家的精神，才有卫国的力量，忠孝思想是精忠报国的精神源泉。

【品悟】善人之教，可使民孝。一则事父母，二者为家国，无怨无悔，故而"即戎矣"。

子曰："以①不教民战，是谓弃②之。"

【注释】① 以：以……而使。② 弃：抛弃。

【译文】孔子说："用未受过训练的人们去作战，这就叫抛弃他们。"

【解读】☞ 不教而战　谓之弃也

国防教育也是治国理政的重要内容。军事要有力量，首先要教民为何而战、如何而战等道义。应让百姓懂得"国家兴亡，匹夫有责"的道理。孔子讲仁义，如果见义而不为，遇暴而不除，也谈不上仁义。只是让百姓前去参战，而不懂得战争的方法和意义等于是草菅人命，不负责任。

【品悟】战争之义在于和平，百姓知之，斯可有勇；知战之义，可以取胜，故不教而使民战，谓之弃也。

宪问第十四

导 语

《宪问》篇共44章。重点阐述知是非、辨荣辱的深刻道理。

宪①问耻。子曰:"邦有道,穀;邦无道,穀②,耻也。""克③、伐④、怨、欲不行焉,可以为仁矣?"子曰:"可以为难矣,仁则吾不知也。"

【注释】① 宪:原宪,孔子的学生。② 穀:这里指俸禄。③ 克:好胜。④ 伐:自夸。

【译文】原宪问孔子什么是耻。孔子说:"国家有道,正常拿俸禄;国家无道,也照样拿俸禄,这就是可耻。"原宪又问:"好胜、自夸、怨恨、贪欲这四种缺点都没有的人,可以算做到仁了吧?"孔子说:"这可以说是很难得的,但是否做到了仁,那我就不知道了。"

【解读】☞ 仁者知耻

孔子认为,作为一个领导干部要有羞耻之心。为官者在其位就要谋其政,谋其政就是要担当责任。这里强调的是领导干部要牢记自己的责任和使命,时时处处为国家着想,尽职尽责完成好治理国家的任务,使国家长治久安、国泰民安。如果国家没有治理好,百姓很不满意,说明在位者没有尽到自己的责任,没有尽到职责或者工作一塌糊涂,却照样拿工资,这是可耻的行为。工资或薪水是人的劳动报酬,是与一个人的职责相当的,有多少薪水就有多大责任。只讲薪酬不讲工作效果,不是君子所为。

【品悟】 若行仁义,必少私寡欲,人至无私,公正生焉,公正无私,则近道矣。

子曰:"士而怀居①,不足以为士矣。"

【注释】① 怀居:怀,思念,留恋。居,居家,指固守平庸生活。

【译文】孔子说:"士人如果留恋家庭的安逸生活,就不配做士了。"

【解读】☞ 仁人志士　胸怀天下

士人是指读书知礼的文化人，要立志高远胸怀天下，不可鼠目寸光为己而活。所以士者应为国家社会谋发展，为天下百姓谋幸福。在工作中要有责任心，生活中要有进取心，不能把自己等同于一般百姓，要有担当大任的责任和眼界，有放眼世界，四海为家的思想和情怀。不仅要有齐家的本能，而且要树立人生的大目标，有治国平天下的理想和信念。

【品悟】为士之本，四海为家，志在天下，为国效忠，为民效力。曾子曰："士不可以不弘毅，任重而道远。"

子曰："邦有道，危①言危行；邦无道，危行言孙②。"

【注释】① 危：直，端正。② 孙：同"逊"，谨慎之意。

【译文】孔子说："国家有道，要直言正行；国家无道，行为正直，言语谨慎。"

【解读】☞ 坚持原则　活学活用

为政者要有正直的品格，时刻牢记使命，端正己身。当国家有道时，要直言不讳；当国家无道时，更应实事求是，绝不弄虚作假，同时要谨慎行事，以免被坏人算计而受伤害。为政者要注意三个方面：一是坚守正义的原则不能变；二是做事方式要灵活；三是谨言谨行，不可出错。

【品悟】谨言慎行，追求上进，认识时务，有所作为。

子曰："有德者必有言，有言者不必有德。仁者必有勇，勇者不必有仁。"

【译文】孔子说："有道德的人，一定有善言，有善言的人不一定有道德。

仁人一定有勇，有勇的人不一定有仁德。"

【解读】☞ 善德善行　仁者必勇

　　内在的品德，决定外在的表现。内心有仁德的人，一定会从言行上表现出来，但外在的言行不一定能反映出内心的品德。如巧言、令色、足恭这些言行表面看起来好似善者，但经不住时间的考验，容易使人迷惑，甚至上当受骗。然而，在生活中人们往往偏重人的外部的言行，不注意人的内心世界。比如有人见义而勇，有人见利而勇，同样是勇但意义不同。如果勇用于义上则可以提倡，如果用于不义之上，则就不可称为勇敢了，只能叫作野蛮。

【品悟】心有仁善必为真美，心不仁善谓之虚伪。德者之言，可信可赞；仁者之行可圈可点。

　　南宫适①问于孔子曰："羿②善射，奡③荡舟④，俱不得其死然。禹稷⑤躬稼而有天下。"夫子不答。南宫适出。子曰："君子哉若人，尚德哉若人。"

【注释】① 南宫适：即南容。② 羿：传说中夏朝有穷国的国君，善于射箭，后被其臣所杀。③ 奡：传说中寒浞的儿子，后来为夏少康所杀。④ 荡舟：用手推船。传说中奡力大，善于水战。⑤ 禹稷：禹，夏朝的开国之君，善于治水，注重发展农业。稷，传说是周朝的祖先，又为谷神，教民种植庄稼。

【译文】南宫适问孔子："羿善于射箭，奡善于水战，最后都不得好死。禹和稷都亲自耕作，却得到了天下。"孔子没有回答，南宫适出去后，孔子说："这个人真是个君子呀！这个人真崇尚道德。"

【解读】☞ 德如其言　君子者也

　　羿、奡是历史上有名的人物，一个是善于射箭，一个是善于水战，最终两人都是被人所杀。民间不少人把这两人称为英雄，然而南容却说这两人都没有得到善终。接着南容又将禹和稷两人作对比，并讲述了他们能以身作则，为民奉献而得到天下，并被后世视为圣贤广泛传诵的事迹，这显然是称赞后者的。在当时能有这样的认识的人并不多，所以孔子说南容："君子哉若人。"说明孔子十分赞成南容的观点，也表明了孔子崇尚仁政的思想。

【品悟】南容之言，可辨仁勇，其不迷惑，难能可贵，孔子力挺。

子曰："君子而不仁者有矣夫，未有小人而仁者也。"

【译文】孔子说："君子之中也有不仁的人，小人之中却不会有仁人。"

【解读】☞ 仁与不仁　在其心也

羿、奡、禹、稷等人堪称君子圣贤，他们对中国社会的发展作出了巨大的贡献，为中华民族留下了宝贵的精神财富。然而在他们工作和生活中也有一些看似不仁的大义之举，比如在国家和民族遇到危难之时，他们挺身而出担负大任，赴汤蹈火奋勇杀敌，为国家和民族事业作出巨大贡献。在战争中，敌我双方总有生死，但有人却认为，凡是致人死亡者就是无道者或不仁的行为，等等，但无论如何那些为国家和人民利益而战的英雄们在人们心中的崇高地位丝毫不能动摇。而那些时时处处为自己谋取私利小人，是不可能有仁义之行的。

【品悟】君子在家思邦，在邦思天下，偶有过错，当以宽容；小人在邦思己，在家思己，有过必然，故当改过自新。

子曰："爱之，能勿劳乎？忠焉，能勿诲乎？"

【译文】孔子说："爱他，能不为他操劳吗？忠于他，能不对他忠告吗？"

【解读】☞ 爱人以劳　忠诚以劝

君子心中始终装着仁义之念。仁义不仅表现在言语上，更体现在实际行动中。仁义的要义在于"爱"与"忠"，而"爱"的体现在于呵护与付出，在于为所爱之人心甘情愿，不辞辛苦。"忠"的意思是忠贞不贰，具体表现为以诚相待，忠心耿耿，全心全意为之服务的情怀。这是一个君子应有的优秀品质。

【品悟】爱源于心，劳源于情，虽苦而心甘；礼源于忠，忠当以劝，互不相伤，诲之而不倦。

子曰："为命①，裨谌②草创③之，世叔④讨论之，行人子羽⑤修饰之，东里子产⑥润色之。"

【注释】① 命：指国家的政令。② 裨谌：人名，郑国的大夫，起草文件。③ 草创：起草。④ 世叔：郑国的大夫，谋士，把关政令内容。⑤ 行人子羽：行人，官名，掌管朝觐聘问。子羽，孔子弟子，长于文字修饰。⑥ 东里子产：东里，地名；子产，郑国大夫善于外交。

【译文】孔子说："郑国发布的公文，由裨谌起草，世叔审阅，外交官子羽加以修饰，子产作修改润色。"

【解读】☞ 善为臣者　忠爱为本

公文代表一个国家的政策和愿景，体现了一个国家意志，每一个文字都不可含糊。郑国的公文由四人组成的团队来完成，具体步骤是：起草、初审、修饰、润色。每一道程序都由一位德高望重业务精通者来把关，以保文件达到完美。郑国大夫做法体现了君臣之义，反映了君对民的"爱"，臣对君的"忠"，更折射出了郑国的大臣们团结合作，忠于职守对国家事业的敬畏之心。

【品悟】共事一国，各司其职，各尽所能，国兴民安也。

> 或问子产。子曰:"惠人也。"问子西①。曰:"彼哉!彼哉!"问管仲。曰:"人也②。夺伯氏③骈邑三百,饭疏食,没齿无怨言。"

【注释】① 子西:这里的子西指楚国公子申。② 人也:即此人也。③ 伯氏:齐国的大夫。

【译文】有人问子产是个什么样的人。孔子说:"是个能惠及百姓的人。"又问子西。孔子说:"他呀!他呀!"又问管仲。孔子说:"他是个有才干的人,他把伯氏骈邑的三百家夺走,使伯氏终生吃粗茶淡饭,直到老死也没有怨言。"

【解读】☞ 行忠爱者　惠民为要

郑国子产,楚国子西,齐国管仲都是有名的历史人物,也是人们认可的君子。孔子对此三人略作评论,子产惠民,一心为公;子西也可以称为贤人,曾对楚国作出贡献,但后来因其争权夺利,被人所杀;管仲,有治国之才,虽然有所不足,但其劳苦功高。三位历史人物对本国兴盛作出了重大贡献,百姓不会忘记他们的功绩。

【品悟】仁智勇是为政者必修的品德,践行忠信仁义,是执政的基本方法。

> 子曰:"贫而无怨难,富而无骄易。"

【译文】孔子说:"贫穷而没有怨恨,很难,富裕而不骄傲,容易。"

【解读】☞ 贫富之义　君子可守

君子的处境有所不同,有处于贫困中的,有处于富贵中的。对于处于贫穷者来说,能够坚守道义毫无怨言;对于身处富裕的人来说,能够不骄不躁,如果能达这两种境界才可称为君子。君子就是要不分贫富坚守仁义。若是小人,其不学无术,难免飞扬跋扈,横行乡里。本章告诉人们:君子也要时时注意修养，不断提高自己，才能"贫贱而不移，富贵而不淫"，始终保持良好的形象。

【品悟】难易之事，其在修养。君子虽贫，却安贫乐道，仁德使之然也。小人虽富，然不义之事常行，德薄使之然也。

子曰："孟公绰①为赵魏老则优，不可以为滕、薛②大夫。"

【注释】① 孟公绰：鲁国大夫。② 滕、薛：皆为鲁诸侯国。

【译文】孔子说："虽然孟公绰做晋国赵氏、魏氏的家臣绰绰有余，却做不了滕、薛这样小国的大夫。"

【解读】☞ 清心寡欲　难以治国

治理政事需要一定的综合能力素质，不仅包括较高的道德修养和礼乐文化，而且要有较强的实践能力和社会经验。如果只具备了某种才能和品质，是不可能完成好政事任务的。孟公绰清心寡欲品德较好，无私无求，擅长做好管理家族内部事务。治国需要在内政、外交、国防等方面全面建设，对执政者的要求很高。滕、薛之国虽小，也需要治理各方面的政事。况且因历史原因，政事复杂，需要具有应对各种复杂局势的能力才可以治理好这些国家。孟公绰德行较善而能力和经验不足，治国是有欠缺的。所以，孔子主张在选用人才上要因材而举，因事而用。

【品悟】一家之臣，以德为要；一国之臣，才德要全。

子路问成人。子曰："若臧武仲①之知，公绰之不欲，卞庄子②之勇，冉求之艺，文之以礼乐，亦可以为成人矣。"

> 曰:"今之成人者何必然?见利思义,见危授命,久要③不忘平生之言,亦可以为成人矣。"

【注释】① 臧武仲:鲁国大夫。② 卞庄子:鲁国卞邑大夫。③ 久要:久约,长久处于穷困中。

【译文】 子路问什么是人格完备的人。孔子说:"如果有臧武仲的智慧、孟公绰的寡欲、卞庄子的勇敢、冉求的才艺,再用礼乐加以完善,也就可以称得上成人了。"孔子又说:"现在的成人哪敢用这样的标准来衡量呢?若能做到看见利益便能想起该得不该得,遇到危险便肯付出生命,久处困境却不忘平生之志,就可以称为成人了。"

【解读】 ☞ 素质能力 成人之本

孔子认为,成人是与君子相当的人,虽然没有官位、没有名望,但具备完善人格,是富有智慧,能做到克己而又多才多艺并有修养的人。成人在利益面前能够坚守道义,国家危难时能挺身而出,处于贫困时不忘平生之志,是一个有担当、有责任的成熟之人。这里的成人是真正意义上的人,是集古代贤者之德、智、勇于一身的人才。由此可知,过去社会对成人的要求是很高的。本章提出"见利思义"和"久要不忘平生之言",是对成人最基本的要求。

【品悟】 智慧、勇敢、无私、才能,是古人对成人的要求,后人当以借鉴。

> 子问公叔文子①于公明贾②,曰:"信乎,夫子③不言、不笑、不取乎?"公明贾对曰:"以告者过也!夫子时然后言,人不厌其言;乐然后笑,人不厌其笑;义然后取,人不厌其取。"子曰:"其然?岂其然乎?"

【注释】① 公叔文子:卫国大夫,谥号"文"。② 公明贾:姓公明,字贾。

卫国人。③夫子：指公叔文子。

【译文】孔子向公明贾问公叔文子，说："你信吗？先生不爱说、不爱笑、不获取，是真的吗？"公明贾回答道："这是告诉你的那人的过错。先生该说时才说，因此人不烦他说；高兴时才笑，别人不厌恶他笑；合于礼的财利他才取，别人不厌恶他取。"孔子说："是这样吗？真是这样吗？"

【解读】☞ 不虚不诈　表里如一

有人传说公叔文子"不言，不笑，不取"，孔子通过打听，才了解到真实情况。在礼崩乐坏的社会环境下，好人的表现常被看作"异类"。如"不言"并非不善言谈，而是该说时才说。他讲究说话的内容、方式、对象，这是对人的尊重，也是慎言的表现。不像一些人，胡言乱语，满口跑火车，乱摆龙门阵消磨时光。"不笑"，也不是不知好坏，不懂情感，而是高兴才笑。不像一些人，阿谀奉承取悦他人。"不取"，也不是像人们想象只工作而不要报酬，而是依礼而行，有义而取的真正有血有肉的真人形象。这样的形象看似平常，其实这才是活生生的正人君子。

【品悟】所言、所笑、所取皆为小事，然事小而有道，以道而行，君子者也。

> 子曰："臧武仲以防①求为后于鲁，虽曰不要君，吾不信也。"

【注释】① 防：地名，防邑。

【译文】孔子说："臧武仲以离开封地防邑为条件，请求鲁君为其后代册封官职，虽然有人说他不是要挟君主，我不相信。"

【解读】☞ 智而又礼　则可全也

臧武仲做事善于变通，为了让鲁君册封其后为官，又不想留下骂名的故事，所以他以放弃其势力范围来表示对君主的忠心，以此来感化国君使其满足自己的愿望。孔子认为臧武仲的行为表面上看好像不是在做交换，但却形成了与鲁君交换的事实，只是一般人看不出来。如果凭借自己的德行才能和功劳请求君上册封其后人为官，既合乎情理又合乎礼法。

【品悟】智者在于谋略。结合实际，认识时务，随机应变，依礼而行则可全也。

子曰："晋文公①谲②而不正，齐桓公③正而不谲。"

【注释】① 晋文公：姓姬，名重耳，春秋五霸之一。② 谲：欺诈，诡诈。③ 齐桓公：姓姜名小白，春秋五霸之一。

【译文】孔子说："晋文公诡诈而不正派，齐桓公正派而不诡诈。"

【解读】☞ 春秋五霸　皆属不义

晋文公和齐桓公二人均为春秋时期的霸主，因其取得霸主的手段和目标不同，后人对其评价也不同。晋文公以其谋略手段称霸，齐桓公打着"尊王攘夷"的旗号而成就霸业。晋文公称霸后无视君臣之义，召见周天子，实为无礼之举，所以孔子说晋文公诡诈。齐桓公打着"尊王"的旗号称霸，孔子认为他的做法在表面上还是符合于礼的规定。两者相比，虽然都属不义之举，但齐桓公表面上总还有礼，而晋文公却明目张胆，为所欲为。以此说明，当时社会秩序越来越乱，礼崩乐坏程度不断加深，时代呼唤着明王出现。

【品悟】春秋无义战，霸道非王道。观人与事，要一分为二，辩证分析。

子路曰："桓公杀公子纠①，召忽②死之，管仲不死。"曰："未仁乎？"子曰："桓公九合诸侯，不以兵车，管仲之力也。如其仁，如其仁。"

【注释】 ① 公子纠：齐桓公的哥哥。齐桓公因争位杀掉了自己的哥哥。② 召忽：管仲和召忽都是公子纠的家臣。公子纠被杀后，召忽自杀，管仲归服于齐桓公，并当上了齐国的宰相。

【译文】 子路说："齐桓公杀了公子纠，召忽自杀以殉职，但管仲未殉死。"接着又说："管仲能算得上仁吗？"孔子说："桓公多次召集诸侯盟会，不用武力使诸侯归顺，这都是管仲的功劳啊。这就是仁，这就是仁啊。"

【解读】 ☞ 君臣之义　不在愚忠

孔子主张"事君以忠"。过去人们常把"忠"字理解为"君让臣死，臣不敢不死"的愚忠。然而孔子对"忠"的看法却不是这样的，他认为"忠"就是"忠心耿耿""真诚相待"，以诚实的态度对待君主的行为。孔子希望为臣者要对君主"忠以劝"这才是真正的"忠"，而不是人们所理解读的"殉死"。"殉死"其实是一种愚蠢和愚忠，这不是孔子所希望的"忠"，是不智的表现。孔子所主张的"仁"是对广大百姓的"仁"。管仲帮助桓公"九合诸侯"，而不用武力，百姓免遭杀戮，这是仁的表现。尽管管仲在礼上有一些不足，但其对百姓带来的好处不可否认，是非功过应一分为二。

【品悟】 仁与不仁，在于为民，民不聊生，何谈其仁？

子贡曰："管仲非仁者与？桓公杀公子纠，不能死，又相之。"子曰："管仲相桓公，霸诸侯，一匡天下，民到于今受其赐。微①管仲，吾其被发左衽②矣。岂若匹夫匹妇之为谅③也，自经于沟渎而莫之知也。"

【注释】 ① 微：无，没有。② 被发左衽：被，同"披"。衽，衣襟。"被发左衽"是当时的夷狄之俗。③ 谅：守信。这里指小节小信。

【译文】子贡问:"管仲不能算是仁者吧?桓公杀了公子纠,他不能殉身,反而辅佐他。"孔子说:"管仲辅佐桓公,称霸诸侯,匡正了天下,百姓至今还享受他的恩惠。如果没有管仲,恐怕我们还要沦为披头散发、衣襟左开的落后民族。哪能像普通百姓那样目光短浅,舍大求小,自杀于荒沟里,不为人知呢。"

【解读】☞ 审时度势　君子者也

　　管仲在中国历史上作出过重大贡献的人,但一些学者对他颇有微词。在子路和子贡看来,所谓"忠"就是死心塌地跟从,一心一意地事奉。然而孔子所讲的"忠"并非如此,而是对道义的忠贞不移,是"朝闻道,夕死可已矣"的忠,是"知其不可为而为之"的坚定决心,并非针对某一人的顺从或盲从,更不是君死臣必亡的愚忠,所以孔子主张臣对君要"忠以劝"。他所讲的"仁",是要时时处处为他人着想,为他人奉献的胸怀。这里的"仁"是指对天下百姓都有益处的言行。如果能够对天下百姓生活有好处,那么这样的言行就是合道义的,这样的人也是有仁爱的。君子是要看大的方面,而不能拘于小恩和小惠,这正是孔子思想的伟大之处。

【品悟】凡事须从历史出发,不可拘泥于过去,要有创新勇气和精神。

公叔文子之臣大夫僎①,与文子同升诸公②。子闻之,曰:"可以为文矣。"

【注释】① 僎:人名。② 升诸公:公,公室。这是说僎由家臣升为大夫,与公叔文子同位。

【译文】公叔文子推荐家臣僎与自己一同做了卫国的大夫。孔子知道了这件事以后说:"可以配得上'文'的谥号了。"

【解读】☞ 不伎不求　其为文也

　　真正的"文"既有才华,又有仁德。公叔文子推荐了他的家臣当了大夫，官位与自己相当，但其心安理得，无丝毫嫉妒之意，他的行为真是可以与他的谥号相配了。春秋战国时期，礼崩乐坏，有仁义官员又极少，在那样的社会环境中，能够推荐自己的家臣在朝为官与自己平起平坐，这样的胸怀和担当是难能可贵的，所以孔子特别称赞。

【品悟】有识之士，视邦国之利为重，以德选人荐人，光明磊落，豁达通透。

子言卫灵公之无道也，康子曰："夫如是，奚而不丧？"孔子曰："仲叔圉①治宾客，祝鮀治宗庙，王孙贾治军旅，夫如是，奚其丧？"

【注释】① 仲叔圉：即孔文子。他与后面提到的祝鮀、王孙贾都是卫国的大夫。

【译文】孔子说卫灵公昏庸无道，季康子说："既然如此，为什么他没有败亡呢？"孔子说："因为他有仲叔圉接待宾客，祝鮀管理宗庙祭祀，王孙贾统领军队，像这样，怎么会败亡呢？"

【解读】☞ 尊贤与能　国之治也

卫灵公荒淫无度却没有亡国，为什么呢？孔子认为卫灵公虽然无道，但是他却重用人才。他在位时任用贤能的人做大臣，比如仲叔圉、王孙贾等，这些大臣个个忠于职守，才德超群，所以国家还可以维持。虽然卫灵公不理朝政，但大臣们忠心耿耿，才确保了国家正常发展。犹如驾车，即便驾驭者失职，但老马识途，也还可以前行，但长此以往总有危险。所以，一国之兴盛，不仅在君，臣也很重要，只有君臣齐心协力，才能顺利前行。历史经验告诉人们：知选人用人的是头等大事，所以在国家治理中"关键少数"尤其重要。

【品悟】治国在人，其如大厦。国有贤臣而不衰，厦有栋梁而不败。

> 子曰："其言之不怍①，则为之也难。"

【注释】① 怍：惭愧的意思。

【译文】孔子说："如果一个人说话大言不惭，那么要做到就更难了。"

【解读】☞ 责任不强　难以成功

作为君子说话要谨慎。语言是一个人的思想表现，如果说话随意，说明心中不重视，缺乏敬畏心和责任心。没有责任心的人无论什么事都做不好。什么事该做，什么事不该做，什么是该谁做，这是作为君子应懂的治国之道。在位者如果说话不思考，往往会影响大政方针的落实。本章告诉人们：在其位就应谋其政，谋其政就要谨言慎行。

【品悟】不怍之言，信口无边，其心不专，天马行空，何以实现？

> 陈成子①弑简公②。孔子沐浴而朝，告于哀公曰："陈恒弑其君，请讨之。"公曰："告夫三子。"孔子曰："以吾从大夫之后，不敢不告也。君曰'告夫三子'者。"之三子告，不可。孔子曰："以吾从大夫之后，不敢不告也！"

【注释】① 陈成子：即陈恒，齐国大夫，姓田，名恒。② 简公：齐简公。

【译文】陈成子杀了齐简公。孔子斋戒沐浴以后，随即上朝去见鲁哀公，报告说："陈恒杀了他的国君，请讨伐他。"哀公说："你去报告三家大夫吧。"孔子退朝后说："因为我曾经做过大夫，所以不敢不来报告，君主却说'你去告诉那三位大夫吧'！"孔子去向那三位大夫报告，但三位大夫不愿派兵讨伐，孔子又说："因为我曾经做过大夫，所以不敢不来报告呀！"

【解读】☞ 君子在位　当谋其政

孔子听说陈成子杀其君消息后，他把这件事告诉哀公。虽然孔子当时不在大夫之位，但他觉得自己是在君子之位，有义务为国家的前途和命运着想，所以他依然像一位退休的老干部一样关心着国家和民族的生死存亡。孔子做到了一个君子所应该做的。然而，令人失望的是哀公听到孔子报告时不是积极应对，而是让孔子去"告之三子"，孔子不敢违命去告诉了三大夫，可以说是做到了"仁至义尽"了。孔子作为君子的问心无愧与哀公的"言之不怍"形成了鲜明的对比。孔子之行给我们展示了担当作为的君子之形象，值得我们后人学习和思考。

【品悟】 君子依礼而行，见义勇为。在位谋政，胸怀天下。

子路问事君。子曰："勿欺①也，而犯②之。"

【注释】 ① 欺：欺诈。② 犯：犯颜谏诤。

【译文】 子路问怎样事奉君主。孔子说："不能欺骗他，但可以犯颜谏诤。"

【解读】☞ 以诚相待　直言不讳

事奉君主是一门学问。孔子主张"臣事君以忠"，"忠"就是忠心耿耿。忠心的表现很多，比如对上级忠诚负责，直言不讳等。子路是一个非常忠诚的人，他为了朋友敢作敢为，但结果常不如意。孔子重病时，子路曾以"无臣而为有臣"为其准备后事，孔子病愈后责其："由之行诈也"，所以当子路问事君时，孔子要求子路：不要欺君，要坚守自己的直率品质，这样即使君主不高兴，也不会伤害自己。

【品悟】 诚实有信，直言直行，不搞变通，君子之守。

子曰:"君子上达,小人下达。"

【译文】孔子说:"君子向上通达仁义,小人向下通达私利。"

【解读】☞ 君子小人　政见不同

君子追求的重点在于积极向上的仁义道德,而小人追求的重点永远是对于自己有利的事物。君子向上通向至高无上的境界,而小人则是向着极端自私的方向。君子做事的方式方法虽不一样,但是追求的目标总是相近的。比如子路做事,有时有些粗鲁或不尽人意,但其出发点是好的,而小人则不同,小人最终目标是为了"自我"。

【品悟】君子坚持原则向上通达;小人自私自利一心为己。治理国家应有向上之气,以上率下,蒸蒸日上。

子曰:"古之学者为己,今之学者为人。"

【译文】孔子说:"古圣先贤的学习是为了完善自己,而现在的人学习是为了给别人看。"

【解读】☞ 学者为己　不图名利

为什么要学?为谁而学?这是人们学习的首要问题。古代圣贤之人学习目的就是提高自己素质,使自己对他人和社会有益,而不只是为了当官或者谋取名利。孔子认为,有大思想大境界的人才堪称君子,每一个人通过努力学习和修养都可以成为君子圣贤。所以孔子晚年时致力于著书立说、兴办学校,使大量的平民百姓通过接受教育提升了自己的素养,成为对国家和社会有用的人才,为中华优秀文化的传播作出了巨大贡献。

在当今社会,人们对学习目的有不同认识。有人是"为中华之崛起而读书",有人为名利而读书,有人为自己的富贵而读书,也有人为维持生计而读书等,凡此种种无可厚非。然而是君子还是小人,从学习目的上就可以一目了然。

【品悟】君子一定要树立正确的学习观、价值观、人生观和世界观，只有这样才会成为对国家和社会有益的人才。

蘧伯玉①使人于孔子。孔子与之坐而问焉，曰："夫子何为？"对曰："夫子欲寡其过而未能也。"使者出。子曰："使乎！使乎！"

【注释】① 蘧伯玉：卫国的大夫，孔子到卫国时曾住其家中。

【译文】蘧伯玉派使者去拜访孔子。孔子让使者入座，然后问道："先生最近在做什么？"使者回答说："先生想要减少自己的过失，但未能做到。"使者走了以后，孔子说："真是好使者啊，真是好使者啊！"

【解读】☞ 贤者为己　不贤为人

蘧伯玉是卫国的一位大夫，孔子的好友，其为人为事堪称君子。当孔子问起蘧伯玉日常情况时，从使者的口中得知，蘧伯玉常想"寡其过"，正应了前面所讲的"君子上达"和"古之学者为己"的贤者表现。在孔子看来，真正的君子应时刻不忘反省自己，蘧伯玉做到了这一点。使者的回答虽然简单，但他突出了重点，说中了要害。孔子赞扬了使者，其实更是赞扬蘧伯玉的君子之行，言外之意我们每个人都应像蘧伯玉一样终身学习完善自己。

【品悟】欲知其人，先观其身边之人。"近朱者赤，近墨者黑。"

子曰："不在其位，不谋其政。"曾子曰："君子思不出其位。"

【译文】孔子说："不在那个职位，就不必考虑那个职位上的事情。"曾子说:"君子考虑问题,从来不超出自己的工作岗位。"

【解读】☞ 在位谋政　不失本分

担当作为是君子的责任和义务。"不在其位,不谋其政",其意在于不在君子之位就不必谋君子之事。如果一个人没有修养到君子的境界,却去做君子所能做到的事是很危险的。这里的主要强调的是德位相配的问题。同时也在告诉人们:"先谋好自己的政"这是最重要的。孔子讲的位并不是专指当政者的某一个官位,而是身处于某一方位。比如一个人可以在学生之位、教师之位、父母之位、长辈之位,等等,此处的"位"的含义广泛而深刻。每个人首先所处之位是公民之位,所以我们的身份证上始终写着"公民",这就意味着"天下兴亡,匹夫有责"的责任和义务;我们每一位共产党员所在之位首先是"党员"之位,所以从严要求,作出表率是我们的首要责任。

【品悟】"不在其位,不谋其政"喻人:在其位,当谋其政。在位不谋谓之失位;在位不谋可谓不为。

子曰:"君子耻①其言而过其行。"

【注释】① 耻:以……为耻。

【译文】孔子说:"君子把只说不做当作羞耻。"

【解读】☞ 思不出位　言不过行

"君子思不出其位。""言过其行"是君子出位的表现。君子之位当以诚信为主,诚信是君子的重要品质之一。孔子认为:君子应当行言一致,取信于民。孔子要求君子:"敏于行而讷于言";曾子讲"君子思不出其位"也是讲了这个道理,本章再次阐述了这一点。自古及今,不论是在官场还是在现实生活中,总有一些人不务正业,喜欢夸夸其谈,指手画脚。一些人好讲大话、套话、虚话,欺上瞒下,油嘴滑舌,却不做实事,这类人不仅百姓讨厌，就是朝廷也不会欢迎。

【品悟】言过其实者，自作聪明，哗众取宠，无所事事，君子所不为也。

> 子曰："君子道者三，我无能焉：仁者不忧，知者不惑，勇者不惧。"子贡曰："夫子自道也。"

【译文】孔子说："君子之道有三个方面，我都未能做到：仁德的人不忧愁，聪明的人不迷惑，勇敢的人不畏惧。"子贡说："这正是老师的自我写照啊！"

【解读】☞ 仁智勇　三达德

孔子认为君子本应具备的三种品质，连自己都没有做到。孔子这样说是谦虚的态度，这与上一章所讲的"言过其行"是鲜明的对照。仁、智、勇是作为君子的三种品质，在人们的眼里，孔子就是社会的"木铎"，应该说已经做得很好了。但孔子始终认为做得不够好，对照孔子所言，我们感到羞愧。所以，时时严格要求自己，才是一个真正君子之品质。君子应有"没有最好，只有更好"的胸怀，这样人生才能实现卓越。孔子无愧为"至圣先师"之称。

【品悟】仁者无私，何以忧？智者明辨，何以惑？勇者有义，何以惧？

> 子贡方人①。子曰："赐也贤乎哉②？夫我则不暇。"

【注释】① 方人：评价人，评论人。② 赐也贤乎哉：赐，你觉得自己什么都好吗？

【译文】子贡讥评别人。孔子说："赐啊，你真的就那么贤良吗？我可没有闲工夫（去评论别人）。"

【解读】☞ 君子求诸己　勿求诸人

从子贡对孔子的评价中我们可以看到子贡是好"方"人的，但到底这样做对不对呢？这个本身应作进一步探讨。所以，在本章孔子教育子贡说："赐也贤乎哉"，意思是说："子贡你认为你是一个贤人吗？"评价一个人的前提是：你必须有评价人的能力和资格，比如：学识渊博，明辨是非，才能作出全面而准确评判，否则的话可能出现误判，对人对己都是一种伤害。因此孔子常提醒子贡不要轻易评价人，要把时间用到学习思考上，不断提高自己，完善自己，使自己成为一个真正的君子。

【品悟】常责他人，易忘自己，不利于自身进步，故当谨慎。

子曰："不患人之不己知①，患其不能②也。"

【注释】① 己知：使自己被人知。② 不能：无能力，无本事。

【译文】孔子说："不要怕别人不了解自己，要担心自己没有真才实学。"

【解读】☞ 学者为己　勿求其名

本章有两个关键词：一是"不己知"；二是"不能也"。"不己知"是古代人们所追求的"出名"。这里的"出名"并没有贬义，是指一个人因修养高或者对社会作出了巨大贡献，得到人们的认可和传颂，这种追求本无可厚非。但是，人们在追求"出名"的过程中，往往忽视了对真才实学的追求。如果都去追求名利，整个社会就会陷入浮躁。所以孔子常讲："不患人之不己知，患不知人也"，这种观点反映了孔子务实的精神。真正推动社会进步的是求真务实的精神和行动，而不是所谓的"名声"。

【品悟】人贵在自身，自身优秀则人向往之，自身颓废而人唾弃之。

子曰："不逆①诈，不亿②不信，抑亦先觉者，是贤乎！"

【注释】① 逆：迎。预先猜测。② 亿：同"臆"，猜测的意思。

【译文】孔子说："不预先怀疑别人欺诈，也不猜测别人不诚实，然而能事先觉察别人的虚假，这就是贤人了！"

【解读】☞ 先知先觉　圣贤者也

一个人如果能具有识人的智慧，那么他一定是一个贤德之人。所谓贤人，就是能够知人善任，明辨是非。他可以通过言行在很短的时间里断定一个人好坏，可以识别事物的真假，具有这种本领和素质才可称得上"知人"。孔子说："不患人之不己知，患不知人也"，就是这个意思。能够"知人"可以称为贤者，如果能够"知己"，比"知人"更为高明。知人知己可以称为先知先觉者，因为他们可以不受外界影响，能够准确判断事物的真伪。

【品悟】不可以小人之心，度君子之腹，亦不可以君子之志，量小人之行。

微生亩①谓孔子曰："丘何为是栖栖②者与？无乃为佞乎？"孔子曰："非敢为佞也，疾固也。"

【注释】① 微生亩：鲁国人。② 栖栖：忙碌不安的样子。

【译文】微生亩对孔子说："您为什么这样四处奔波游说呢？是不是要显示自己的口才呢？"孔子说："我哪里是想炫耀自己的口才？只是很痛心那些顽固不化的人。"

【解读】☞ 君子之行　不可妄议

孔子一生传经授道，不少人对此产生了非议，认为孔子周游列国是为了炫耀自己的口才，这种无端的猜测是"以小人之心度君子之腹"的想法，对人对己都不利。在现实社会中，好议论别人，怀疑别人的人不在少数。这些人本身认识不高还好背后议论他人，传播虚假信息，给他人的声誉造成损失。议论他人，随意苛责他人者，一般是学识不多，修养不佳，言行不够谨慎的人。所以孔子常教育自己的弟子要谨言慎行。

【品悟】圣贤不可妄议。孔子一生，"知其不可为而为之"，感动天下无数志士。后人"以夫子为木铎"。

> 子曰："骥①不称②其力，称其德也。"

【注释】① 骥：千里马。② 称：以……为称。

【译文】孔子说："千里马值得称赞的不是它的力气，而是它坚韧不拔的品德。"

【解读】☞骥不在力　而在其德

千里马之所以被人们称赞，并不是因为它行千里的能力，而是因为它有忠于主人，坚守目标勇往直前的德行。马虽为动物，但其善解人意，为主人服务，主人的目标就是它的目标所在，只要有一口气，它都会牢记自己的使命，带着主人沿着所指引的方向不断前进。孔子一生如一匹永不停息的千里马一样，为着人类的理想目标奋斗不止。这种美好的品质值得我们人类深思。

【品悟】千里马者，通人意，明事理，勤奋不已，虽于槽枥之间而志在千里也；其虽为马，其德同人。

> 或曰："以德报怨，何如？"子曰："何以报德？以直报怨，以德报德。"

【译文】有人说："用恩德来报答怨恨怎么样？"孔子说："用什么来报答恩德呢？应该是用正直来报答怨恨，用恩德来报答恩德。"

【解读】☞ 以直报怨　以德报德

如何对待怨恨呢？是以怨报怨？还是以德报怨？针对这个问题，老子也曾有过思考，他说"报怨以德，安可以为善"？他认为"和大怨，必有余怨"，只有"圣人执左契"才是最好的方式。孔子对怨恨的态度是"以直报怨"，而不是"以怨报怨"。何为以直报怨？以直报怨就是以正直的态度来回报怨恨。直就是正直，是无论有多大的怨恨，我依然坚守真理毫不动摇的态度，是"走自己的路让别人去说"的心态和情怀。而不是人们所理解的：你对我好，我同样对你好，你对我不好我同样对你不好，这种相报属于"怨怨相报"，是古今圣贤所不齿的。具体问题具体分析，这是马克思主义认识论的观点和方法。有些人有些事就适于"以德报怨"，通过感化来唤醒灵魂和良知，有些人就需要"人不犯我，我不犯人"方式来进行教育。而夫子的"以直报怨"则适用于任何人任何事。"以直报怨"可以使人人坚守正义，人人享有公平。这种观点是祖先留给我们的宝贵的智慧和精神财富。

【品悟】以德报德，可成其德；以怨报怨，怨怨何了？以直报怨，自然公道。

子曰："莫我知也夫①！"子贡曰："何为其莫知子也？"子曰："不怨天，不尤②人。下学而上达③，知我者其天乎！"

【注释】① 莫我知也夫：不了解我。② 尤：责怪、怨恨。③ 下学而上达：下学人事，上达天命。

【译文】孔子说："没有人了解我啊！"子贡说："怎么能说没有人了解您呢？"孔子说："我不埋怨天，也不责备人，向下学礼乐文化，向上达天命自然，了解我的只有天吧！"

【解读】☞ 下学上达　知者天也

孔子为自己的理想和抱负奋斗一生，却不被人理解，但他不怨天，也不怨人，那么他怨谁呢？只有怨自己，怨自己还没有做得更好。所以，他说自己:"下学人事,上达天命",意思就是无论别人如何评价自己,永远坚守理想和信念,从自己做起,从小事做起,用自己行动弘扬礼乐文明以化天下,不断努力以通天地自然规律。他感叹只有上天才理解自己所追求的目标,于是孔子晚年集中精力整理历代优秀文明成果,并把礼乐文明与自己多年实践相结合,为中华民族留下了一系列宝贵的精神财富。

【品悟】孔子之志,坚如磐石。传道授业,有教无类。人不解其意,我无怨无悔。

公伯寮①愬②子路于季孙。子服景伯③以告,曰:"夫子固有惑志于公伯寮,吾力犹能肆诸市朝④。"子曰:"道之将行也与,命也;道之将废也与,命也。公伯寮其如命何!"

【注释】① 公伯寮:姓公伯,名寮,孔子的学生。② 愬:同"诉",告发,诽谤。③ 子服景伯:鲁国大夫,姓子服名伯。④ 肆诸市朝:古时处死罪人后陈尸示众。

【译文】公伯寮在季孙面前诽谤子路。子服景伯把这件事告诉孔子,并说:"季孙已经被公伯寮迷惑了,我有能力把公伯寮杀掉示众。"孔子说:"大道或许会实行,这是天命;大道或许会废止,这也是天命。公伯寮能奈何天命吗?"

【解读】☞ 天道之行　不可阻也

诽谤之事自古就有,如何认识和应对能反映一个人的修养和素质。孔子认为:大道能不能通行有其规律性。如果可行,说明其既符合规律和时代;如果行不通,说明一定有原因,要么是客观原因,要么是人为原因。所以孔子常常强调要"识时务","识时务"就是从实际出发。季孙氏是有头脑的人,他也能感受到子路的言行到底是不是君子之行,实践会给出正确的答案的，孔子坚信子路品行一定会被人认可的。

【品悟】认识真理，需有君子之智，坚守真理，需有君子之志。

子曰："贤者辟①世，其次辟地，其次辟色，其次辟言。"子曰："作者七人②矣。"

【注释】① 辟：同"避"，躲避、逃避之意。② 七人：即伯夷、叔齐、虞仲、夷逸、朱张、柳下惠、少连。

【译文】孔子说："贤者以避开乱世为上，其次要避开乱地，再次要避开不好的脸色，最次要避开秽言。"孔子说："这样做的已经有七个人了。"

【解读】☞ 圣者不辟　勇于前行

古代贤者面对乱世的态度和行为各不一样，一般来说"辟世"者较多。有的避乱世独善其身，有的避乱地维持生计，有的避诱惑保持清静，有的避邪说保持清明。孔子说这样做的有七人。面对无道的社会，他们选择了退避三舍，这与孔子敢于面对现实不断探索和传播真理的人生态度形成了鲜明的对照。孔子一生知难而进，以自己独特的方式，明知"不可为而为之"，他不"辟世"、不"辟地"、不"辟色"、不"辟言"，实事求是，求真务实，孜孜不倦地追求自己的理想和目标，成为后世学习的光辉榜样。

【品悟】乱世之时，贤者避之，以存其善。其目的在于：不同流合污，不使不善加乎其身。

子路宿于石门①。晨门②曰："奚自？"子路曰："自孔氏。"曰："是知其不可而为之者与？"

【注释】① 石门：地名。② 晨门：早上守门的人。

【译文】子路在石门过夜。守门的人问："你从哪里来？"子路说："从孔子那里来。"看门的人说："是那个明知做不到却还要去做的人吗？"

【解读】☞ 常人不为　圣者为之

面对乱世孔子不改初心，积极应对。他不像那些所谓贤者在困难时回避现实独善其身，而是敢于直面惨淡的社会实际，主动追求理想人生。他有教无类，诲人不倦；他追求真理，锲而不舍；他周游列国，传道授业。他"知其不可而为之"，屡遭坎坷不退缩，是有大担当、大作为的圣者。他对理想信念的执着，令后人敬仰。

【品悟】可为而为，常人也；可为而不为，庸人也；不可为而去，隐者也；不可为而为之，圣人也。孔子坚守真理持之以恒，虽遭人弃，毅然前行。

> 子击磬①于卫，有荷蒉②而过孔氏之门者，曰："有心哉，击磬乎！"既而曰："鄙哉！硁硁③乎！莫己知也，斯己而已矣。深则厉④，浅则揭⑤。"子曰："果哉！末之难矣。"

【注释】① 磬：一种石乐器。② 荷蒉：荷，肩扛。草筐。③ 硁硁：击磬的声音。④ 深则厉：水深就穿着衣服涉水过河。厉，带以下垂部分。⑤ 浅则揭：水浅就提起衣襟涉水过河。"深则厉，浅出揭"出自《诗经·卫风·匏有苦叶》。

【译文】孔子在卫国击磬，有一位背着草筐的人从门前走过说："击磬的人有心思啊！"过了一会儿又说："声音硁硁的，可真俗啊！没有人了解自己，按照自己的想法勇往直前就是了。如同过河，水深就穿着衣服游过去，水浅就提起衣服蹚过去。"孔子说："说得好啊，（若是这样）世上就没有什么难事了。"

【解读】☞ 坚持不懈　一往无前

孔子为实现远大理想周游列国，传道授业，多次受困，当时很少有人能够理解他的行为。有人说他是为"名利"而奔波，有人认为他是"不可为而为之"的徒劳。有位"荷蒉者"是个智者，他听出了孔子的心思来并告诉孔子"深则厉，浅则揭"，意思是无论前面的道路如何艰辛，都要想办法走下去。正如人们常说的："走你的路，让别人去说吧"，听到这样的意见和建议，更加坚定孔子为理想而奋斗的信心和决心。

【品悟】为人做事须坚持真理，不必为他人所言而困扰，相信是金子终会发光。

子张曰："《书》云：'高宗①谅阴②，三年不言。'何谓也？"子曰："何必高宗，古之人皆然。君薨③，百官总己以听于冢宰，三年。"

【注释】① 高宗：商王武宗。② 谅阴：古时天子守丧之称。③ 薨：诸侯之死。

【译文】子张说："《尚书》上说：'商高宗守孝，住在凶庐，三年不言语。'这是什么意思？"孔子说："不仅是高宗，古人都是这样。国君死了，朝廷百官都各司其职，听命于冢宰三年。"

【解读】☞ 三年守丧　祖宗之法

本章以守丧之礼为例，讲了古代圣人对礼法的坚守。此话题是由子张提起的，当子张谈到《尚书》对商王守丧之事记载的情况时，孔子不加思索地肯定了这一做法并阐述了自古以来，人人都要遵守"三年之丧"礼法的道理。孝道是古代最基本的礼法，人人都要遵守，君王也不例外。古人去世，子女要为其守孝多年。守孝期间，百官各干其事，国君因不能正常理政，常常把大权交于宰相等人。这里的"三年不言"并非三年不言政事，而是不多言语。因为在古代讲孝道就是讲礼法，讲礼法就是讲政治。

【品悟】孝礼自古皆有，不可有疑，以礼而治，国之治也。

> 子曰："上好礼，则民易使也。"

【译文】孔子说："在上位的人若遇事依礼而行，就容易使百姓听从指挥。"

【解读】☞ 上者以礼　下者以从

　　礼治的作用与意义就是要让人与人、人与社会、人与自然和谐相处，使天下百姓安居乐业，最终实现天下大同的理想社会。大同理想如同我们共产党人所追求的共产主义理想一样，不可能在短时期内实现，需要全国乃至全世界人民的共同努力并经历较长的一段时间才可以实现。当生产力高度发展，社会财富极大丰富，生产关系日益完善时，我们所追求的理想目标自然就变成了现实。所以，实现社会发展要调动全民族的积极性和创造性。如何调动人民的积极性和创造性呢？孔子主张以上率下，树立榜样，使居上位者作出表率，下位者才会心悦诚服，共同创造美好的未来。

【品悟】上有原则，下有规矩；上无礼法，下无敬畏；上不守义，下不知耻。知耻者，民可使，国可治也。

> 子路问君子。子曰："修己以敬。"曰："如斯而已乎？"曰："修己以安人。"曰："如斯而已乎？"曰："修己以安百姓。修己以安百姓，尧舜其犹病诸！"

【译文】子路问如何才能成为真正的君子。孔子说："修养自己，使自己有敬畏之心。"子路说："这样就够了吗？"孔子说："修养自己来使上层人物安乐。"子路说："这样就够了吗？"孔子说："修养自己，使天下百姓安乐。修养自己使所有百姓都安乐，尧舜大概还没有完全做到哩！"

【解读】☞ 君子之德　其在安人

作为君子，只有修养好自己，才能率先垂范。他对子路的要求是能够做到有敬畏之心就可以了。但子路还想做得更好一些，所以孔子又提出了更高的目标："使上层人物安乐。"当子路再问时，孔子提出了最高的目标："使天下百姓安乐"，并告诉他：这一目标是最难的，就是尧舜这样的圣人也担心做不到。孔子以此鼓励子路要从自己做起，从现在做起，只有这样才能不断进步。

【品悟】 君子之修不同于隐者，隐者避世以安己，君子好学以安天下百姓。君子要敢于直面现实，有所作为。

> 原壤①夷俟②。子曰："幼而不孙弟，长而无述焉，老而不死，是为贼。"以杖叩其胫。

【注释】 ① 原壤：鲁国人，孔子的旧友。② 夷俟：夷，双腿分开而坐。俟，等待。

【译文】 原壤叉开双腿坐着等待孔子。孔子对他说："小时候，你不学孝悌，长大了又没有什么可以让人称道的事情，老了还没有一点改善，你活着就是害人啊。"说着，用手杖敲他的小腿。

【解读】☞ 长而无礼　其如贼也

原壤是孔子的故友，他小时候不学无术，长大无所事事，一直到老仍未改变不文明的习惯。孔子以老朋友口气批评他说："老而不死是为贼。"这句话的意思是每个人要不断学习改善自己，给子孙后代作出榜样，如果到老还是不改恶习、不知是非，将对后世子孙的成长和社会风气产生不良影响。人的进步和改善，不仅要靠政府的引导和教育，还要靠家庭教育和社会影响。在家庭教育中，大人的言行是对后人影响很大的。如果大人们都不主动去修养自身，那么，后辈们自然会跟着去学。所以，在教育过程中，不仅要从孩子抓起，同时也要重视成人的教育。只有全社会形成一个教育的大网，整个社会才能真正进步。

【品悟】人之学也，终身不可辍。少而不学，长而不为。老而不改，子孙受害。

阙党①童子②将③命。或问之曰："益④者与？"子曰："吾见其居于位也，见其与先生并行也。非求益者也，欲速成者也。"

【注释】① 阙党：即阙里，孔子家住的地方。② 童子：儿童。③ 将命：在宾主之间传言。④ 益：追求上进。

【译文】阙里的一个童子，来向孔子传话。有人问孔子："这是个求上进的孩子吗？"孔子说："我看见他坐在主位上，又见他和长辈并肩而行，他不是要求上进的人，只是个急于求成的人。"

【解读】☞ 少而无礼　行益难矣

上一章讲了原壤的故事，本章又讲童子的无礼行为。这一老一少共同点是不讲文明，教养缺失。正常来说，作为老者应为后世做榜样，作为儿童应从小学礼。可是，此二人都没有做到。这两件事情给人们留下了很多思考：一是作为孔子故交，一生不求上进，老来一事无成；二是作为一个孩子，从小不知礼数，缺乏教养，难以学成。

本章示人：大人要给孩子树立榜样，大人的形象就是孩子的未来。孩子从小要受教育，要一步一个脚印地去学习，不可急于求成。

【品悟】急于求成，万事不成。学习要从点滴做起，脚踏实地，一步一个脚印，不可强求速度，不可强找捷径。

卫灵公第十五

导 语

《卫灵公》篇共 42 章,用具体的事例阐述了孔子的教育思想和政治理念等。

> 卫灵公问陈①于孔子。孔子对曰："俎豆②之事，则尝闻之矣；军旅之事，未之学也。"明日遂行。

【注释】① 陈：同"阵"，军队作战布阵。② 俎豆：指礼仪之事。

【译文】卫灵公向孔子请教军队作战布阵。孔子回答说："祭祀礼仪方面的事情，我还听说过；用兵打仗的事，没有学过。"第二天，孔子便离开了卫国。

【解读】 ☞ 治国以礼　不在兵车

首章以卫灵公问"陈"与孔子"遂行"的故事开头，生动地描绘了两种截然不同的人生理想和追求。一个人的言行代表这个人的心志，从卫灵公问孔子如何带兵打战之事，可以看出卫灵公心中所关注的是战争之事。在卫灵公看来，治国之道以征战为主，而不是以仁德为主，所以，他一见孔子就与之探讨"战"事。孔子则主张以仁德治理天下，当听到卫灵公问军旅之事时，孔子感到与自己的政治理想相悖，因此他匆匆离开了卫国，继续他的传道授业之路。

【品悟】以德治国，在于推行仁义礼智信价值观，此为治国安邦之策。

> 在陈绝粮，从者病，莫能兴。子路愠见曰："君子亦有穷乎？"子曰："君子固穷①，小人穷斯滥②矣。"

【注释】① 固穷：穷困时固守道义。② 滥：丧失理想道义。

【译文】孔子一行在陈国受困断粮，随从的人都饿得走不动了。子路见孔子抱怨道："君子也有穷困潦倒的时候吗？"孔子说："君子虽然穷困，却固守着道义；若是小人遭遇穷困就无所不为了。"

【解读】 ☞ 君子固穷　小人穷滥

卫灵公想留住孔子，让他帮助扩张领土，孔子觉察到卫灵公并非是想弘扬道义时,他选择了离开。如果孔子不离开,卫灵公可能会以重金聘任他和他的弟子们,或许那样会过得舒服一些,但他没有那样做。孔子离开卫国后,不久遭遇了困境。弟子们很不高兴,其中子路带着怨气来见孔子。在这种情况下,孔子给弟子们讲述了君子与小人在面对困难时的不同态度。他认为君子在困难面前能够坚守理想信念,而小人则不同,小人在困难面前会放弃道义,胡作非为。他以此鼓励弟子们要做君子之儒,不做小人之儒。本章喻人:成就大事,须经受困难的考验,只有在困境中还能坚守信念不变的人,才有希望到达理想的目标。

【品悟】 克难攻坚,共渡过难关,是人生修养的重要课题。关键时刻,更要坚守君子之道。

子曰:"赐也!女以予为多学而识①之者与?"对曰:"然,非与?"曰:"非也。予一以贯之②。"

【注释】① 识:记忆,记住。② 一以贯之:一种思想,一种原理,即真理。以一种基本的思想贯穿始终。

【译文】孔子说:"赐啊!你以为我是学习得多了都能记住的吗?"子贡答道:"是啊,难道不是这样吗?"孔子说:"不是的。我是坚持用一个基本的原理来贯穿在学习始终的。"

【解读】☞ 恪守道义　一以贯之

孔子在回答子贡问题时说:"予以一以贯之。""一以贯之"曾在《里仁》篇中出现过,他在回答曾子的问题时也说过"吾道一以贯之",这里的"一"是指什么呢?笼统地来说是指"道",具体来说是指"一种正确的思想"或"一个基本的原理"。用现在的话来说叫:"一个正确的指导思想",即真理。孔子一生都是在坚持这种有利于天下苍生的"仁义道德"思想,并把这种思想与具体的人和事结合起来,说白了就是"坚持原则,具体问题具体分析",

并把这种原理贯彻始终。这一思想如同马克思主义思想一样闪耀着智慧之光。

【品悟】凡事不可离开中心,离开中心就会走偏,所以人的一生都要紧紧围绕中心和核心,坚守大道,始终如一,贯彻到底。

子曰:"由!知德者鲜矣。"

【译文】孔子说:"由啊!懂得德的人太少了。"

【解读】☞ 世风日下　德者渐少

"德"是"一以贯之"的重要内容,但真正践行的人又太少了。在现实社会中有不少人总会说道德如何如何重要,却很少有人能够坚守,这类人并不是真正的懂"德"者。真正懂"德"的人是会坚持不懈地去追求。正如夫子所说:"朝闻道,夕死可已矣。"

【品悟】何为德,德乃正确的思想和行为。了解"德"的前提是懂得"道",得"道"才可以有"德",道不正,德何为?道者,源于自然、社会及人类本身,是永恒真理,不可悖也。

子曰:"无为而治①者,其舜也与?夫何为哉?恭己正南面而已矣。"

【注释】① 无为而治:无妄为而可治天下。

【译文】孔子说:"能够无妄为而治理天下的人,大概只有舜吧?他做了些什么呢?不过是以身作则,庄严地坐在朝廷的王位上罢了。"

【解读】☞ 上德无为　可以治国

道德的最高境界是"无为","无为"并非是什么都不做,无所事事,而是一种"大为",是"无为而无不为"的大境界。"无为而治"就是尧舜之治,说白了就是指"以德而治"。是以自身高尚的道德精神去感召他人、影响他人的一种治政方式。通过道德引导和教化,使天下百姓人人善于学习,人人追求进步,人人都成为君子,那么天下就太平了。无为而治是我国古代先哲们所追求的一种理想的社会。这种社会是人人有道德,人人知礼义,人人无私心,人人愿奉献。虽然生产力不发达,物质不丰富,但人们之间能够相互帮助、相互理解,和谐相处的一种理想的状态。从本章不难看出孔子很赞成无为而治的理想社会。这种"无为"的境界不是凭空就能达到的,需要从"有为"开始。所以,"无为而治"的前提恰恰是从修养自身开始,积极进取,立己达人,使人人达到高度自觉的人生境界。

【品悟】国之治,先治己,国之正,先正己。正己方可正人,正人可正天下。古者以道义礼法而正,今之以道德理想附之以法制而正。

子张问行①。子曰:"言忠信,行笃敬,虽蛮貊②之邦,行矣。言不忠信,行不笃敬,虽州里③,行乎哉?立则见其参于前也,在舆则见其倚于衡也,夫然后行。"子张书诸绅。

【注释】① 行:放之四海而皆准的言行。② 蛮貊:不发达地方。③ 州里:州里泛指近处。

【译文】子张问畅行天下的道理。孔子说:"言语忠诚老实,行为忠厚严肃,即使到了偏远地区,都能行得通。说话不忠信,行事不笃敬,就是在本乡本土,能行得通吗?站着,忠信笃敬这几个字好像在面前;坐车,这几个字像刻在扶手上,这样才能顺利行走天下。"子张把这些话写在腰带上。

【解读】☞ 忠信之义　能行四海

孔子阐述了如何才能畅行天下的道理。孔子认为无论何时何地只要能做到忠信笃敬就可以畅行天下。忠信笃敬是符合大道的人生态度,是人人都拥护的。忠信是对道义的忠诚和信仰，笃敬是对真理的坚守和敬畏。这两者是放之四海而皆准的人生价值和生活态度。无论是在任何时候、任何地方都能够立足社会。对道义的忠信和笃敬是人类的本质属性，是真善美的反映，也是人类社会和谐共荣的基础，是每一个民族都崇尚和追求的美好的愿望。如果能坚守此二者，就可以畅行天下。

【品悟】忠者，心可一；信者，人可行；笃者，事可成；敬者，礼可守。故忠信笃敬，天下之通行。

子曰："直哉史鱼①！邦有道，如矢②；邦无道，如矢。君子哉蘧伯玉！邦有道，则仕；邦无道，则可卷而怀之。"

【注释】① 史鱼：卫国大夫，名佗，字子鱼。② 如矢：矢，箭，形容其直。

【译文】孔子说："史鱼真是正直啊！国家有道，他的言行像箭一样直；国家无道，他的言行也像箭一样直。蘧伯玉也真是一位君子啊！国家有道就出来做官，国家无道，就深藏不露，以待有道。"

【解读】☞ 君子之德　始终如一

守忠信道义则可行走天下。本章举了两个例子：一是史鱼，二是蘧伯玉。一个堪称直者，一个堪称君子，他们的表现各异。史鱼有道时则直，无道时也直，这是直者；蘧伯玉有道则出仕为官，无道则守志不忘，既不伤身，又不失志，两全其美，这是真君子。二位品质高尚，只是表现不一样，一个是刚强不屈，至死不变；一个是有道则出，无道则存。前者守直，后者识时，二者兼顾，畅行天下。

【品悟】心有忠信，胸有笃敬，不降其志，不辱其身，道在其中。

子曰："可与言而不与之言，失人①；不可与言而与之言，失言②。知者不失人，亦不失言。"

【注释】① 失人：失去人才。② 失言：浪费言语，白说。

【译文】孔子说："遇见该说的人不说，就会失去人才；遇见不该说的人说了，就会浪费时间和言语。有智慧的人既不会失去人才，又不会浪费时间和言语。"

【解读】☞ 言与不言　在于知人

如何传播仁义道德？孔子告诉人们，可以给传的人再传，这样做不会失去人才。给不可以传的人传，等于浪费口舌和时间。这里说的"言"是指传授道义，而不是聊天言语。如有的人好学上进，与其所言会受益匪浅，不断进步；有的人好逸恶劳，唯我独尊，听不得别人的意见，若与其言，适得其反，不如不言。这里告诉人们一个道理，说话讲道理要讲究对象、时间、地点、内容等，比如该对什么人说、该什么时候说、该什么地方说、该说什么内容等，掌握这些技能才能做到既不失人，又不失言。本章启示人们三点：一是学会识人；二是学会慎言，三是学会与谁言。

【品悟】可言者与之言，则言结善果；不可言者与之言，如风而过。

子曰："志士仁人，无求生以害仁，有杀身以成仁。"

【译文】孔子说："志士仁人，没有贪生怕死而损害仁德，却有牺牲自己的性命而要成全仁德的。"

【解读】☞ 志士仁人　无私无畏

追求仁德是志士仁人的最高理想和目标，在某种情况下，他们把仁德看得比生命还要重要。孔子曾讲："朝闻道，夕死可已矣"，孟子崇尚"虽千万人吾往矣"的浩然之气。曾子也曾说："士不可以不弘毅，任重而道远。仁以为己任，不亦重乎？死而后已，不亦远乎？"古圣先贤们把"仁德"看成人生和社会的最高准则，所以，他们倾尽一生的精力去追求。当生命与"仁德"遭遇冲突时，他们选择了后者。自古以来，这种精神激励着多少仁人志士为国家民族的生死存亡抛头颅洒热血，谱写了一曲曲可歌可泣的壮丽诗篇。正如当今我们共产党人追求共产主义崇高理想一样，虽然路途遥远，但是为了美好的未来，我们一代又一代的共产党人接续奋斗，取得了一个又一个的辉煌成就。历史进入新时代，我们共产党人更应该牢记使命不负韶华，发扬古圣先贤追求道义的精神，为中华民族的伟大复兴贡献自己一切。

【品悟】志士仁人，心存仁义，其志在江山社稷，其心在黎民百姓，将生死置之度外，实在可歌可赞。

子贡问为仁。子曰："工欲善其事，必先利其器。居是邦也，事其大夫之贤者，友其士之仁者。"

【译文】子贡问怎样才能做到仁德。孔子说："工匠要想把活儿做好，首先必须保证工具精良。住某一个国家，就要事奉那些大夫中的贤者，结交士人中的仁者。"

【解读】☞ 修己以仁　见贤思齐

夫子用"工欲善其事，必先利其器"这句话来告诉子贡为仁的道理：实行仁道首先要做好自己，让自己成为一个真正的仁人志士。要做到这一点就需要人们虚心向身边的人学习，广泛结交贤德之人，使自己先完善起来。因为子贡喜欢评价别人，常常忘记修养自己，所以夫子教他先从自身做起，再去教育和影响他人。过去是这样，今天也是如此。党的十八大来，习近平总书记要求我们每一位党员都要善于学习，严格要求自己，不断追求上进，做一个合格的党员。

【品悟】"打铁必须自身硬。"修养自身，利己利人；礼贤下士，勿求诸人。

> 颜渊问为邦。子曰:"行夏之时①,乘殷之辂②,服周之冕③,乐则《韶》《舞》。放郑声,远佞人。郑声淫,佞人殆。"

【注释】 ① 夏之时:夏朝的历法,益于农业。② 殷之辂:辂,天子所乘的车。殷代的车是木制的,比较朴实。③ 周之冕:周代的帽子。

【译文】 颜渊问怎样治理国家。孔子说:"用夏代的历法,乘殷代的车子,戴周代的礼帽,奏《韶》乐和《舞》乐,禁绝郑国的乐曲,疏远夸夸其谈的人,靡靡之音淫秽,夸夸其谈的人太危险。"

【解读】 ☞ 以史为鉴　取长补短

子贡与颜回都是孔子优秀的学生,子贡有才,但仁德欠缺;颜回才德兼具,但不善理财。当他问如何为邦的道理时,孔子讲述了一系列的为邦之道:包括夏代的历法、殷代的车子、周代的礼帽和《韶》乐等。这几个重点涵盖了经济、政治、文化、交通等方面,是治理国家的主要抓手。孔子主张继承和发扬历朝历代的优秀统传和治国之策。比如夏历,这是当时最先进、最科学的历法,农业生产计划安排全由此而来;商朝的车子是经实践检验的较为成熟实用的交通工具;周礼是当时最为完备的礼法制度。这几项概括起来就是:经济建设、政治建设、文化建设、法制建设和交通设施建设等。最后孔子特别强调了文化建设和人才培养等方面,因为文化代表着方向和未来,文化不正,则国家不会长久;用人不当,则国家必然有危险。

【品悟】 守时利于百姓,守约可以节俭,守礼上下有序,守乐利于文明,放淫利于向上,远佞切近现实。

> 子曰:"人无远虑,必有近忧。"

【译文】孔子说:"人没有长远的打算和目标,一定会有眼前的忧患。"

【解读】☞ 人无远虑　必有近忧

　　人要有远大理想和目标,如果没有目标必然会被身边小事困扰,或者被眼前的利益诱惑。人生犹如长途旅行,要知道自己的目的地,心中装有目标,人们才不会被困难所阻碍,被社会诱惑所羁绊。为了实现远大目标,要想方设法避开障碍,争取时间努力向前,最终到达理想的地方。所以,无论何时何地都要保持清醒的头脑,坚持"不忘初心",勇往直前,朝着远大目标努力前行。

【品悟】有虑者则安,无虑者则慌。未雨而绸缪,何忧之有?

子曰:"已矣乎!吾未见好德如好色者也。"

【译文】孔子说:"完了,我从未见过喜欢美德如同喜欢美色一样的人。"

【解读】☞ 色易取　德难求

　　人性的弱点有时表现在只重表面,不重实际,只重享受,不重努力。眼前,是指当下的好处,比如美色一样诱惑;长远,是指远大的理想和目标。对于常人来说,只求自身的安逸,没有大的目标和追求,也没有大的担当和责任,所以最看重的是感官的享受和眼前的利益。对于君子来说,有理想有追求,以平天下为己任,所以君子要花更多时间和精力去学习修养,增长才干担当大任。使人人成为君子,是孔子一生的梦想,所以他希望人们能够如追求美色一样地追求道德。

【品悟】人要追求上进,不可贪图享受。浑浑噩噩,一事无成。

子曰:"臧文仲其窃位[①]者与!知柳下惠[②]之贤而不与立也。"

【注释】① 窃位：身居官位而不称职。② 柳下惠：春秋中期鲁国大夫，姓展，名获，又名禽，他受封的地名是柳下，"惠"是他的谥号，所以，人称其为柳下惠。

【译文】孔子说："臧文仲是一个窃居官位的人吧！他明知道柳下惠是个贤人，却不举荐他与己并立为官。"

【解读】☞ 嫉贤妒能　其如窃位

君子有大格局，一心为他人着想，而小人却相反。春秋时期，鲁国的大夫臧文仲，在人们心中是一个各方面做得较好的人，也可以称得上是个贤者。但是孔子对他的看法并非如此，因为臧文仲在德的方面还有欠缺。孔子列举了有关柳下惠的故事。柳下惠是公认的贤者，时任大夫的臧文仲明知柳下惠之贤，却不愿举荐他与自己同朝为官。孔子说臧文仲有"三不仁，三不智"，其中"三不仁"是：下展禽，废六关，妾织蒲。下展禽就是指"知柳下惠之贤而不与立也"，这与公叔文子举荐其家臣与自己同朝为官之事形成鲜明对比。所以，孔子评价公叔文子是真正可以称得上"文"的人，而臧文仲是"窃位"者。从这点小事上可以看出臧文仲的胸怀和品德。

【品悟】知贤而不举，仁不足也；在其位不谋政，窃位者也。

子曰："躬自厚而薄责于人，则远怨矣。"

【译文】孔子说："多责求自己而少责备别人，就可以远离怨恨了。"

【解读】☞ 躬行自我　则少怨矣

要做一个有智慧贤人，必须从自身做起，远离怨恨。如何达到这样的要求呢？首先要严格要求自己，而不是要求别人。正如孔子所讲："工欲善其事，必先利其器"，先把自己打造成一个真正的君子，这样才能做好表率，用事实说服他人和影响他人。否则的话，一味地指责别人，而自己却一塌糊涂，就会招来众人的怨恨。

【品悟】批评与自我批评不仅是战胜自己的武器，更是能战胜敌人的重器。"严于律己，宽以待人"，才能立于不败之地。

子曰："不曰'如之何①，如之何'者，吾末②如之何也已矣。"

【注释】① 如之何：没有计划，心中没谱。② 末：没有办法。

【译文】孔子说："自己本身都没有想过'怎么办，怎么办'的人，我对他也不知该怎么办才好。"

【解读】☞ 胸无大志　无所成事

内在动力是成功的重要力量。如果自己不主动，只靠外部力量强迫着去做，也不会有很好的效果。"如之何"就是积极主动去想办法，是人们对所求事物的态度和愿望，是主动解决问题的前提和基础。如果事前没有任何准备，甚至没有什么目标可言，即使别人再想帮助也起不了多大的作用。

【品悟】任何事物变化的根源在于事物的内部矛盾，任何事业成功的奥秘在于做事者自身的努力。没有自身的动力，一切外力都是枉然。

子曰："群居①终日，言不及义，好行小慧②，难矣哉！"

【注释】① 群居：众人聚在一起。② 小慧：小聪明。

【译文】孔子说："整天聚在一起，说话不讲道义，好玩弄些小聪明，这样很难有进步。"

【解读】☞ 群居无义　难成大事

有追求一定会有收获,有奋斗一定能够成功。对于每个人来说,只要心中有理想并不断去追求奋斗的人,一定会取得进步的。但人们往往做不到这一点,原因是什么呢?孔子给出了答案,这就是虽然整天聚集在一起,但不做正事,不讲道义,八卦连篇,自作聪明,结果一事无成。如果人们常常在一起拉拉家常、说说新闻、讲讲故事,讨论一些有益的人生和社会道理,那么这样的群体一定会越来越有智慧的。正如当今的一些人,手机不离身,整天沉溺在各类社交软件的群聊中,发一些毫无意义的段子,转一些废话连篇的短文,消耗了美好光阴,浪费了宝贵的时间,最终一事无成。夫子的话真值得我们后人深思。

【品悟】物以类聚,人以群分。入无义之群,成无义身,入道义群,成有义事。故入群需谨慎,宜者则进,不宜则退。

子曰:"君子义以为质,礼以行之,孙以出之,信以成之。君子哉!"

【译文】孔子说:"君子把道义作为根本,用礼法来推行,用谦逊言语来宣传,用诚信的态度来完成,能够如此才是真正的君子。"

【解读】☞ 常修仁义　终成君子

成为君子,重在修养。修养之法关键有四:义、礼、孙、信。义就是道义,这是君子修养的根本,是核心内容;礼就是礼法、规矩,行使道义要用礼法来规范,长期坚持可以巩固君子之德;孙就是要谦虚谨慎,这是一种为事的态度,只有以这种态度百姓才可以接受,道义才可以施行;信就是笃信、坚守,持之以恒方可成功。能做到这四点才可以称得上真正的君子。

【品悟】共产党员如现代君子,须有高尚道德情操,正确行为举止,谦虚谨慎的态度,坚定不移的意志,崇高理想信念。

> 子曰:"君子病①无能焉,不病人之不己知也。"

【注释】 ① 病:担心、害怕,以……为病。

【译文】 孔子说:"君子只怕自己没有才能,不怕自己不出名。"

【解读】 ☞ 不怕无名　就怕无能

人的生命是有限的,人活一辈子到底要给世界留下什么?这是古人常思考的问题。有的人常常担心自己没有好名声,这本身没有错。但是,如何才能得到好的名呢?孔子认为:君子首先要反省的是自己有没有真才实学,而不是有没有名声。人的真才实学是能够经得起时间考验的,而人的名声只是"闻"而已。当然,只要有了一定的能力,就自然会被人们所知,名也自然就有了。名有虚名和实名之分,君子追求的是"实名"即"事实"和"实事",用我们共产党的话来说就是"实事求是"。"古之学者为己,今之学者为人"讲的也是这个道理。

【品悟】 "知人者智,自知者明,胜人者有力,自胜者强",而"知其名"者不在其列。此乃圣人之知也。

> 子曰:"君子疾①没世②而名不称焉。"

【注释】 ① 疾:害怕、担心。② 没世:死亡之后。

【译文】 孔子说:"君子担心去世以后自己没有好的名声。"

【解读】 ☞ 君子留名　传于后世

虽不求有名,但不要留下骂名,这是君子的人生底线。君子是为人师表者,活着要为社会做一些有益的事。君子与小人的区别在于:君子站得更高、看得更远。他不仅要求自己无愧于时代,更要求自己无愧于后代。他时时提醒自己要给后人作出榜样,做一个对社会有益的人。只有这样,人生才有意义,后世才有所称。

【品悟】利于社会者,历史永远铭记,后人永远称颂。社会因为有君子而不同,历史因有君子而进步,世界因有君子更美好。今日中国,优秀共产党员就是现代君子。

子曰:"君子求诸①己,小人求诸人。"

【注释】① 求诸:求之于。

【译文】孔子说:"君子严格要求自己,小人责求别人。"

【解读】☞ 严于律己　宽以待人

"求诸己"是君子对自身的严格要求。达到这个要求必须从我做起,谦虚谨慎,宽容大度,笃实诚信,三省吾身,使自己成为对社会有益的人。小人则是常常要求别人,怨恨别人。《松树的风格》中描述了松树"要求于人的甚少,给予人的甚多",展现的就是这样一种品格。我们共产党人也要学习这种品格,要把自身打造成有理想、有道德、有文化、守纪律的现代君子。

【品悟】君子严于律己,宽以待人,率先垂范,立己立人。

子曰:"君子矜①而不争,群而不党。"

【注释】① 矜:庄重的意思。

【译文】孔子说:"君子庄重而不争名利,合群而不结党营私。"

【解读】☞ 群而不党　进而不争

君子形象庄重,办事认真,与人和谐而无私。"君子不重则不威"这一句强调外在表现。所谓"不争"是不争权夺利、不争强好胜等,这是君子的内涵。"群而不党"是君子的一种品质,君子与人为善,不与人为恶。光明磊落,不结党营私。结党营私是为个人或小集体谋利益的,是小人的表现。君子良好的形象常常是人们学习的榜样。

【品悟】君子大公无私，与世无争，和谐自然，处之而泰然，与人共进而不结党。

> 子曰："君子不以言举①人，不以人废言。"

【注释】① 举：举荐。

【译文】孔子说："君子不会因某人说话好听就举荐他，也不会因为某人有缺点就不采纳他的意见。"

【解读】☞ 公而无私　知人善任

选人用人需要智慧。君子不仅自知，而且知人。何谓知人呢？知人就是可以分清是非，有认识世界的本领。能够"知人"的前提是"知言"，"知言"就是知圣人之言，圣人之言就是我们所说的古代圣贤的思想，用现代的话叫：科学的理论，先进的思想和智慧。《论语》在结尾告诉人们："不知言，无以知人也"，说的就是这个道理。只有达到了"知人""知言"，才不会"失人""失言"。

【品悟】君子识人识时，与时俱进，公平正义，不寻私利，不偏不倚，故不因言举人，亦不因人废言。

> 子贡问曰："有一言而可以终身行①之者乎？"子曰："其恕②乎！己所不欲，勿施于人。"

【注释】① 行：践行，奉行。② 恕：推己及人。

【译文】子贡向孔子问道："有没有一个字可以终身奉行的呢？"孔子回

答说:"那就是恕吧!自己不愿意的,不要强加给别人。"

【解读】☞ 己所不欲　勿施于人

"恕"是君子的终身践行的思想。"恕"的本义就是如己心如他心,拓展其义就是"己所不欲,勿施于人"。意思是自己不愿意的,也不强加于别人。那么对于自己愿意的呢?是否就可以强加于人呢?孔子给出了答案,这就是"因材施教"。因材施教其实内涵更多,如因人而异、因时而异、因地而异等,就是根据人们的意愿而去推行教育教化。比如,高考选择志愿、大学设立的各个专业学院等,就是因材施教的具体实践。所以,又有了"己欲立而立人,己欲达而达人""推己及人""人人可以为君子,人人可以为圣贤"等思想。如佛教所言:度己度人。

【品悟】利己者己悦,利人者人和,利人利己则天下和。世上万物各有好恶,强之者不宜。

子曰:"吾之于人也,谁毁谁誉①?如有所誉者,其有所试②矣。斯民也,三代③之所以直道而行也。"

【注释】① 谁毁谁誉:毁谁誉谁,诋毁谁,赞誉谁。② 试:检验、考察。③ 三代:夏、商、周三代。

【译文】孔子说:"我对于别人,诋毁过谁?赞美过谁?如有所赞美的,一定要经过考察的。夏、商、周三代的贤人都是这样做的,这就是三代之所以能直道而行的原因。"

【解读】☞ 贤者修己　勿责人也

人人都喜欢被赞美而不希望被批评,这是人类的基本情感。孔子作为教育家因材施教,对人的评价非常慎重。他常采取启发诱导的方式,教人明白道理。例如"不愤不启,不悱不发"。同时他赞扬别人也是很谨慎,必须经过"试"的环节,等实践证实后才确定是否应该表扬。这种方法不是开始于孔子的，夏、商、周三代的贤德之人都是这样做的，所以三代的统治才能够持续那么久。

【品悟】君子所言，讲究原则。乐道人之善，成人之美。不道人之恶，致人恶名。故夫子慎言。

子曰："吾犹及史之阙文①也，有马者借人乘之②，今亡矣夫。"

【注释】① 阙文：史官记史，遇到有疑问的地方便缺而不记，称作阙文。② 有马者借人乘之：虽有马，己不驾而予人乘，喻人诚实、谨慎、负责的态度。

【译文】孔子说："我还能够看到史官把史书存疑的文字告知，以待知者填补，就像有马者借马给人骑一样，这种负责的态度和精神，现在很少见了。"

【解读】☞ 求真务实　尊重历史

历史就是教科书，是先辈留给后人的重要精神财富，必须确保其真实性。所以在撰写历史过程中一定要实事求是对后人负责，如有疑惑不可自以为是，主观臆断，随意增补。夫子看到"阙文"非常欣慰，因为史官"阙文"说明其态度谨慎，有强烈的历史责任感。"借马乘之"更表现了史官对后人的信赖和希望。在当时社会，能有这样有责任心的人确实值得人们尊敬。这种态度和情怀正是夫子所向往的君子品行。

【品悟】历史是教科书，真实可考才有意义。"知之为知之，不知为不知"是对待历史的态度，也是对后人的负责。

子曰:"巧言①乱德。小不忍则乱大谋。"

【注释】① 巧言：奸巧之言。

【译文】孔子说："花言巧语会败坏人的德行，小过错不注意，还忍心去做，就会败坏大事情。"

【解读】☞ 不改小过　必成大祸

　　凡事都要从小做起，小事做不好，大事何以为？所谓巧言，就是为达到自己个人目的，违背自己的主观愿望，歪曲事实，背离良心和道德而发出的言论。爱巧言者，看似小毛病，实则不小，甚至后果严重。长期巧言令色，不仅会使人丧失良知，而且还会使受众产生迷惑，以致败坏道德。所以每一个人都应该提高警惕从小事做起。奸巧言论通常不是出自于自己的内心，而是为了达到不可告人的目的。"小不忍则乱大谋"，这句话在民间流传很久，甚至成为人们用以警示自己的座右铭。它包含着"抓小图大""以小见大"等丰富的智慧。孔子说："八佾舞于庭，是可忍，孰不可忍"，讲的就是这个道理。"舞"为小事，但破坏了规矩就是大事。如果人们容忍小过错的发展，终究会酿成大祸。古人云："千丈之堤，以蝼蚁之穴溃；百尺之室，以突隙之炽焚，讲的也是这个道理。"

【品悟】大小之事，亦有善恶，善者扬之，恶者去之。"勿以善小而不为，勿以恶小而为之。"

子曰:"众恶①之，必察焉；众好②之，必察焉。"

【注释】① 恶：厌恶。② 好：喜欢。

【译文】孔子说："大家都厌恶的人，必须仔细考察；大家都喜欢的人，也要仔细考察。"

【解读】☞ 调查研究　可得真知

明辨是非表现了一个人的素质和能力。孔子告诉了人们分辨是非的重要方法——"必察焉"，意思是一定要调查研究，把事情搞清楚。"入太庙，每事问"这是孔子的一贯做法，表现了孔子对待任何事的谨慎态度。当人们赞成一件事或一个人的时候，是不是就断定这件事或者这个人真的就好了？当人们都不赞成某事或某人的时候，是不是这件事或这个人真的就是坏的呢？实践证明，多数人认为正确的，不一定正确；多数人认为错误的，不一定错误。凡事"必察焉"，这才是实事求是的工作态度和科学的工作方法。有了这种态度和方法，才会少走弯路，少犯错误，获得真理。

【品悟】 真理来源于实践，"必察焉"就是实践的过程。广泛调查研究最为科学，所以我党有"民主集中制"原则。众者，群众，群众意见必重视，然少数人意见也不可忽视。"真理有时掌握在少数人手里"，讲得就是这个道理。

子曰："人能弘道，非道弘人。"

【译文】 孔子说："人能够弘扬道义，道义却不能弘扬人。"

【解读】☞ 人能弘道　非道弘人

"道义"即真理，不论人类求与不求，它始终存在于自然界和人类社会的实践之中。只有掌握了认识世界的本领才能发现真理。弘扬"道义"是要人主动去行动、去追求的。只有认真地探索才可以认识"道"的根本，从而在实践中去运用和弘扬"道"的精神。

这里主要强调了人在追求和弘扬"道"过程中的能动作用。只有发挥人的主观能动性才能得到真正的"道"，人类才可以过上真正有意义的生活，世界才会变得更加美好，人与自然才会和谐相处。弘扬真理首先要修养自身、完善自己，才可以掌握弘扬道的本领。反之，以道弘人，用来装点门面，哗众取宠，那就不是真正的君子之所为。

【品悟】真理是客观存在的，发现和践行真理需要发挥人的主观能动性。

> 子曰："过而不改，是谓过矣。"

【译文】孔子说："有了过错而不改正，这才是真错了。"

【解读】☞ 知过不改　错上加错

常言道：知错改错不算错，这是人们对本章最好的解读。夫子在上一章讲了"人能弘道，非道弘人"短短几个字就说出的人生意义。人生意义是什么呢？是"弘道"。这是夫子告诉我们的答案，因为只有弘道才能让人人得道，只有得道人们才会生活得更好。然而，得道的过程并非一帆风顺，可能会走不少弯路，甚至是错路，知错改错人类才能进步。夫子曾赞扬颜回"不二过"，其言外之意是：人人都可能有错，但不可以有"二过"，如果屡教不改，那就是真的错了。所以夫子告诉人们：人类对待错误的唯一正确态度是知错而改！

【品悟】知错不改是谓过。真的过错，并非犯错，而是屡犯同样的错而又不知悔改。

> 子曰："吾尝终日不食，终夜不寝，以思，无益，不如学也。"

【译文】孔子说："我曾经整天顾不上吃饭，彻夜不眠，左思右想，结果什么也没有得到，还不如去学习为好。"

【解读】☞ 学思践悟　终成君子

本章突出讲述"思"与"学"的关系。"思"是对事物的分析和思考，而"学"则是一种具体行动，是把思考和认识用于实践的过程。专门思考而不行动是空洞的，不会有结果。只有积极行动起来，在实践中不断认识自我和改善自我，才能真正地有所收获。

【品悟】 学习是一种觉悟的过程，是学和习的结合，是探索、认识和实践的过程，只有学通古今，才能充满智慧。

子曰："君子谋道不谋食。耕也，馁①在其中矣；学也，禄②在其中矣。君子忧道不忧贫。"

【注释】 ① 馁：饥饿。② 禄：做官的俸禄。

【译文】 孔子说："君子注重追求道义，不过分讲究衣食。种田的，有时也要饿肚子，学习，常常得到俸禄。君子所担心的是道义而不是贫穷。"

【解读】☞ 君子谋道　小人谋食

君子是国家的栋梁，是经过学习修养而成长起来的有志之士。所以君子要摆正自己的位置，牢记自己的使命，如果君子有道而不守道，就是不作为。有一次樊迟问稼，夫子答道："小人哉，樊须也"，他批评樊迟不能从自己的本职工作出发，只拘泥于具体事务，对治理政事是不利的。君子要根据自己所处的地位和所学知识，发挥其优势。"君子谋道"就是要管大局和方向，而不是具体细小的事物。人的精力是有限的，有时不可兼而得之。正如古人所言："鱼和熊掌不可兼得"，对于樊迟来说，制定政策树好榜样就是抓住了"熊掌"，获得具体技术就是抓了"鱼"。如果舍其道而求衣食则如"捡了芝麻，丢了西瓜"。夫子所说"不谋食"，并非不吃饭，而是在谋"道"的过程中，自然享受足够的衣食。

【品悟】 求道之事难，衣食之事易，舍易取难，君子之行。君子之道，可生衣食，大道之行，衣食何愁？

子曰:"知及之①,仁不能守之;虽得之,必失之;知及之,仁能守之,不庄以莅②之,则民不敬。知及之,仁能守之,庄以莅之,动之不以礼,未善也。"

【注释】① 知及之:知,同"智"。之,道也。② 莅:临,到的意思。

【译文】孔子说:"懂得什么是道,却不能坚守仁德,虽得道,必失道。能得道,也有仁德,却不能认真对待道,也得不到百姓的尊重;能得道,有仁德,并能认真行道,但不太讲究礼节章法,那也是不完善的。"

【解读】☞ 以礼行道　善之上者

要想真正得到真理,并不是一件容易的事情,需要人们终身努力。即使得到了真理而不慎重地加以运用,所得的真理还是不可以被百姓所接受。如果大家不接受不传承,那么大道真理就失传。如同一种很好的思想理论,虽然来之不易,但是如果不珍惜,不正确的运用,那么好的理论和思想就不会在现实中推行,所得到的真理也会束之高阁,尘封于历史了。

【品悟】把理论用于实践造福社会,这才是掌握理论的目的。所以,对待真理要有敬畏之心,否则便会失去意义。

子曰:"君子不可小知①而可大受②也,小人不可大受而可小知也。"

【注释】① 小知:小智、小技之类。② 大受:大责任、大使命、大担当之意。

【译文】孔子说:"君子不能只做一些简单的小事,要承担重大的责任和使命。小人不可承担重大的责任和使命,可以去做些小事。"

【解读】☞ 仁人志士　理应担当

君子是道德修养较高的人,是治理国家难得人才。国家有道时,君子被重用，国家无道时，君子无所用。但作为君子，不论有位无位都不能消沉。君子要有所作为，但又不能抓小失大。本章所讲的"大受"就是大担当，大责任、大作为。就像孔子一样，虽然不被重用，但仍然周游列国传道授业"知其不可为而为之"。孔子一生"三千徒弟子，七十二贤人"，为社会培养了一大批优秀人才，可谓尽到了君子"大受"的责任。对于一般修养不够的小人来说，是不可以担当大任的。小人"大受"，将无所作为，受损失的是国家社会，遭殃的是黎民百姓。在当今的社会，党员干部就是君子，应该承担起治国理政的责任，为社会作出自己应有的贡献。

【品悟】君子可修成，得之却不易。德位相配，方得安宁。

子曰："民之于仁也，甚于水火。水火，吾见蹈而死者矣，未见蹈仁而死者也。"

【译文】孔子说："百姓们对于仁的渴望，胜过于对水火的渴望。我只见过人为求得水火而死的，却没有见过为追求仁德而死的。"

【解读】☞ 仁德之治　民心所向

人人都需要仁德，因为仁德可以使社会和谐稳定，可以使生活更加幸福。人们对仁德的需要就如同对水火的需求一样，但在现实生活中，人们对物质的追求往往重于对仁德的追求。有的人沉溺于物质享受的追求和对眼前利益的拥有，甚至不择手段，以至于"见蹈而死者"。水火实用但无情，仁德无形却长久。对水火过分追求，可能遭遇迷茫。而对仁德不懈追求，却可以使人更加幸福快乐。老子说："为学日益"，讲得就是这个道理。

历史跨越了两千多年，人类在物质文明和精神文明方面创造了辉煌成就，但在对物质和精神需求方面还有误区。有的人重物质而轻精神，有的人轻精神而重物质，这两种态度都是不正确的。正确的态度是要"两手抓，两手都要硬"，这样才能保证社会和谐稳健康发展。

【品悟】"谋道"与"谋食"理应兼顾。水与火人人所需,然蹈而死者无数,以其甚也。仁与德人人所望,然未见蹈死者也,以其躁也。

子曰:"当仁,不让于师。"

【译文】孔子说:"面对仁德,就是老师,也不必谦让。"

【解读】☞ 君子求仁　不让于师

在追求仁德方面,要发扬勇往直前超越前辈的精神,形成奋发向上的社会氛围。仁德是人类最美好的道德,老师希望每一位学生都能通过学习获得真知成为圣贤。如果自己的学生超越了老师,实现了自己的人生理想过上幸福生活,那是老师最大的骄傲。因为学生的成就凝聚了老师的心血,成才的学生就是老师最好的杰作。"扬名后世,以显父母"是对父母最大的孝道。同样,学生成才也是对老师最好的报答。

【品悟】青出于蓝而胜于蓝,长江后浪推前浪,发展才是硬道理。弟子强于师,可谓发展,弟子不如师,是谓故步自封。百花齐放,百家争鸣,方能繁花似锦。

子曰:"君子贞①而不谅②。"

【注释】① 贞:是"正"的意思。② 谅:(不讲原则的)信用。

【译文】孔子说:"君子坚持原则,固守正道,而不拘泥于小信。"

【解读】☞ 既要原则　又要灵活

君子必须坚持原则,但做事也要讲究灵活。"贞"就是正,是指正道、仁道,这是原则,原则就是根本。坚持原则不是照抄照搬,而是活学活用。比如我们提倡诚信是有条件的,而不是一味地"诚"和"信"。片面地讲究"诚"和"信"对人对己是不利的。如对敌人"诚实"是对同志的不忠；对犯罪分子的宽容，就是对人民的犯罪；对不法行为的无视，就是对群众的不仁，等等。所以，要坚持原则性和灵活性相统一，要因时因地因人而异，不可死板教条。

【品悟】为人为事既要坚持原则，又要结合实际，不可生搬硬套。

> 子曰："事君，敬其事而后其食①。"

【注释】① 食：食禄，俸禄。

【译文】孔子说："事奉君主，先要尽力办事，不以食禄为先。"

【解读】☞ 事君以敬　其余次之

事奉君主首先要考虑如何尽心尽力，而不是先考虑俸禄要求。这一点突出了道义和职责是第一位。先以恭敬之心做好事，再以做事的结果取俸禄，这是儒家主张的正道。如若先提俸禄要求，再以俸禄多少做事是不合乎道义的。在这一点与现代西方价值观是有区别的。正如在应聘实践中，如果应聘者首先提出工资，而不提能力，一般来说，人们是不喜欢的。这既是现实社会实践经验，也是传统价值观的具体体现。

【品悟】事君与禄，其有先后，君先禄后，其合义也。事君以禄，其心在禄，不在君也。

> 子曰："有教无类①。"

【注释】① 无类：不分贵贱。

【译文】孔子说："人人都可以接受教育，不应有贫富贵贱的限制。"

【解读】☞ 有教无类　人人平等

"有教无类"是孔子的教育思想，其义在于：人人都有受教育的权利，不以贫穷富贵为条件。因为事君与事父的道理是一样的，只有人人受到良好的教育，才能做到在家守孝，在外知敬，事君以忠。人人知礼有敬，整个社会才会向上向善，天下才能和谐共进。孔子的教育思想冲破了当时贵族式教育的局限。他广招门徒，开放办学，使人人都有受教育的机会，人人都能为弘扬大道真理作出贡献。"有教无类"的教育理念，开创了中国古代开放办学的先河，不仅对当时社会发展产生了巨大影响，而且对历史进步和文化繁荣起到重大促进作用。

【品悟】教育如同日月之光，应成为大众共享资源。社会需要精英，人民才是历史的创造者。有教无类开创了全民教育先河。

子曰："道不同，不相为谋。"

【译文】孔子说："所持道义不同，不必勉强共谋。"

【解读】☞ 道不同不相谋

由于人的成长环境、学识等不同，所形成的世界观、人生观、价值观等也不尽相同。所以，不论在工作上还是在生活中，对于有不同政见和主张的人，孔子并不强其所同，只是"不相为谋"。是不是真正的"大道"需要在实践中不断得到检验才可以确定。与同道者谋，只能使"大道"更纯，"真理"更真。若与不同道者谋，只能耗费时间，也不会有什么结果。不与谋是一种中庸的态度，既不反对，也不赞成，互不干涉，和平共处。谁对谁错只有经过实践的检验才可分清。

【品悟】道不同者，无相交之处，谋之无果。不谋并非不容，乃各行其道，各得其所。老子云："两不相伤，德交归焉"，此之谓也。

> 子曰:"辞达而已矣。"

【译文】孔子说:"言辞只要能说清楚立场观点就可以了。"

【解读】☞ 言语表达　立场鲜明

教学的首要方法是学会表达。语言是传道授业的重要工具,也是人与人之间交流的主要方式。可以说,不会表达寸步难行。最普遍的交流方式是说话和写文章,所以孔子强调在这两方面做到"辞达"就可以了。"辞达"就是要朴实无华,实事求是,表达清楚。孔子曾教育自己儿子鲤:"不学诗,无以言",意思是人要学会说话,必须先学习《诗经》,因为《诗经》所表达的思想是淳朴无邪的。要通过语言,说清楚称赞什么、反对什么、提倡什么就可以了。

【品悟】说话作文,应有讲究,真实可信,言简意赅者即可。华而不实,空洞无物者不可行。

> 师冕①见,及阶,子曰:"阶也。"及席,子曰:"席也。"皆坐,子告之曰:"某在斯,某在斯。"师冕出。子张问曰:"与师言之道与?"子曰:"然,固②相③师之道也。"

【注释】① 师冕:鲁国盲人乐师,名,冕。② 固:本来就是。③ 相:帮助。

【译文】乐师冕来见孔子,走到台阶边,孔子说:"这里是台阶。"走到座席旁,孔子说:"这里是座席。"等大家都坐下来,孔子告诉他:"某某在这里,某某在这里。"师冕走了以后,子张就问孔子:"这就是与乐师谈话的方法吗?"孔子说:"本来就是帮助盲人的方法。"

【解读】☞ 导之以礼　盲者自明

对于盲人来说，眼前是一片黑暗，如没有人引路很难到达自己想要去的地方，甚至还会走弯路或走错路。本章以给盲人引路作为《卫灵公篇》的结尾，其意味深长。前几章讲过了孔子的教育思想和教学方法。其实对于每一位学生来说，求学之初都如同盲人一样，不知道路在何方。只是经过老师和家长的提醒和引导才可以走好自己的路。引路如此，教育也是如此。教学过程中，首先要告诉学生"这是什么、那是什么、我是如何、他是如何"，让学生清楚最基本的观点。孔子因材施教，循循善诱，循序渐进，细致入微，使每个人都能明白前进的路，从而达到教育的目的。

【品悟】 人之初皆无知，其如瞽者。瞽者不明，须人指引，导之有礼，明达四方。

季氏第十六

导 语

《季氏》篇共 14 章,主要分析在为政、为人、为事、社交等方面出现的问题以及应该坚持的原则和应对方法。

季氏将伐颛臾①。冉有、季路见于孔子曰:"季氏将有事②于颛臾。"孔子曰:"求!无乃尔是过与?夫颛臾,昔者先王以为东蒙主③,且在邦域之中矣,是社稷之臣也。何以伐为?"冉有曰:"夫子欲之,吾二臣者皆不欲也。"孔子曰:"求!周任④有言曰:'陈力就列⑤,不能者止⑥。'危而不持,颠而不扶,则将焉用彼相⑦矣?且尔言过矣,虎兕出于柙⑧,龟玉毁于椟⑨中,是谁之过与?"冉有曰:"今夫颛臾,固而近于费⑩。今不取,后世必为子孙忧。"孔子曰:"求!君子疾⑪夫舍曰⑫欲之而必为之辞。丘也闻有国有家者,不患寡而患不均,不患贫而患不安。盖均无贫,和无寡,安无倾。夫如是,故远人不服,则修文德以来之。既来之,则安之。今由与求也,相夫子,远人不服而不能来也,邦分崩离析而不能守也;而谋动干戈于邦内。吾恐季孙之忧,不在颛臾,而在萧墙⑬之内也。"

【注释】① 颛臾:鲁国的附属国,在今山东省费县西。② 有事:指有战事,用兵作战。③ 东蒙主:东蒙,蒙山。④ 周任:人名,周代史官。⑤ 陈力就列:发挥才能,担当职责。⑥ 不能者止:如果做不到就辞职。⑦ 相:辅助。⑧ 柙:用以关押野兽的木笼。⑨ 椟:匣子。⑩ 费:季氏的采邑。⑪ 疾:痛恨。⑫ 舍曰:不想说。⑬ 萧墙:照壁屏风。指朝廷之内。

【译文】季氏将要讨伐颛臾。冉有、子路去见孔子说:"季氏要攻打颛臾了。"孔子说:"冉求,这不就是你的过错吗?颛臾是先王的东蒙主,而且在鲁国境内,是国家的臣属啊,为什么要讨伐它呢?"冉有说:"季孙大夫想去攻打,我们两个人都不愿意。"孔子说:"冉求,周任有句话说:'在位就要尽责,做不到就辞职。'危险了不去扶助,跌倒了不去搀扶,那还要你们这些辅助的人干什么呢?而且你还说错了。老虎、犀牛跑出笼子,龟甲、玉器毁坏在匣子,这是谁的过错呢?"冉有说:"现在颛臾城墙坚固,又离费邑很近。不把它夺取过来,将来一定会成为子孙的忧患。"孔子说:"冉求,君子不赞成那种说自己想要,还找出理由辩解的做法。我听说,对于有国有家的人来说,不怕贫穷,而怕不公;不怕人口少,而怕不和谐。公平了,也就没有贫穷之差;和谐了,就不存在多寡;安定了,也就没有危险了。如果能做到这些,远方的人还不归服,就要用仁、义、礼、乐招徕他们。已经来的,就让他们安心住下去。现在,仲由和冉求你们两个人辅助季氏,远方的人不归服,又不能招徕他们,民心不稳,你们也不能保证他的安全,反而策划在国内使用武力。以我看,季孙的忧患不在颛臾,而是在自己的内部呢!"

【解读】☞ 兴亡与否　始于萧墙

事物的发展变化源于内部矛盾运动,正确处理内因和外因的关系,是解决矛盾的关键。"祸起萧墙"的故事中蕴含着这种哲学思想。季氏想攻打颛臾,冉有与子路没有劝诫,而是顺着其意支持季氏。孔子批评二位弟子,为政不尽其力、不负其责,事君不能以忠、不能以仁,与季氏同流合污。孔子指责的不是季氏而是自己的弟子。他给弟子讲了许多道理:如"陈力就列,不能者止",但弟子又做不到,做不到的根源在于弟子本身所持的观点与季氏相同。所以他又教育弟子真正的忧患是:不公平、不安定、不和谐,而不是城池的不坚固。解决的方法是:推行公平、安定、和谐的仁政。所以,孔子指出国家治理根源和忧患在于自己的内部。

纵观中国和世界历史,每一个朝代的衰亡,其根本原因往往来自内部。我们在任何时候都要头脑清醒,内因永远是主要原因,外因只是起辅助作用而已。国家的兴衰,民族的兴亡,关键在于内部,内部和谐发展,国家自然强大,内部不稳固往往容易被外界攻破。如果内忧加外患,更会加速灭亡。这一点教训必须时刻明白。

【品悟】内因是事物发展变化的根本原因,这是马克思主义辩证法的观点。所以,任何组织要想长久,必须加强自我建设和自我革命;任何单位、个人，甚至集团、国家衰弱失败，都要从自身找原因。发展自己，完善自己，使自己强大起来，这才是硬道理。党的"自我革命"理论，就是要解决我们党长期以来自身存在的问题，内部矛盾解决了，一切问题便迎刃而解。

孔子曰："天下有道，则礼乐征伐自天子出；天下无道，则礼乐征伐自诸侯出。自诸侯出，盖①十世希不失矣；自大夫出，五世希不失矣；陪臣②执国命，三世希不失矣。天下有道，则政不在大夫。天下有道，则庶人不议。"

【注释】① 盖：大约。② 陪臣：家臣。

【译文】孔子说："天下有道的时，制定礼乐制度和出兵征伐的重大事件都由天子决定；天下无道的时，国家重大政策，由诸侯决定。（不顾天子）由诸侯决定者，政权最多可传十代；由大夫决定者，政权很少能维持五代的。由家臣作决定的，政权最多可维持三代。天下有道，大政方针决定权不会落在大夫手中。天下有道，老百姓对政权没有非议。"

【解读】☞ 治国安邦　重在朝野

　　天下有道和无道从君臣权力的变化中可以看出来。有道时，君臣有序，夫妇有别，朋友有信，社会和谐。无道时政出多门，而不出于天子，导致社会混乱。若政出天子，天下才归于正道。孔子认为若政权由诸侯把持，那么国家最多可生存十代；若政权由大夫把持，则国家很少超过五代的；若政权由家臣把持，则国家政权最多可维持三代。历史的经验证明：国家政权必须牢牢掌握在执政者手中。

　　对于现在来说，我们共产党人是代表国家和人民来行使政权的。如果政权不掌握在我们党的手中，那么这个国家就很危险。所以，党中央强调：要增强"四个意识"，坚定"四个自信"，坚持"两个确立"，做到两个"维护"，意义深远。

【品悟】执政者须统一思想，维护核心，坚持原则，团结一致。否则，可能导致政权丧失等严重后果。

> 孔子曰："禄①之去公室五世②矣，政逮③于大夫四世矣，故夫三桓之子孙微④矣。"

【注释】① 禄：俸禄，此处指政权。② 五世：指鲁国宣公、成公、襄公、昭公、定公五代。③ 逮：到达，掌握。④ 微：衰微。

【译文】孔子说："鲁国国君失去政权已经有五代了，政权落在大夫之手已经四代了，所以三桓的子孙已经衰微了。"

【解读】☞ 各自为政　名存实亡

礼乐的兴衰反映了社会风气的好坏。有令不行，有禁不止，政出多门，朝廷就已名存实亡了。这是孔子对当政者的忠告。他告诫执政者，如果再不改变这种现状，国家必然灭亡。

历史证明，孔子的分析是多么正确，后人一定要接受此教训。一个政党和国家要想长久发展，政权必须牢牢掌握在自己手里。中国共产党已走过了一百多年的历程。中华人民共和国成立后，党领导人民取得了一个又一个的历史性成就。党的十八大以来，我们党攻克了许多长期没有解决的难题，办成了许多事关长远的大事要事，经受住了来自政治、经济、意识形态、自然界等方面的风险挑战考验，党和国家事业取得历史性成就、发生历史性变革。中国特色社会主义进入了新时代。在这关键时刻，我们更要坚持党的集中统一领导，始终与党中央保持高度一致，维护党中央权威，进一步把中国特色社会主义推向前进。

【品悟】社会风气败坏时，国家政权就受到了严重威胁，可能被其他力量取而代之，为政者理当警惕。

> 孔子曰："益者三友，损者三友。友直①，友谅②，友多闻③，益矣。友便辟④，友善柔⑤，友便佞⑥，损矣。"

【注释】① 直：直言不讳。② 谅：诚信。③ 闻：博而明。④ 便辟：惯于固执而不正。⑤ 善柔：善于和颜悦色骗人。⑥ 便佞：惯于花言巧语。

【译文】孔子说："有益的朋友有三种，有害的朋友有三种。与正直的人交友，与诚信的人交友，与见多识广的人交友，这是有益的。与惯于走邪道的人交朋友，与善于阿谀奉承的人交朋友，与惯于花言巧语的人交朋友，这是有害的。"

【解读】☞ 近朱者赤　近墨者黑

　　一个人有道无道，重点要看他所亲近的人如何，如果他周围的人都是上进的人，那他一定会上进，如果他周围是些无道之人，那他一定也会受到影响。孔子讲："里仁为美，择不处仁，焉得知？"就是这个道理。常言道："认识一个人，看他身边的人"，也是这个道理。大夫无礼，与其家臣有很大关系；国君无礼，与其大夫有很大关系。孔子列举了"三家"把持朝政的事例，就是要使人们明白"三家"之间关系密切，是因为他们相互影响，利益一致。他们共同对付朝廷，使得国家政权名存实亡，社会才出现了混乱局面。

　　人与人之间的交往也是如此，每个人都受他人的影响，这种相互影响发挥着极大的作用。所以，人要保持自己的完美，就必须不断改善自己。改善自己，首先要从自己做起，其次还要注意选择结交好的朋友，因为朋友的性格、见识和德行常常给自己带来潜移默化的影响，多交好友，有利于自己不断完善和进步。反之，会给自己带来不利影响。

【品悟】人与人交往，其实是相互影响，相互教育的过程。所以，交友要"见贤思齐，见不贤而内自省也"。

孔子曰:"益者三乐,损者三乐。乐节礼乐①,乐道人之善,乐多贤友,益矣。乐骄乐②,乐佚游③,乐晏乐④,损矣。"

【注释】① 节礼乐:善的礼乐。② 骄乐:骄纵之乐。③ 佚游:游手好闲。④ 晏乐:大吃大喝。

【译文】孔子说:"有益的喜好有三种,有害的喜好有三种。喜欢善的礼乐,喜欢称道别人的好处,喜欢结交贤德之友,这是有益的。喜好骄纵之乐,喜欢游手好闲,喜欢大吃大喝,这是有害的。"

【解读】☞ 积极向上　有益健康

孔子从教育和培养人的角度,阐述了三种有益的爱好:一是积极上进的礼乐;二是讲别人的长处;三是结交贤德之友。这三种爱好都可以使人积极向上追求进步,是有益的事情。另外,有三种无益的爱好:如爱好骄纵的音乐;爱好东游西逛,无所事事;爱好吃喝玩乐,无事生非。这三种喜好使人忘乎所以,消沉意志,都是无益的。爱好人人都有,但有的人因为不能作出正确的选择,所以走上了日渐堕落的不归路。

本章启示人们:要有积极向上的追求,不断养成好习惯,好的习惯往往成就人的一生。

【品悟】善举必成善德,恶习必有恶果。道人之善,可催人奋进;多结贤友,可博学多才;助人以成,无所不益也。与骄纵者为伍,易起祸端;佚游者为伍,无所事事。

孔子曰:"侍于君子有三愆①:言未及之而言谓之躁②,言及之而不言谓之隐③,未见颜色而言谓之瞽④。"

【注释】① 愆:过失。② 躁:急躁。③ 隐:隐瞒。④ 瞽:盲人。

【译文】孔子说:"侍奉君主,要注意避免三种过失:未到该说话时就说,这是急躁;该说时不说,这叫隐瞒;不顾对方的表情而说,这是睁眼瞎。"

【解读】☞ 注重修养　力戒三愆

君子主张谨言慎行,所以在与人交往过程中要注意别犯下以下几种过失:一是不该说时抢着说话,这叫急躁;二是该说时不说,这叫隐瞒;三是该说时乱说,这叫放肆;四是不顾对方心情而说,这叫睁眼瞎。这几种习惯都会给人留下不好的印象,有时还会给别人带来伤害。与人相处时,如果能克服这些缺点,人生的道路会越走越好。

【品悟】不计后果,一吐为快,祸害自来。不可担当。虽正不行。君子慎言又不隐言,出言而能适时,此为识时务者。躁者,急于求成;隐者,思虑过度;瞽者,言行不适时。

孔子曰:"君子有三戒:少之时,血气未定,戒之在色①;及其壮也,血气方刚,戒之在斗;及其老也,血气既衰,戒之在得②。"

【注释】① 色:女色,诱惑。② 得:贪得,对利益所求。

【译文】孔子说:"君子有三戒:年少时,血气还不成熟,要戒除各种诱惑;壮年时,血气方刚,要戒除盲目争斗;年老时,血气衰弱,要戒除贪得无厌。"

【解读】☞ 人生三戒　得之无愆

孔子对人生三个重要时期作出分析并提出忠告。少年时期,正处于成长期,身体机能、生活习惯和意识形态正在形成并发生变化,是学习知识的大好时光,是重要的成长期。如果被各种诱惑迷乱,就会错失良机而"白了少年头"。所以,年少之戒在于"色"。中年是人生的黄金时期,是成家立业的重要阶段。在这一阶段,正值精力旺盛,是创业的大好时机。但如果盲目争斗，不讲科学，不分是非，很容易走上邪路而一事无成，所以，壮年之戒在于"斗"。老年是人生的后期，各种肌体渐渐衰弱，一般情况下不宜过分操劳，而应"保养"和"调理"，所以，老年之戒在于"得"。

【品悟】君子"三戒"是人生的忠告，值得后人深思。宋人蒋捷有词曰："少年听雨歌楼上。红烛昏罗帐。壮年听雨客舟中。江阔云低、断雁叫西风。而今听雨僧庐下。鬓已星星也。悲欢离合总无情。一任阶前、点滴到天明。"

孔子曰："君子有三畏：畏天命，畏大人，畏圣人之言。小人不知天命而不畏也，狎①大人，侮②圣人之言。"

【注释】① 狎：戏弄，不恭敬。② 侮：诋侮。

【译文】孔子说："君子有三种敬畏：敬畏天命，敬畏有道义的人，敬畏古圣先贤的话。小人不懂得天命，因而无所敬畏，也不尊重道义之人，甚至还会轻蔑圣人之言。"

【解读】☞ 常怀敬畏　君子者也

所谓天命，是指人与天地自然规律。圣人之言是指古圣先贤所总结出的大道真理等。如"益者三友""君子三愆"等之类。君子之所以有敬畏，是因为君子知道这些道理。小人之所以不知敬畏，是因为小人不懂得这些道理。如果小人知天命之义，那小人就可以成为大人君子。本章之义并非赞扬君子或批评小人，而是启示人们：居于君子之位者应担当起教育小人的责任，人人成为君子，世界才会越来越美好。

【品悟】圣人之言可为真理，故可信也。小人不畏天命，可谓悖道；不敬大人，可谓悖理；侮圣人之言，可谓背信弃义。

孔子曰："生而知之者，上也；学而知之者，次也；

困而学之，又其次也；困而不学，民斯为下矣。"

【译文】孔子说："生来就知道的人，是上等人；经过学习以后才知道者，是次等人；遇到困难再去学习者，是又次一等的人；遇到困难还不学习的人，是下等人。"

【解读】☞ 学而知之　人生正道

　　君子与小人有不同的人生观和价值观。孔子根据获得道义的先后情况，把人们分为四类：一是上等人，是天生得道者；二是次等人，是经过学习后才得道者；三是再次一等的人，是受困后通过学习而得道者；四是下等的人，是遇困后还不知学习的人。"生而知之者"是指那些智商和悟性较高的人，这类人通过自我观察感悟，能辨明是非，是极少数的。大多数人是"学而知之"和"困而学习之"者。无论出于什么目的，只要学习总会有所收获，而那些不好学的人一定不会有进步，这是最下等的人。孔子对自己的认识是："我非生而知之者，好古，敏以求之者也"，他以此告诉人们：学而知之，才是正道，这是每个人都可以做到的。

【品悟】人要追求进步，必须从学习开始，没有什么捷径可走。任何成功都是奋斗出来的。困而不学，无动于衷者，无可救药。正如孔子所言："不曰'如之何，如之何'者，吾末如之何也已矣。"

孔子曰："君子有九思：视思明，听思聪，色思温，貌思恭，言思忠，事思敬，疑思问，忿思难，见得思义。"

【译文】孔子说："君子在学习过程中要注意九个方面的问题：要看明白；要听清楚；态度要温和，容貌要谦恭；言语要忠诚；做事要谨慎；疑难要多问；愤怒时要想到后果；获取财利时要思义。"

【解读】☞ 学有九思　通则君子

　　学习和修养有多种途径和方法。孔子认为，要做到君子必须从视、听、色、貌、言、行、疑、忿、利等方面入手加以修养。"视"和"听"是观察、调查和学习；"色""貌"是态度；"言""行"是实践；"疑""忿"是方法；"见得思义"是境界和目标。"九思"是君子的言行表现，也是人们学习进步的具体方法。

【品悟】视可明辨是非，听可知晓由来，色可态度温和，貌可谦恭待人，言可表忠心，事要恭敬，疑要多问，忿要思果，见得要思义，此九者若修，必成君子。

子曰："见善如不及，见不善如探汤。吾见其人矣，吾闻其语矣。隐居以求其志，行义以达其道。吾闻其语矣，未见其人也。"

【译文】孔子说："见到好的事物，（就急着追求）像害怕自己赶不上一样迫切，见到不好的事物，（就高度警觉）像把手触到开水一样躲开。我见过这样的人，也听到过这样的话。隐居起来，寻求志向，坚守道义以求达道。我听过这样的故事，但没有见到这样的人。"

【解读】☞ 见贤思齐　不贤自省

无论是在历史上，还是在现实中，贤达之人处处可以见到。所以，孔子强调了"吾见其人矣，吾闻其语矣"和"吾闻其语矣，未见其人也"，告诉人们能够这样做的人，在现实社会中大有人在，不仅可以见到学到，而且可以做到。在历史上也有这样的人，虽然如今见不到了，但还在被人们称颂。

2019年3月1日，习近平总书记在中央党校中青年干部班上强调："人格是一个人精神修养的集中体现。光明磊落、坦荡无私，是共产党人的光辉品格，也是干部应该锤炼的品质修养。要坚守精神追求，见贤思齐，见不贤而内自省，处理好公和私、义和利、是和非、正和邪、苦和乐的关系。"这是总书记对这段话最好的解读。

【品悟】见贤思齐，重在"见"和"思"。可"见"，难能可贵，可"思"，更是优秀品质。

> 齐景公有马千驷①，死之日，民无德而称焉。伯夷叔齐饿于首阳②之下，民到于今称之。其斯之谓与？

【注释】① 驷：四马。② 首阳：山名。

【译文】齐景公有马四千匹，死后，百姓们觉得没有什么功德值得称颂。伯夷、叔齐饿死在首阳山下，百姓们到现在还在称颂他们。说的就是这个道理吧。

【解读】☞ 有德称之　无德亡之

人生价值不在财富多少和权力大小，而在于是否有德。齐景公，虽然生前富有，但死后并不被人所称颂；伯夷、叔齐，虽然流落他乡一无所有，却被人牢记。能否成为被后人称颂和学习的榜样，不在于他有多少财富，而在于有没有德行。自古至今，只有道德高尚的人才能流芳千古。

【品悟】祖述尧舜，宪章文武。人民才是历史的创造者，也是历史的书写者。

> 陈亢①问于伯鱼②曰："子亦有异闻③乎？"对曰："未也。尝独立④，鲤趋而过庭⑤。曰：'学《诗》乎？'对曰：'未也。''不学《诗》，无以言。'鲤退而学《诗》。他日又独立，鲤趋而过庭。曰：'学礼乎？'对曰：'未也。''不学礼，无以立。'鲤退而学礼。闻斯二者。"陈亢退而喜曰："问一得三。闻《诗》，闻礼，又闻君

子之远其子也。"

【注释】① 陈亢：即陈子禽。② 伯鱼：孔子的儿子。③ 异闻：特别的方式和内容。这里指特别的教诲。④ 独立：孔子独自一人。⑤ 庭：客厅。

【译文】陈亢问伯鱼："你是否受到老师特别的教诲？"伯鱼回答说："没有呀。（我告诉你两件事）有一次父亲独自站在堂屋，我快步走过，他问：'学《诗》了吗？'我回答说：'没有。'他说：'不学诗，无以言。'我回去就学《诗》了。又有一次，他一人在堂屋，我又快步走过，他说：'学礼了吗？'我回答说：'没有。'他说：'不学礼，无以立。'我又回去学礼。就这两次。"陈亢回去高兴地说："我问一个问题，就有三个收获：一是要学《诗》；二是要学礼；三是君子不偏爱自己儿子。"

【解读】☞ 君子无私　终成圣贤

"师者，所以传道授业解惑也。"一视同仁是教师的基本操守。孔子在教育事业上不仅有教无类、因材施教，而且对待学生不偏三向四。对待自己的孩子也像对待所有弟子一样，从来没有吃过"偏饭"。他这种无私的教育精神值得我们所有教师学习和发扬。

【品悟】孔子教人无偏无私，亲人弟子，如同一人。教《诗》以言，教礼以立。其至圣先师，当之无愧。

邦君①之妻，君称之曰"夫人"，夫人自称曰"小童"②；邦人称之曰"君夫人"，称诸异邦曰"寡③小君"；异邦人称之亦曰"君夫人"。

【注释】① 邦君：诸侯国君。② 小童：谦称。③ 寡：谦辞。

【译文】国君的妻子，国君称她为"夫人"，夫人自称为"小童"，国人称她为"君夫人"；对他国人则称她为"寡小君"，他国人也称她为"君夫人"。

【解读】☞ 上好礼　民不悖

一国之君的妻子的称谓不是一件小事，而是一种礼仪。不同环境下的不同称谓就是礼。如：国君称妻子为夫人，表示平等相待；夫人自称小童，表示谦和；国人称君夫人，表示尊敬；对别国人称本国夫人为寡小君，表示谦虚和尊严；别国人称国君妻子要有尊重，故称为君夫人。"邦君之妻"在不同场合的不同称谓正是礼仪之邦的生动写照。

【品悟】君率以正，孰敢不正，君若不正，孰能以正？

阳货第十七

导语

《阳货》篇共 17 章,重点记叙孔子的教育思想在实践中是如何得到应用的。

> 阳货①欲见孔子，孔子不见，归孔子豚②。孔子时其亡③也，而往拜之，遇诸涂④。谓孔子曰："来！予与尔言。"曰："怀其宝而迷其邦⑤，可谓仁乎？"曰："不可。""好从事而亟失时，可谓知乎？"曰："不可。""日月逝矣，岁不我与。"孔子曰："诺，吾将仕矣。"

【注释】① 阳货：又叫阳虎，季氏家臣。② 归孔子豚：赠给孔子一只小猪。③ 时其亡：等他外出的时候。④ 涂：同"途"，道路。⑤ 迷其邦：听任国家迷乱。

【译文】子不见，他便赠送给孔子一只小猪。孔子趁阳货不在家时，去拜谢他，却在半路上遇见了。阳货对孔子说："来，我有话要跟你说。"阳货说："胸怀治国之策却任凭国家迷乱，这能叫作仁吗？"说："不能。"说："想做大事却又屡次错过机会，这能算作明智吗？"说："不能。"说："时光一天天过去，岁月是不等人的。"孔子应付说："好吧，那我就去做官了。"

【解读】☞ 非道不谋　拒之以礼

阳货为季氏家臣，内心不仁，孔子不愿意与其共事。孔子本想趁其不在家时，前往回礼，没想到却在半路与之相遇。阳货也非等闲之辈，知孔子守礼，所以半路相守，才遇见了孔子，于是又有相见后的一番"巧言"。阳货所言，头头是道，孔子知其口是心非，所以勉强答应。这一段礼尚往来的趣事，也展示了孔子随机应变的处事智慧和能力。

【品悟】为人处世，既讲原则性，又讲灵活性；既不失于礼，又不失于志。

> 子曰："性①相近也，习相远也。"

【注释】① 性：本质，本性。

【译文】孔子说:"人的本性是相近的,后天学习和环境的不同使人们之间相去甚远了。"

【解读】☞ 性近习远　和而不同

人的本质是相近的,这里的相近是指对善的追求和向往,是人内心深处最原始的愿望。但为什么不同的人在生活中却有不同的表现呢?这里用了一个"习"字作了概括。"习"是指学习教育、行为习惯、个人追求和所处环境影响等。由于人们长期处在不同的环境当中而养成了不同的行为习惯、精神状态和心理变化,所以才产生了人与人之间"相远"的结果。如"近朱者赤,近墨者黑""染于苍则苍,染于黄则黄",说的就是这个道理。阳货是季氏的家臣,也认为孔子学说有道理,这是善的一面,但其受季氏家族影响而渐渐无道,所以孔子不想与他共谋。

【品悟】人之初,性本一,因学习,才知义。近善者,则善矣,近恶者,则恶矣。

子曰:"唯上知①与下愚②不移。"

【注释】① 上知:上上之人,指圣贤之人。② 下愚:下下之人,指弱智之人。

【译文】孔子说:"只有上等智者与下等愚者是无法影响和改变的。"

【解读】☞ 上知不移　下知不改

世界上有两种人是难以改变的,一是有高超智慧者,如圣贤之人;二是下等的愚民,如弱智者,不思进取的人,这两种人是很难受外界环境影响。上知者,心有定力,无人能改;下知者,不思进取,无所事事,无人能变。芸芸众生,属于这两种人的却是少数。大多数都可以通过学习和环境影响使其心智发生改变,正所谓"近朱者赤,近墨者黑"。若是受到好环境的影响,他们就积极向上;若是受到恶劣环境的影响,他们就日渐堕落。所以,人们一定要养成学习的好习惯,选择好的环境,见贤思齐,见不贤而内自省。

正如夫子所言："里仁为美"。

【品悟】上知者，知天命，知是非，成竹在胸，故坚定而不移；下愚者，因其无知，是非不分，为所欲为，不知其耻，故不移。

> 子之武城①，闻弦歌②之声。夫子莞尔而笑曰："割鸡焉用牛刀？"子游对曰："昔者偃也闻诸夫子曰：'君子学道则爱人③，小人学道则易使④也。'"子曰："二三子，偃之言是也。前言戏之耳！"

【注释】① 武城：鲁国的一个小城。当时子游是武城宰。② 弦歌：弦，指琴瑟。以琴瑟伴奏歌唱。③ 爱人：施以仁道，爱护百姓。④ 易使：遵章守纪，安居乐业。

【译文】孔子到武城，听闻弦歌之声，就微笑着说："杀鸡何必用牛刀呢？"子游回答说："以前我听先生说过，'君子学道后就能以道治国，爱护百姓；百姓学道后就能信守道义，安居乐业。'"孔子说："弟子们，言偃的话是对的。我刚才的话，只是开个玩笑而已。"

【解读】☞ 道莅天下　国泰民安

子游出身百姓人家，跟孔子学习后成为智者。他从政后，对工作一丝不苟，虽在武城这块小地方，仍然用所学的治国大道来进行治理，致使小小的武城有了都市气象。孔子看过后非常高兴，肯定了他的做法。这段故事进一步证明了：上智的人因心中有大道，无论身在何处都不会偏离正确的方向。正是"上知不移"的真实写照。

【品悟】大治需大道，执政要君子。上知之人，心存敬畏，不忘初心，以道而行，以礼而为，天下可治。

公山弗扰①以费畔，召，子欲往。子路不说，曰："末之也已②，何必公山氏之之也③？"子曰："夫召我者而岂徒④哉？如有用我者，吾其为东周乎⑤！"

【注释】① 公山弗扰：人名，又称公山不狃，季氏的家臣。② 末之也已：无处去就算了。③ 之之也：第一个"之"字是助词；后一个"之"字是动词，去任职的意思。④ 徒：凭空召唤。⑤ 吾其为东周乎：我就会在这里建立强盛的东方王朝。

【译文】公山弗扰在费邑反叛，来召孔子帮其治理，孔子准备前去。子路不高兴地说："没有地方去就算了，为什么一定要去公山弗扰那里呢？"孔子说："他来召我，难道只是空召我吗？如果有人用我，我就要在东方复兴周礼，建一个东方王朝。"

【解读】☞ 治国之志　须臾弗离

孔子认为公山弗扰不是"下愚"的人，是可以改变的。所以，他想去应召并实现自己的治国理想。子路不理解孔子为什么这样做，劝他不要去的原因是觉得公山弗扰是个"下愚"之人，不可改变。孔子认为：也许公山弗扰真的想通过自己来治理好这个国家，只要有机会去实现自己的理想那就要行动起来，以免错失良机。这是孔子作为君子的情怀，也是大知不移的表现。

【品悟】为了理想和目标，只要有机会和可能就要主动作为，这是君子的担当和胸怀。

子张问仁于孔子。孔子曰："能行五者于天下，为仁矣。""请问之？"曰："恭、宽、信、敏、惠。恭则不侮，宽则得众，信则人任焉，敏则有功，惠则足以使人。"

【译文】子张向孔子请教什么是仁。孔子说:"能践行五种品德就做到仁了。"子张说:"请问是哪五种?"孔子说:"恭敬、宽厚、诚信、勤敏、慈惠。恭敬就不会侮人和被侮,宽厚就会得到大众拥护,诚信就能得到别人的任用,勤敏就会成功,慈惠就有人追随。"

【解读】☞ 仁行天下　国之大治

孔子认为只要做到了"恭、宽、信、敏、惠"五个方面就可以说做到仁政了。这五个方面概括起来是:恭敬、宽厚、诚信、勤奋和惠人。尊重别人才可以赢得尊重,宽厚待人才能得到人心,诚实守信才会得到别人的信任,勤奋努力才能实现目标,让人得到实惠才有人追随。这五点也可以理解为:知敬畏、有胸怀、有品德、勤作为、有效果。这是为政的规律,也是一个智者应有的品质。阳货和公山弗扰想用孔子,说明他们认识到孔子思想是得民心的,从这一点可以看出他们积极善的一面。孔子认为只要他们有为善表现,自己就不能放弃。由此我们可以看出孔子对阳货和公山弗扰的宽容和信心。

【品悟】所谓仁政是为他人着想,为他人谋利益。正如:"以百姓之利为利"。"恭、宽、信、敏、惠"无一不是为他人而谋者。

佛肸①召,子欲往。子路曰:"昔者由也闻诸夫子曰:'亲于其身为不善者,君子不入也。'佛肸以中牟②畔,子之往也,如之何?"子曰:"然,有是言也。不曰坚乎?磨而不磷③;不曰白乎?涅④而不缁。吾岂匏瓜也哉?焉能系而不食?"

【注释】① 佛肸:晋国大夫范氏家臣,中牟城地方官。② 中牟:晋国地名,今河北邢台与邯郸之间。③ 磷:损伤。④ 涅:一种染料。

【译文】佛肸召孔子,孔子准备前往。子路说:"从前我听先生说过:'亲自做坏事的人,君子是不与谋的。'现在佛肸在中牟反叛,您却要去,这如何解释呢？"孔子说："是的，我说过这样的话。没听说过真正坚硬的东西磨也磨不坏吗？没听说过真正洁白的东西染也染不黑吗？我难道像个葫芦，只是挂在那里而不给人用吗？"

【解读】☞ 君子之志　坚如磐石

　　孔子教育弟子要用发展的目光看待世界，以与时俱进的精神融入社会，不可犯教条主义错误。佛肸在中牟反叛后召孔子前去帮助治理政事，遭到孔子弟子的阻挠。孔子向弟子们解释他决定帮助佛肸的原因：一方面，他认为佛肸是可教之人，想去引导其走上正路；另一方面，他想通过实践来实现自己的理想。他用"磨而不磷""涅而不缁"来表达君子之志是不可移的，以此打消了弟子们的担心。同时告诉弟子们要敢于尝试，勇于担当作为，这样就做到了仁。

【品悟】君子本色，如坚白硅，磨而不改，不可被染。君子应当主动担当，有所作为，以己之力，挽狂澜于乱世；以己之智，救万民于水火。

　　子曰："由也，女闻六言六蔽矣乎？"对曰："未也。""居①，吾语女。好仁不好学，其蔽也愚②；好知不好学，其蔽也荡③；好信不好学，其蔽也贼④；好直不好学，其蔽也绞⑤；好勇不好学，其蔽也乱；好刚不好学，其蔽也狂。"

【注释】① 居：坐。② 愚：愚蠢，可欺可害。③ 荡：放荡不羁，好高骛远。④ 贼：害人害己。⑤ 绞：刻薄，尖酸。

【译文】孔子说："仲由呀，你听说过六言六弊吗？"子路回答说："没有。"孔子说："坐下，我告诉你。好仁而不好学，它的弊病是愚蠢；好智而不好学，它的弊病是放荡；好信而不好学，它的弊病是害人害己；好直而不好学,它的弊病是刻薄;好勇而不好学,它的弊病是作乱;好刚而不好学,它的弊病是狂妄自大。"

【解读】 ☞ 六言六蔽　中正之道

"六言"是指圣人之言,也是孔子主张的优秀品质,这种品质不是刻板教条的,而是需要结合实际的,并且在运用中要讲究"度"。所谓"度",就是要根据具体面对的问题,来决定自己什么时候作出行动,以及做到什么程度。比如:"仁、知、信、勇、直、刚"等,都并没有错,但不可以过于教条,应加以"学"才可以克服其所产生的负面效应。比如人们都追求"仁",而"仁"并不意味着对任何人和动物都要可怜,对于坏人坏事的仁,就是对好人好事的不仁。例如:对杀人犯绳之以法,既是对犯罪分子的惩罚,又是一种教育手段,更是对人民的大"仁"。对"知""信""直""勇""刚"的理解也是如此,这六言要活学活用、灵活掌握,不可生搬硬套。如果不加以分辨,盲目追求"仁""知""信"等就会出错犯病,严重者甚至会害人害己。这其中包含的是"中庸"之道。

【品悟】 理论要真学真信,同时还要不断创新,与时俱进,特别是在实践过程中要与时代紧密结合,才不会偏离方向。

子曰:"小子,何莫学夫《诗》。《诗》可以兴①,可以观②,可以群③,可以怨④。迩之事父,远之事君;多识于鸟兽草木之名。"

【注释】 ① 兴:培养想象力,抒发情感。② 观:观察世间万物。③ 群:合群,与人同乐,凝聚人心。④ 怨:表达心声,抒发感情。

【译文】 孔子说:"学生们为什么不学习《诗》呢?学《诗》可以培养想象力,可以提高自己的观察力,可以增强凝聚力,可以释放自己的压力。近可以用来事奉父母,远可以事奉君主;还可以多了解一些鸟兽草木的名字。"

【解读】☞ 诗教智人　礼教治国

　　君子无论何时都要养成好学的习惯。学什么呢？应从学《诗》开始，学《诗》好处：一是学《诗》可以开启人生的智慧，培养人的想象力，让人产生丰富的联想；二是学《诗》可以让人学会观察事物并逐步了解事物的内部原理，启发人们的思想，增长人们的才智；三是学《诗》可以与人同乐，保持人与自然的和谐，形成积极向上的力量；四是学《诗》可以抒发情感，表达思想，释放自己。

【品悟】　学《诗》可以启发智慧，陶冶情操，了解社会，发现规律，顺应时代潮流。读《诗》的好处很多，因为《诗》的核心是"思无邪"。

> 子谓伯鱼曰："女为①《周南》《召南》②矣乎？人而不为《周南》《召南》，其犹正墙面而立③也与！？"

【注释】① 为：学。②《周南》《召南》：《诗经·国风》中的第一、第二两部分篇名。③ 正墙面而立：面向墙壁站立着。

【译文】孔子对伯鱼说："你学习《周南》《召南》了吗？一个人如果不学习《周南》和《召南》，那就像面壁而立，不可行走一样！"

【解读】☞ 学诗化人　学史增信

　　《论语》中多次提到《诗》，"思无邪"概括了《诗》的核心要义。《诗》内容深入浅出，易学易懂，学习《诗》就如同接受启蒙教育。《周南》《召南》属于国风，是各地民歌，真实反映了中华民族的淳朴思想。可以说，学习《诗》能够使人了解社会现状，特别是了解天下百姓的心愿。孔子对自己儿子的教育是从《诗》教开始的。他说："不学《诗》无以言"，并强调不学《诗》中的《周南》《召南》，就像一面墙拦在眼前不能行走一样。

【品悟】《诗经》教人朴实无华，讲信修睦，言行一致，符合自然。读《诗》如人生初起，不读《诗》，可能会输在起跑线上。

> 子曰:"礼云礼云①,玉帛云乎哉?乐云②乐云,钟鼓云乎哉?"

【注释】① 礼云:讲礼仪,强调要有礼的意义。② 乐云:讲乐教。

【译文】孔子说:"讲究礼仪,只是讲玉帛器物之类的礼吗?讲究乐教,只是说的钟鼓乐器之类的乐吗?"

【解读】☞ 礼乐之教　在于实践

孔子在教自己儿子时说:"不学《诗》,无以言。""不学礼,无以立。"所以,学《诗》和学礼都是最基础的课程。《诗》教人树立正确的人生观、价值观和世界观。然而在现实社会中,人们有时会偏离正道,巧言令色,言行不一,道德丧失。礼是人们相互交往、相互尊重的基本规矩,是保持社会和谐稳定的基本法度。然而人们在实践中却常常只重视礼的形式而淡化其实际意义。有人把礼看成简单的物质财富的往来,把乐看成乐器发出的各种音响。这些理解和做法实际上偏离了礼乐之教的初衷。礼乐之教的作用和意义,就在于对人生观、价值观和世界观的巩固,是人们对美好生活追求的实践。

【品悟】诗书礼乐之教,乃人生修养之基,其意义在于固人本、通人性、和自然、稳社会,是社会和谐发展稳定的精神力量。礼乐之教,应与合乎时代,结合实际,益于与社会发展。

> 子曰:"色厉而内荏①,譬诸小人,其犹穿窬②之盗也与!"

【注释】① 色厉而内荏:外强中干之象。厉,威严;荏,虚弱。② 窬:洞。

【译文】孔子说:"外表严肃而内心空虚,比如那些小人,就像挖墙洞行窃的小偷。"

【解读】☞ 正人君子　不得人心

礼的根本在于巩固内心的敬畏和规矩，不是物与物的交往，也不是表面上的严肃呆板，而是"温而厉""和不同"。然而，现实中却有不少不学无术、弄虚作假、吓唬百姓的无能之辈，常常以"威严"形象出现的"正人君子"，他们以外表严谨来掩盖内心的空虚。正如毛泽东同志说的"墙上芦苇，头重脚轻根底浅。山间竹笋，嘴尖皮厚腹中空"之流，最终是要被人民所唾弃的。

【品悟】其有君子之外表，而无君子之内涵；有君子之行头，而无君子之行为。其如"穿窬之盗也"。

子曰："乡原①，德之贼也！"

【注释】① 乡原：不思进取，不知是非，没有原则的老好人。亦可谓"两面人""两面派"。

【译文】孔子说："不知是非、没有原则的人，才是破坏道德的人。"

【解读】☞ 乡原者　德之贼

生活中总那些处事圆滑的"老好人"。这些人往往以伪善言行迎合人们的喜好，蒙蔽人们眼睛，看似好人其实不做好事。他们常常自作聪明，不讲原则。这类人的存在，往往使人们分不清好坏，在不知不觉中丧失了进取心。其实，这才是道德的破坏者，他们见到坏人可与之同流合污，见到好人也能混入其中，对社会发展不起好的作用。孔子曰："过我门而不入我室，我不憾焉者，其惟乡原乎。"意思是"路过贤者的门，而不见贤思齐，自己也能感觉不遗憾"的人就是乡原。乡原是内心很空虚，又装作很充实的人，是经不起实践考验的人。这类人的表现往往如上一章所述，是"色厉而内荏"者，是表里不一，欺世盗名的伪君子。

【品悟】孟子评价乡原："非之无举也，刺之无刺也；同乎流俗，合乎污世；居之似忠信，行之似廉洁；众皆悦之，自以为是，而不可与入尧舜之道，故曰德之贼也。"

> 子曰："道听而涂①说，德之弃也。"

【注释】① 涂：同"途"。

【译文】孔子说："在路上听到传言不经证实就到处传播，这是有德者所唾弃的。"

【解读】☞ 道听途说 德之弃也

"道听途说"的意思是在半路听到消息后，也不去调查是真是假就随意传播出去。这是一种背离道德准则，不分是非屈直的轻率行为。做任何事都要讲究规矩，君子要谨言慎行，即便是真消息，也要先分析传播出去的影响和效果是不是有益于人和社会，是不是正能量。道听途说者也许不存在恶意，但常常造成恶果。这类人在现实生活中虽是少数，但其影响却不是小事。党的十八大以来，中央多次强调党员干部不要"妄议中央"、不要"妄议大政方针"，就是因为有一些自以为是的人，不明政策的意义却妄下结论，给人们思想上带来迷惑，给党和国家带来不良后果。所以，道听途说者，是社会所厌恶的。

【品悟】道听者无意而得，途说者随意而言。途说，即半途而说，不加以证明，不顾其真假，不计其后果，不负其责任，可谓不慎，非君子所为也。

> 子曰："鄙夫①可与事君也与哉？其未得之也，患②得之。既得之，患失之。苟患失之，无所不至矣。"

【注释】① 鄙夫：鄙陋之人。② 患：怕、担心。

【译文】孔子说:"可以和鄙陋者一同事奉君主吗?这种人在没有得到权力之前,担心得不到。已经得到了,又怕失去。如果担心失去权力,那他就什么事都干得出来了。"

【解读】☞ 患得患失　小人之行

　　鄙陋之人是指浅薄无知的人,这类人手段恶劣,不知羞耻,只顾自己不顾他人,是自私的人。这些人为了达到自己的目的可以不择手段,甚至伤害他人,所以孔子不主张与这类人共事,更不可重用。在现实生活中,鄙陋之人是危险的,也是不受欢迎的。

【品悟】事君者,应一以贯之,得之以道,失之怀道,退而修道。小人事君,心不在君而在利也。其顺我者昌,逆我者亡,无道也。

> 子曰:"古者民有三疾,今也或是之亡也。古之狂①也肆②,今之狂也荡;古之矜也廉,今之矜也忿戾;古之愚也直,今之愚也诈而已矣。"

【注释】① 狂:狂妄自大,愿望太高。② 肆:放肆,不拘礼节。

【译文】孔子说:"古人有三种毛病,现在恐怕连这三种毛病也不算毛病了。古代的狂者不过是自高自大,而现在的狂者却是放荡不羁;古代骄傲的人不过是自命清高,而现在骄傲的人却是凶恶蛮横;古代愚笨的人不过是直率一些,现在的愚笨者却是欺诈啊!"

【解读】☞ 人无底线　礼法无行

　　古代人们的科学知识和物质生活可能差些,但人的思想淳朴与高尚程度要比孔子时代好多了。孔子认为过去人们存在的缺点,都还有道德底线,相比当时社会来说已经算不上缺点了。而孔子所处的时代,这些所谓缺点已经严重突破了道德底线,到了令人发指的地步。如果再这样下去,将会国将不国、人将不人、礼将不礼了。孔子的话给社会敲响了警钟。

【品悟】古之病属狂狷之病,今之病属道义之病。古之病者在于表,今之病者在于心。古之病不越线,今之病无底线。

子曰:"巧言令色,鲜矣仁。"

【译文】孔子说:"花言巧语的人,很少有良善之心。"

【解读】☞ 巧言令色　仁之远也

本章已见于《学而篇》第三章,此处重复出现,其目的在于强调:不读《诗》者就容易"巧言令色",也是对上一章内容的进一步说明和解释。巧言的人越多,社会正气就会越少,和仁的距离就会更远了。如果天下说真话的人越来越少,巧言令色者就会变本加厉,天下就会越来越乱。本章警示人们:匡正社会风气势在必行。

【品悟】人言若巧行亦巧,人言之危亡之不远。故,不读《诗》者无以言。

子曰:"恶紫①之夺朱也,恶郑声②之乱雅乐也,恶利口③之覆邦家者。"

【注释】① 紫:红色与蓝色相混的颜色,紫色为间色。② 郑声:郑国的音乐,相传为淫荡之乐。③ 利口:能说会道,妖言惑众者。

【译文】孔子说:"我厌恶紫色夺去了红色之纯美,厌恶用淫乐扰乱雅乐,厌恶用妖言惑众颠覆国家的人。"

【解读】☞ 君子三恶　切勿同流

前面讲过"色厉而内荏"者、"乡原"者、"道听途说"者、"巧言令色"

者等，这些人的行为败坏了社会道德，迷惑了天下百姓，扰乱了社会风气，是真正危害社会的贼人。本章用紫之夺朱、郑声乱乐、利口覆邦这些事实，分析了这些行为和现象的危害之处。比如：朱色从传统观念上来说，是一种庄重的色调，有一定象征意义。紫色不纯，但与朱相近，比朱耀眼，在某种情况下可能会动摇人们对朱色的崇拜和信仰；郑国的音乐放荡不羁，但有时会使人着迷而忘记雅乐；还有一些能说会道者，颠倒黑白的人，常常被人们看作有本领者等。在某种社会环境下，这些人还有一定市场和支持者，他们的存在会危害。本章就是提醒人们，一定要时刻保持警惕性，远离此类人。不然就有可能受到影响，甚至与之同流合污。

【品悟】紫之夺朱，犹奸人当道；郑声乱乐，犹邪不扶正；利口覆邦，如妖言惑众，使正言不行，正道不通，人无信念，国家必亡。

子曰："予欲无言。"子贡曰："子如不言，则小子何述焉？"子曰："天何言哉？四时行焉，百物生焉，天何言哉？"

【译文】孔子说："我不想说了。"子贡说："你如果不说话，那么我们这些学生还传述什么呢？"孔子说："天说什么呢？四季照常运行，百物照样生长。天说了什么呢？"

【解读】☞ 无言之教　可得真知

孔子传道授业数十年，可谓呕心沥血，但还是收效甚微。虽然得到许多世人的称赞，但仍旧不得重用，这令孔子感到失望。他想改变传授方法，以著书立说的方式留言于后世，让后人去思考，所以才说"予欲无言"。弟子们不理解，认为如果老师不讲学了，学生就不会有收获。孔子回答说：老天从来不说话，但是一年四季照样循环往复，万物照样生生不息。无言之教可以顺其自然，启人思考，发现大道，从而使人提高自身学习主动性。社会实践就是一本无形的教科书，多观察、多思考同样能获得真理。无言之教，是向实践学习的重要方法，也是与时俱进的具体实践，应该引起人们的高度重视。

【品悟】有言不听，有礼不行，视有若无，乱象之极。孔子欲不言，是其效法天地自然之大德，启人以智，遵循自然。

> 孺悲①欲见孔子，孔子辞以疾。将命者②出户，取瑟而歌，使之闻之。

【注释】① 孺悲：鲁国人，鲁哀公曾派他向孔子学礼。② 将命者：传话者。

【译文】孺悲想见孔子，孔子以病推辞。传话的人刚出门，（孔子）便拿起瑟边弹边唱，（有意）让孺悲听到，以表明自己不愿见他。

【解读】☞ 不言之教　无为之益

　　"无言之教"是教育人的方法，能让人有更多的思考，从而达到更好的效果。本章就是"无言之教"的一个范例。孺悲欲见孔子请教问题，孔子知其来意，故意不见。但并不是说孔子不想见他，而是要以故意不见其面的方式，使其受到教育，所以孔子才故意"取瑟而歌"让其听见。在现实社会中，这种"不见"而教的方法比当面而教的效果更佳。

【品悟】人有上中下。上者，不言而自勉；中者，受教而自强；下者，有教而不能自勉。故，人之教也必以其材，或以言教，或以身教，或无言而教，皆不同也。老子云："不言之教，无为之益，天下希及之。"

> 宰我问："三年之丧，期已久矣。君子三年不为礼，礼必坏；三年不为乐，乐必崩。旧谷既没，新谷既升，钻燧改火①，期②可已矣。"子曰："食夫稻，衣夫锦，于女

安乎？"曰："安。""女安则为之。夫君子之居丧，食旨③不甘，闻乐不乐，居处不安，故不为也。今女安，则为之！"宰我出，子曰："予之不仁也！子生三年，然后免于父母之怀。夫三年之丧，天下之通丧也。予也有三年之爱于其父母乎？"

【注释】① 钻燧改火：古人钻木取火，四季所用木头不同，每年轮一遍，叫改火。② 期：一年。③ 旨：甜美，指吃好的食物。

【译文】宰我问："服丧三年，时间是不是太长了？君子三年不讲究礼仪，礼仪必然败坏；三年不奏音乐，乐就会荒废。旧谷吃完，新谷登场，钻燧取火的木料也已轮换，有一年服丧期就可以了。"孔子说："（守孝一年）你就吃开了大米饭，穿起了锦缎衣，你心安吗？"宰我说："我心安。"孔子说："你心安，你就那样做吧！君子守丧，吃美味而不觉得香，听美乐不觉得快乐，住家里不觉得安逸，所以不那样做。如今你既觉得心安，你就那样去做吧！"宰我出去后，孔子说："宰予真是不仁啊！孩子生下来，到三岁时才能离开父母的怀抱。服丧三年，这是天下通行的丧礼。难道宰我没有得到父母三年怀抱之爱吗？"

【解读】☞ 守丧之礼　不可改也

宰我以"三年不为礼，礼必坏"为由，并举了旧谷吃完必吃新谷和旧柴烧完必改新柴的例子，为自己要改守丧时间作辩护。孔子针对宰我的理由，举了人从生下来都要经过父母三年的精心抚养才可脱离怀抱的事实，说明了要为父母守孝三年的道理。守孝三年是为了报答父母怀抱三年的养育之恩，这是自古流传下来的规矩和礼节。宰予与孔子争论的焦点不是守不守孝，而是守孝的时间。宰予从自然之理的角度来讲缩短时间的道理，而孔子则是从礼尚往来和人生大恩大德角度来讲不能缩短时间的理由。显然宰予是理亏的。

其实为父母守孝一辈子都不为过，只是守孝的方式完全可以改变。比如，可以通过续写家谱、建设祠堂、书写功绩、讲述故事、传承其事业等活动和仪式来追思和悼念祖先，使祖先的美德流传后人，激励后代，把先祖的美德永远铭记在心，这也可算是一种守孝吧。这种守孝的效果何止是三年？甚至可以说是一生和永远！

【品悟】守丧之礼，在于不忘父母养育之恩，不忘父母教诲之德，不忘父母之愿。守丧者，即怀其大恩，守其大德，非三岁之守，终身之守也！

子曰："饱食终日，无所用心，难矣哉！不有博弈①者乎？为之，犹贤②乎已③。"

【注释】① 博弈：下棋游戏之类。② 贤：好。③ 已：止。

【译文】孔子说："整天吃喝玩乐，无所事事，实在难有出息！不是还有棋类游戏吗？干这个，总比什么也不做好吧。"

【解读】☞ 饱食终日 不如博弈

孔子认为，一个人只知道吃喝玩乐，而不用心做事，也是一种不孝。如果真的没事可做，就是做一些游戏，也比闲着好。游手好闲，会养成一些坏习惯，而棋艺之类还可以使人活动脑筋和思维，是有益健康的。这是做人做事的基本态度和人生的基本追求。

【品悟】饱食终日，不为正事，就会虚度年华。人之所以为人，以其为万物之灵。万物之灵就应超越万物而有利于社会，否则与禽兽何异？

子路曰："君子尚勇乎？"子曰："君子义以为上。君子有勇而无义为乱，小人有勇而无义为盗。"

【译文】子路说："君子崇尚勇敢吗？"孔子答道："君子把义作为最高

的品德，君子有勇无义就会作乱，小人有勇无义就会偷盗。"

【解读】☞ 无道之勇　是为盗贼

　　勇敢应以道义为基础，如果君子只重视"勇"而不讲求"义"就会导致混乱。如果小人只讲"勇"而不讲"义"就会成为强盗。君子是有一定社会地位者，是社会上层形象的代表，一言一行都会对社会产生较大的影响。君子的人格不完善，社会风气就不完美。小人社会地位一般，见识也很一般，小人有勇无义就会做坏事，伤害他人，危害社会。所以，君子崇尚勇的前提是正义之事，见义勇为才是真正的君子行为。

【品悟】勇与义也，二者有别。勇者，在于敢与不敢，敢者为勇；义者，在于可与不可，可者为义。因义而敢是谓君子，因利而敢是谓小人。君子不义而敢为，则乱，小人不义而敢为，则盗。乱者惑民，盗者害民。

> 子贡曰："君子亦有恶乎？"子曰："有恶。恶称人之恶者，恶居下流①而讪②上者，恶勇而无礼者，恶果敢而窒③者。"曰："赐也亦有恶乎？""恶徼④以为知者，恶不孙以为勇者，恶讦⑤以为直者。"

【注释】① 下流：下位。② 讪：诽谤。③ 窒：阻塞，不通事理，顽固不化，不知变通。④ 徼：窃取，抄袭。⑤ 讦：攻击、揭发别人。

【译文】子贡说："君子也有厌恶的人吗？"孔子说："有厌恶的人。厌恶宣扬别人坏处的人，厌恶身居下位而诽谤在上位的人，厌恶勇敢而不懂礼节的人，厌恶固执而又不通事理的人。"孔子又说："赐，你有厌恶的人吗？"子贡说："厌恶抄袭别人成果的人，厌恶把不谦虚当作勇敢的人，厌恶揭发别人短处而自以为直率的人。"

【解读】☞ 君子之恶　恶其不仁

君子最所厌恶的行为有四种，这些都是现实生活中常见的又容易使人迷惑的行为。比如：说别人坏话、妄议上级、有勇而无礼、自以为是又顽固不化。凡有这些行为的人都有一个共同的特点是：只考虑自己而不顾忌别人。子贡所厌恶的是：抄袭别人的成果还自以为聪明、对别人无礼自以为勇敢、攻击别人短处自以为直率。子贡所厌恶的人有一个共同的特点：弄虚作假，欺世盗名。由此可见，孔子所恶的是"不仁不义"，子贡所恶的是"不真不实"。孔子之恶，重在精神大道；子贡之恶，重在现实物质。

【品悟】
称人之恶者，损人而不利己；居下讪上者，其不敬不恭也；勇而无礼者，其乱序也；果敢而窒者，政不可通，义不可行也。

子曰："唯女子与小人为难养也，近①之则不孙②，远之则怨。"

【注释】
① 近：亲近。② 孙：同"逊"，不谦虚。

【译文】
孔子说："唯有女子和小人是难以相处的。亲近了，他们就会放肆无礼，疏远了，他们就会产生怨恨。"

【解读】☞ 孤陋寡闻　最为难养

本章讲述了世界上最难相处的两种人：一是女人；一是小人。有人认为这句话是对天下女人和普通百姓的不尊、不敬。果真是这样吗？不是。这句话有什么问题？没有。要真正理解这句话的意思，必须明确两个问题。第一是要清楚这两句话出现的时代背景。春秋战国时期是我国封建社会的初期，在这样的社会背景下，女人和普通百姓基本没有学习机会，学识和见识自然较少，眼界狭窄，所以难以沟通。过去，曾把人分为五等，即小人、成人、君子、贤人、圣人。这些人当中"小人"是最低等的，因为他们很少受过教育，生活上没有大目标和追求，只是为了生存而已。女人呢？在当时社会条件下，主要任务就是传宗接代、相夫教子等，社会地位很低。孔子说："女人和小人难养"是有一定道理的。有人说这一章有孔子轻视妇女的思想倾向。这是一种错误的认识。孔子在自己的教学实践中不乏对女子的赞美和尊重。他所整理的《诗经·关雎》等文献，不乏描述赞美女人的故事。

【品悟】男女之身，自然有别，男女之心，性相近也。好男不学习，难与圣贤齐。好女不学习，难知天下礼。不好学习、不思进取、孤陋寡闻的人是很难相处的。

子曰："年四十而见恶①焉，其终也已。"

【注释】① 恶：令人厌恶的缺点。

【译文】孔子说："到了四十余岁还有很多缺点不改，那么他这一生也就完了。"

【解读】☞ 四十不惑　一生平安

孔子认为，一个人到了四十岁时就应该懂得很多道理，从而做到"四十而不惑"。如果天下人都能这样去做的话，就不会有明显的缺点和错误，人的一生也会过得平安幸福。这里的"年四十"不能机械地理解为"四十岁"，应该理解为人生的后期。春秋战国时期，人均寿命较低，一个人能活到四十岁，是很不容易的，达到六十岁至七十岁可以说是很稀少的。所以，用历史的观念看待问题，才可以正确地理解其深刻含义。

【品悟】长期陋习，已成痼疾，若欲改之，需加倍努力，不可懈怠。

微子第十八

> **导 语**

《微子》篇共 11 章。主要总结了历史上的贤人隐士的言行,突出孔子思想的伟大。

微子①去之，箕子②为之奴，比干③谏而死。孔子曰："殷有三仁焉。"

【注释】① 微子：商纣王的同母兄长，见纣王无道，劝他不听，遂离开纣王。② 箕子：商纣王的叔父。他去劝纣王，见王不听，便披发装疯，被降为奴隶。③ 比干：商纣王的叔父，屡次强谏，激怒纣王而被杀。

【译文】微子离开了纣王，箕子做了他的奴隶，比干因谏被杀。孔子说："商朝有三位贤人啊！"

【解读】☞ 仁者无忧　勇者无惧

孔子很崇尚商朝的三位贤士，一是微子，因劝其弟纣王无果，自己离开了；二是箕子，因劝其侄纣王，被降为奴隶；三是比干，因对侄子提意见，被杀害了。这三位忠臣的结局说明纣王在位时不重贤才，昏庸无度，注定了商朝必然灭亡的命运。本章也告诉了人们深刻的道理：对人才的态度决定着国家的兴衰存亡的命运。

【品悟】三子者，不为富贵所惑，不为无道所惧，守之以道，仁之表率，令人敬仰。

柳下惠为士师①，三黜②。人曰："子未可以去乎？"曰："直道而事人，焉往而不三黜？枉道而事人，何必去父母之邦？"

【注释】① 士师：掌管刑狱官员。② 黜：罢免。

【译文】柳下惠为狱官，三次被罢免。有人说："你为何不离开鲁国呢？"柳下惠说："按正道事奉君主，到哪里不会被多次罢官呢？如果不按正道事奉君主，何必要离开自己的国家呢？"

【解读】☞ 直道而行　君子无悔

柳下惠是春秋战国时期的思想家、政治家、教育家,其办事公正无私,被儒家称为贤人。在位时,曾被同僚相害,三次被罢官,又三次被起用。有人劝其离开自己的国家去别的国家求职,他没有去。他认为社会仁义之德已经丧失,以正道做事必定会被人所害,罢官是难免的,所以他被"三黜"毫无怨言。以他的聪明才智,完全可以见机行事,枉道事君,避免被害,但他没有那样做,展现了他的爱国爱家的情怀。

【品悟】 邦虽无道,直而不行,亦不可离父母之邦。父母之邦,生我养我,黜而弃之,其不孝也。君子当坚守道义,伺机而出,弘扬大道,使父母之邦归于正道。

> 齐景公待①孔子曰:"若季氏,则吾不能;以季、孟之间待之。"曰:"吾老矣,不能用也。"孔子行。

【注释】 ① 待:礼待、对待。

【译文】 齐景公谈到如何对待孔子时说:"像鲁君对待季氏那样,我做不到,可以用介于季氏和孟氏之间的待遇对待他。"又说:"我老了,没有什么作为了。"于是,孔子离开了齐国。

【解读】☞ 软弱之君　不可扶也

齐景公在位时期,季氏和孟氏掌握国家实权。齐景公明知孔子是人才,但因其软弱无能,不敢重用。由此可见,国家政权已不在朝廷,而在大夫手中,这样的国家其实已名存实亡。在这种情况下,孔子看不到希望而自己又无能为力,所以离开了齐国。由此可见,这是一个能不能留住人才的典型案例。要想留住人才必须重用人才,同时还要有为人才的工作生活提供保障的综合环境。特别是要把重要人才放在重要岗位上,让他们发挥作用,这样才能称得上重用人才。

【品悟】君臣无序，国之乱也；大夫专权，政必失也；贤才不用，国必亡也。

齐人归①女乐，季桓子②受之，三日不朝。孔子行。

【注释】①归：同"馈"，赠送。②季桓子：鲁国宰相季孙斯。

【译文】齐国人给鲁国赠送了一些歌女，季桓子接受了，多日不问政事。孔子于是离开了。

【解读】☞君不问政　何以扶正

　　齐人送女乐的目的是怕鲁国在孔子的帮助下强大起来，所以用女乐来诱惑鲁国君臣。季桓子接受齐国女乐，鲁国君臣整日沉迷于女色不问政事，孔子认为这样的国家不扶也罢。孔子讲过："子率以正，孰敢不正？"当孔子看到的是鲁国朝廷荒淫无度，所以大失所望，最终选择了离开鲁国。

【品悟】要想留住人才不仅要使用人才，还要有能够施展才华的环境。"关键少数"不给力，人才的作用发挥不了，他们还有什么价值留在岗位上呢？

楚狂接舆①歌而过孔子曰："凤兮凤兮！何德之衰？往者不可谏②，来者犹可追。已而已而！今之从政者殆而！"孔子下，欲与之言。趋而辟之，不得与之言。

【注释】①楚狂接舆：楚国叫接舆的狂人。②谏：劝谏。

【译文】楚国的狂人接舆唱着歌从孔子的车旁走过，他唱道："凤凰啊，凤凰啊，你的德运怎么这么衰弱呢？过去的已经无法挽回，未来的还来得及补救。算了吧，算了吧。今天的执政者又是这么腐败无能！"孔子下车，想同他谈谈，他却赶快避开，（孔子）没能和他交谈。

【解读】☞ 楚狂也荡　不如肆也

从接舆的歌声中可以看出他是一个聪明的智者，能看到当时社会的腐败，同时也能看到未来的一点希望，但又觉得希望是如此的渺茫，所以感到无奈。这正是狂者的表现，于是孔子想见接舆。正是："不得中道而与之，必也狂狷乎，狂者进取，狷者有所不为也"。孔子没有见到接舆，正如孔子所言："古之狂也肆，今之狂也荡"的生动写照。孔子想见狂者，却未能相见，但他并没有受到狂者的影响，仍然对未来充满信心。

【品悟】君子坚守道义，时刻清醒。楚狂一半清醒一半醉，宁可浪迹于江湖，也不与人共谋。其"狂也荡"，不若古人"狂也肆"。

长沮、桀溺①耦而耕②。孔子过之，使子路问津③焉。长沮曰："夫执舆者为谁？"子路曰："为孔丘。"曰："是鲁孔丘与？"曰："是也。"曰："是知津矣。"问于桀溺。桀溺曰："子为谁？"曰："为仲由。"曰："是鲁孔丘之徒与？"对曰："然。"曰："滔滔者天下皆是也，而谁以易之④？且而与其从辟人之士也，岂若从辟世之士哉？"耰⑤而不辍。子路行以告。夫子怃然曰："鸟兽不可与同群，吾非斯人之徒与而谁与？天下有道，丘不与易也。"

【注释】① 长沮、桀溺：两位隐士，真实姓名和身世不详。② 耦而耕：两个人合力耕作。③ 问津：津，渡口。寻问渡口。④ 之：与。⑤ 耰：用土覆盖种子。

【译文】长沮、桀溺在一起耕种，孔子路过，让子路去询问渡口在哪里。长沮问子路："那个拿着缰绳的是谁？"子路说："是孔丘。"长沮说："是鲁国的孔丘吗？"子路说："是的。"长沮说："那他应该知道渡口的位置嘛。"子路再去问桀溺。桀溺说："你是谁？"子路说："我是仲由。"桀溺说："你是鲁国孔丘的门徒吗？"子路说："是的。"桀溺说："像洪水一样的坏东西到处都是，你们同谁去改变它呢？与其跟着他避人，不如跟着我们这些避世的人呢？"说完，仍旧不停地做田里的农活。子路返回，把情况告诉了孔子。孔子很失望地说："鸟和兽是不可以同群共处（我们是人），如果不与人打交道还与谁打交道呢？如果天下太平，我就不会与你们一道来从事改革了。"

【解读】☞ 隐者如狷　不如丘也

长沮、桀溺这两位隐者避世而独善其身，也希望天下有志之士像他们一样。孔子内心明白：避世而存也可以过上安静舒适的生活，但这不是一个君子所为。孔子认为君子应成为社会进步的先锋队，当社会道德处于下滑之时，有识之士理应扛起社会责任，为国家生死存亡出力流汗。"鸟兽不可与同群"道出了孔子执着与坚守，鸟与兽各有不同的生活圈子和生活方式；人与人，各有各的志向，孔子也不强求别人。他认为，既然是人类就离不开与人打交道，可与同道者就一起走，不可者就各行其道。如果将来某一天，那些曾经不同道者改变了自己的主张，愿与孔子同行，孔子也一定会欢迎的。孔子毕生都在为理想而努力，他不像隐者，不像狂人，也不像降志辱身者。正如他说："无可无不可"，他是一个勇往直前的识时务者。

【品悟】避世者独善其身，独享其乐，隐居求生而不知救世。孔子周游列国，传道于世，唤醒无数仁人志士，屡遭讥讽，仍不改初心，终归于圣者之列，救世楷模。

子路从而后，遇丈人，以杖荷蓧①。子路问曰："子见夫子乎?"丈人曰:"四体不勤,五谷不分②,孰为夫子?"植其杖而芸。子路拱而立。止子路宿,杀鸡为黍③而食之。见其二子焉。明日,子路行以告。子曰:"隐者也。"使子路反见之。至,则行矣。子路曰:"不仕无义。长幼之节,不可废也;君臣之义,如之何其废之?欲洁其身,而乱大伦。君子之仕也,行其义也。道之不行,已知之矣。"

【注释】① 蓧:古代耘田所用的竹器。 ② 四体不勤,五谷不分:四肢已不灵活,五谷也难以分辨。意为:我年龄大了,四肢已不灵活,五谷也难以分辨,哪里能知道谁是你的老师呢? ③ 黍:黏小米。

【译文】子路跟随孔子出行,落在了后面,遇到一个老人用拐杖挑着除草的工具。子路问道:"你看到我的老师了吗?"老人说:"我手脚已经不灵活,五谷还分辨不过来,哪里知道你的老师呢?"说完,便扶着拐杖去除草。子路拱着手恭敬地站在一旁。老人留子路到他家住宿,杀了鸡,做了小米饭给他吃,又叫他的两个儿子出来与子路见面。第二天,子路赶上孔子,把这件事告诉了老师。孔子说:"这是个隐士啊。"让子路返回去见老人。子路到了那里,老人已经走了。子路说:"不做官是不对的。长幼间的礼节没有废弃;君臣间的道义怎么能废弃呢?想洁身自好,丢弃了君臣之义。君子做官,就是为了履行君臣之义。道义之所以行不通的原因,我已经知道了。"

【解读】☞ 委曲求全 道不可行

"丈人"让自己的儿子见过子路,可见其"长幼之节"还在,杀鸡招待子路,可见其知礼并对子路有敬意。可是当子路和孔子返回去想与其共谋时,"丈人"已远去了。此事使孔子感到无语甚至失望,他并没有作出任何评价就离开了。通过这些经历,使子路明白:"道之不行"的原因就是智者们不担当、不作为,归隐山林苟且偷生的结果。当社会无道时,士人们应扛起责任进行抗争,但是他们没有这样做而是逃避现实。只有孔子义无反顾，不忘初心，继续前行。

【品悟】"丈人"不忘长幼之节，却丧失君臣之义，真正君子应当义无反顾，坚守道义，直至终身。欲行道，君子必自强不息，唯孔子是也。

逸①民：伯夷、叔齐、虞仲、夷逸、朱张、柳下惠、少连②。子曰："不降其志，不辱其身，伯夷、叔齐与！"谓："柳下惠、少连，降志辱身矣，言中伦，行中虑，其斯而已矣。"谓："虞仲、夷逸，隐居放言。身中清，废中权。我则异于是，无可无不可。"

【注释】① 逸：同"佚"，散失、遗弃，这里指避世隐居。② 虞仲、夷逸、朱张、少连：此四人身世无从考，指历史上的君子人物。

【译文】自古隐逸的人有：伯夷、叔齐、虞仲、夷逸、朱张、柳下惠、少连。孔子说："不降低自己的志向，不使自身受辱，这是伯夷和叔齐吧。"又说："柳下惠、少连是被迫降低自己志向，委屈了自己的身份。但其言论合乎伦理，行为合乎人心，那也不过如此罢了。"又说："虞仲、夷逸过着隐居的生活，不问政治，洁身自好，独善其身，合乎权宜。我同这些人不一样，（只要依道义去做）没有什么可以，也没有什么不可以。"

【解读】☞ 逸民各异　孔子不同

本章列举了历史上七位名人智者并分析了各自的情况。第一类是伯夷、叔齐，他们坚持自己的理想，但不知权变，宁可饿死，不食周食，这些人有点太刚；第二类是柳下惠、少连，他们心中有道义，但不敢正面抗争，斗争精神不足；第三类是虞仲、夷逸，他们归隐山林，洁身自好，明哲保身，责任心不足；第四类是孔子团队，他们观察时机，该出手时就出手，不出手时加强修炼，属于识时务者。孟子曰："圣之时者。"

【品悟】信仰确定了，就要信上一辈子。无论有多少坎坷都要一往无前。中庸思想是儒家的核心思想，并非消极怠慢，而是积极向上，时刻保守自身端正，合乎天地人之道。

> 大师挚①适齐，亚饭②干适楚，三饭②缭适蔡，四饭②缺适秦，鼓方叔③入于河，播鼗④武入于汉，少师⑤阳、击磬襄⑥入于海。

【注释】① 大师挚：大同"太"。太师是鲁国乐官之长，挚是人名。② 亚饭、三饭、四饭：都是乐官名。干、缭、缺是人名。③ 鼓方叔：击鼓的乐师名方叔。④ 鼗：小鼓。⑤ 少师：乐官名，副乐师。⑥ 击磬襄：击磬的乐师，名襄。

【译文】太师挚到齐国去了，亚饭干到楚国去了，三饭缭到蔡国去了，四饭缺到秦国去了，打鼓的方叔到了黄河边，敲小鼓的武到了汉水边，少师阳和击磬的襄到了海滨。

【解读】☞ 礼崩乐坏　初心不改

由于礼崩乐坏，导致"英雄无用武之地"，各位乐师四分五裂，纷纷奔走他乡，各自谋生。给人们展现了一种迫于无奈、土崩瓦解的凄凉场面。使人感受到了社会已到了无可救药、令人心寒的程度。尽管如此，孔子带领自己的团队依然坚守道义，实在令人敬仰！

【品悟】人心齐，志不移，人心散，事必弃。团结就是力量，团结才能胜利。

> 周公谓鲁公①曰："君子不施②其亲，不使大臣怨乎不以。故旧无大故，则不弃也。无求备于一人。"

【注释】① 鲁公：指周公的儿子伯禽，封于鲁。② 施：同"弛"，怠慢、疏远。

【译文】周公对鲁公说："君子不疏远他的亲属，不使大臣们抱怨不用他们。旧友老臣没有大的过失，就不要抛弃他们，不要对人求全责备。"

【解读】☞ 实行仁道　天下得治

周公希望后世执政者能做到三点：一是要亲亲；二是要亲臣；三是要爱人。三者总结起来就是实行"仁"道。在本篇所讲到的隐士当中，只有孔子不忘初心，勇毅前行。

【品悟】人不可弃亲，臣不可弃君，君子不可弃国，圣贤之不可去道。各守其志，天下太平。

周有八士①：伯达、伯适、仲突、仲忽、叔夜、叔夏、季随、季骒。

【注释】① 八士：传说中的周朝八个有名的贤士。

【译文】周代有八个贤士：伯达、伯适、仲突、仲忽、叔夜、叔夏、季随、季骒。

【解读】☞ 治理天下　重在人才

人才是治国的根本。周朝人才济济，正是有了这些名人贤士周朝才得以延续了八百余年。国之重器，在于人才。唯有贤者治国，才可以保证国家的长治久安，这是历史得出的结论。

【品悟】国之所治在人，人之所修在德，德之所守在学，学之要义在道，道之所行在弘。子曰："人能弘道，非道弘人"，此之谓也。

子张第十九

> **导 语**

《子张》篇共 25 章。主要记述孔子弟子们对士人君子应有的责任和义务的认识以及如何才能达到君子境界的方法途径。特别是提出"切问而近思"的联系实际的学习方法;"百工居肆"的成功之法等,最终确立了孔子学说的正统地位和教化的根基。

子张曰:"士见危致命,见得思义,祭思敬,丧思哀,其可已矣。"

【译文】 子张说:"士人在国家危难时能献出自己的生命,看见有利可得时能想到道义,祭祀时能想到敬畏,居丧时能想到哀情,这样就可以了。"

【解读】 ☞ 践行使命　为士之本

子张认为士人的基本职责是:国家有难时要挺身而出,在利益面前要讲原则,在祭祀时要有敬畏,居丧时要合礼。这是儒家对读书人的基本要求,因为读书人有文化、有知识、懂得大道。他们的见识和能力比一般人要高,加强培养后能担当起治理国家的大任。强调了对自身的要求、对国家的责任以及对礼制的敬畏和遵循,这是衡量真正士人的基本标准。

【品悟】 致命者能尽职尽责,思义者可辨是非,思敬者心有敬畏,思哀者心存仁慈。四者备,则可为士也。

子张曰:"执德不弘①,信道不笃②,焉能为有?焉能为亡?"

【注释】 ① 弘:弘扬。② 笃:忠实,诚恳。

【译文】 子张说:"实行德而不能发扬光大,信仰道而不忠实坚定,(这样的人)怎么能说有,又怎么说他没有呢?"

【解读】 ☞ 弘德信道　终身不怠

怎样才可称得上是有道义者呢?有的人知识渊博,说话头头是道,文章有条有理,但就是不主动去传授大道,担当作为。也有人看起来很有信仰,但就是三心二意,不能坚持。子张认为像这样的人是不可靠的。真正有道义的人是坚持不懈的,从一言一行中都可以表现出来,他们时时刻刻会用自己的行动来弘扬道德仁义。所以，学习道、笃行道、弘扬德是源于一个人对于道的深刻体悟，如果没有深刻的体悟，在遇到问题的时候就无法正确面对。

【品悟】得道扬道，众人行道，知德行德，天下有德。"信仰认定了，就要信上一辈子，否则就会出大问题。"

> 子夏之门人问交于子张。子张曰："子夏云何？"对曰："子夏曰：'可者与之，其不可者拒之。'"子张曰："异乎吾所闻：'君子尊贤而容众，嘉善而矜不能。'我之大贤与，于人何所不容？我之不贤与，人将拒我，如之何其拒人也？"

【译文】子夏的学生向子张询问怎样结交朋友。子张说："子夏是怎么说的？"答道："子夏说：'可以相交的就和他交朋友，不可以相交的就拒绝他。'"子张说："我所听到的不是这样：君子既尊重贤人，又能容纳众人；既称赞善人，又能同情能力不足的人。如果我是大贤人，那对别人有什么不能宽容的呢？如果我不够贤良，别人就拒绝与我相交（我何以进步？），所以，为什么要拒绝不贤者呢？"

【解读】☞ 广交朋友　取长补短

孔子讲过："毋友不如己者也"，有人把这句话理解为"不要与不如自己的人交往"，子夏的门人也这样去理解了。子张认为，作为君子既要尊重贤者，又要容纳他人，包括一些有缺点的人。如果贤者不能容纳别人，甚至拒绝与不贤者相交，那么不贤的人永远不会进步，"见贤思齐"就变成了一句空话。孔子弟子们在学识等方面都不如孔子，但孔子不仅把他们当作自己的学生，还把他们当成了自己的朋友，所以才有了"三千徒弟子，七十二贤人"。子张喜欢广交朋友，"三人行，必有我师焉"，这是孔子告诉弟子们的学习态度。交朋友本身也是一种学习，于是才有"有朋自远方来，不亦乐乎"的感受。

【品悟】交友有道，可者与之，不可者容之，不善者教之。君子之道在于共存，共进，共荣，大同。

> 子夏曰："虽小道①，必有可观者焉，致远恐泥②，是以君子不为也。"

【注释】① 小道：指各种小技艺。② 泥：阻滞，不通，困境。

【译文】子夏说："即使有些小技艺，也一定会有收获，但要实现大的目标恐怕就行不通了，所以君子不从事这些小技艺（而要担当大任）。"

【解读】☞ 注重小利 不会长远

人生要有远大的目标和志向。孔子认为如果一个人只是着眼于养家糊口的目标，只是学习一些小技艺，而不修养自己的思想，虽然也能有一些收获，但长期下去就会迷失方向甚至陷入困境。人类总是在不断追求向上的，有人从小立志高远不懈奋斗，结果成就了一番事业；有人胸无大志，一心想着自己或自家的小圈子，从而错过了成就大事的机会。所以，君子不应该只局限于自身利益，要为天下百姓而着想，这样才能不愧于君子之称，不负于时代。

【品悟】小道不可远行，久守其小，人可惑也。志存高远，方成大事。

> 子夏曰："日知其所亡①，月无忘其所能②，可谓好学也已矣。"

【注释】① 所亡：没有学过的新知识。② 所能：已学过的知识。

【译文】子夏说:"每天要学到一些没有学过的新知识,每月要不忘记已经学过的知识,这就可以称得上是好学了。"

【解读】☞ 苟日新　日日新

　　孔子教育弟子们要坚持终身学习,只有好学才能获得大道。怎么可称得上是好学的人?孔子曰:"有好学者颜回",颜回好学的表现是:箪食瓢饮在陋巷,仍然不改其乐。子夏认为好学的表现是:每天不仅要学到新知识,还要巩固已学过的知识,要孜孜不倦,常学常新。本章用了两个时间词:一是日,二是月,概括起来就是"日日月月"或"时时刻刻"都不要忘记学习的意思。《荀子·劝学》中也讲过:"学不可以已"。古人所倡导的这种精神现在永远值得我们学习和发扬。

【品悟】　人生有涯而学海无涯,以有涯求无涯,学何以已也。日日有学,月月有进,正所谓:"好好学习,天天向上"。

子夏曰:"博学而笃志①,切问②而近思③,仁在其中矣。"

【注释】① 笃志:诚守志向。② 切问:问与切身有关的问题。③ 近思:思己所能及之事。

【译文】子夏说:"博览群书,坚守道义,联系实际,善于思考,仁就在其中了。"

【解读】☞ 结合实际　仁在其中

　　博学才能更加理解大道真理,从而坚守真理。那么,坚守真理的目的是什么?是用于实践,即学以致用。"切问"就是紧切实际,调查研究;"近思"就是要联系当下,符合现实,由此及彼、由近及远思考问题,让知识在实践中发挥作用。孔子所讲的"仁",不仅仅是"人",而且包括与人们生产和生活相关的所有事物。正如我们党所倡导的理论联系实际的学风,要把学习与本人的工作、本地实际、本国的历史结合起来,具体问题具体分析。这样去做了，才是真正的仁的表现。

【品悟】学习要符合时代要求、实践要求、符合历史要求，做到"学思用贯通，知信行统一"。

子夏曰："百工居肆①以成其事，君子学以致其道②。"

【注释】① 百工居肆：百工，各行各业的工匠。肆，古代制作物品的作坊。② 学以致其道：相互学习，取长补短，方可获得大道。

【译文】子夏说："各行各业的工匠集中在一起（相互学习合作）才能完成好自己的工作，君子也要通过相互学习来掌握道。"

【解读】☞ 相互交流　合作共赢

　　成就大事者，必须有合作共赢的精神。"百工居肆"就是相互合作，汇聚集体力量和智慧的过程。孙中山先生的新"三民主义"和我们党的"统一战线"政策就是"百工居肆"的实践写照。正如习近平总书记所言："在新时代中国特色社会主义的伟大实践中，以党的坚强领导和顽强奋斗，激励全体中华儿女不断奋进，凝聚起同心共筑中国梦的磅礴力量！"

【品悟】君子相聚，取长补短，共享共荣，学以致道。团结就是力量，合作才能共赢。优势可以互补，百家争鸣可以创新。

子夏说："小人之过也必文①。"

【注释】① 文：掩饰。

【译文】子夏说："小人对于错误一定加以掩饰。"

【解读】☞ 文过饰非　不可进也

一个人对待错误和不足的态度决定了他的高度。有的人常常反省自我，修正自我，自然进步得较快。有的人文过饰非，有错不改，自以为是，掩耳盗铃，结果自讨苦吃，不得进步，甚至损害了自己。

【品悟】人要进步，必须自新，自新者，改过迁善。知过而改，君子所为，过而不改，是谓过矣。

> 子夏曰："君子有三变：望之俨然①，即之也温，听其言也厉。"

【注释】① 俨然：庄重，威严。

【译文】子夏说："君子有三变：远看他庄重威严，接近他又温和可亲，听他说话语言严厉不苟。"

【解读】☞ 君子三变　不离其宗

君子守道而有敬畏，行道温和可亲，传道认真严谨。君子要有君子的样子，特别是要坚持原则，平易近人，行事谨慎。这是君子应有的优秀品质，这些品质都是我们应该学习和发扬的。

【品悟】君子得大道，其如高山，厚重威严；君子行大道，润物无声，平易近人；君子传大道，笃信不移，弘道不已。

> 子夏曰："君子信①而后劳其民；未信，则以为厉②己也。信而后谏；未信，则以为谤己也。"

【注释】① 信：取信于人，令人信服。② 厉：欺压。

【译文】子夏说："君子必须取得信任之后才去役使百姓，否则百姓就会以为是在欺压他们。先取得君主的信任，然后才可以去规劝；否则，（君主）就会以为是诽谤他。"

【解读】☞ 信者无敌　不信则疑

无论是为人为事，讲究信用很重要。作为君子，对下取信于民，则民好使；对上取信于君，则君无疑。信不论在生活上，还是在政治上，都是十分重要的品质。子贡曾问过孔子如何治理政事，孔子解答时把"民信"作为治理政事的最重要因素，他说："自古皆有死，民无信不立"，"民信"在一定程度上超越了"足食"和"足兵"。"民信"不仅包括取信于民，还包括人民的信仰和理想等，可见"信"的重要性。所以，要治理好一个国家，必须做到"守信"，就是要守住为民的本心。

【品悟】 君不信臣，臣劝无用，臣信于君，劝则为忠。不忠者以为谤，谤则不长，君臣相伤。

子夏曰："大德①不逾闲②，小德出入可也。"

【注释】① 德：行为操守，大事情。② 闲：木栏，这里指界限。

【译文】子夏说："大的行为操守不能超越界限，小的细节可以依据实际情况有所变通。"

【解读】☞ 坚守原则　兼顾灵活

"大德"是指大的原则，"小德"是具体细节。任何事都有原则，原则是不可改变的，然而具体实践则可以根据具体情况而有所改变。比如，共产党人的宗旨是为人民服务，这是不可以变的，但服务什么？如何服务？这可以根据实际情况而定。在具体实践过程中，要坚持方向不变，目标不变，但具体做法就可以"小德出入可也"。再比如，在治理政事过程中"为民"和"忠诚"就是"大德"，至于使民和劝谏的方式方法则属于"小德"了。所以，正确处理好"大德"与"小德"的关系不仅有利于人的自身建设，而且有利于社会发展。

【品悟】 原则不可改，志向不能移。大局方向要把握，做事方法讲灵活，生搬硬套不可行，具体实际相结合。

> 子游曰："子夏之门人小子，当洒扫应对进退，则可矣，抑①末②也。本之则无，如之何？"子夏闻之，曰："噫，言游过矣！君子之道，孰先传焉？孰后倦焉？譬诸草木，区以别矣。君子之道，焉可诬也？有始有卒者，其惟圣人乎？"

【注释】① 抑：但是，不过。② 末：末节，末梢。

【译文】子游说："子夏的学生，做些打扫、迎来送往的事情是可以的，但这些不过是末节罢了，根本的东西却没有学到，这怎么可以呢？"子夏听了，说："唉，子游错了！君子之道先传什么，后传什么是要根据实际情况而定的。这就像草和木一样，是有分类区别的。君子之道怎么可以随意歪曲，欺骗学生呢？能按次序有始有终地教育学生，恐怕只有圣人吧！"

【解读】☞ 事有本末　学有先后

在传授大道过程中，掌握核心要义就是"大德"，这是必须坚持的，但是传授的方法是因人而异或因时而异的。"麻雀虽小，五脏俱全"，子夏用"解剖麻雀"的方法来教育弟子，让弟子从生活小事上着手去感悟人生和社会的大道理。以小见大，由此及彼从而获得大道，也不失为一种很好的教学方法，这正是"小德出入可也"。子游对子夏的教学方法有自己的看法，他认为应先传大道，由大及小，这两种方法都具有针对性。子夏之教，有利于未成年之人，未成年人应从小入手，循序渐进，由浅入深逐步认识和掌握大道。二者相比，子夏之教更符合大众。

【品悟】 洒扫应对进退并非末节，虽为生活小事，然其中含有大道，是事物之始，由始而终是为正道。

子夏曰："仕①而优②则学，学而优则仕。"

【注释】① 仕：做官。② 优：有余力。

【译文】子夏说："做官后一有时间和精力，就要去学习，学到本领后有余力和时间就应参与治理国家之事。"

【解读】☞ 学以致用　用以固学

学习与做官是紧密相关的。孔子说过："古之学者为己"，意思是说古代圣贤之人学习的目的是为了提高自己，使自己更有价值。古代社会，人的价值和作用主要体现在仕途上。所以子夏认为，有了学问，有时间和精力，最好去做官。做了官就是为大家办事，同时能体现自己的价值，巩固所学知识。做了官后，有时间就要学习和充电，进一步学习才能提高自身能力，更好地为民做事。古时社会生产力较为落后，社会分工简单，能够发挥自己作用的职业较少。

【品悟】无论做不做官，学习一刻都不能停止，终身学习不仅能增强人的幸福感，而且更有利于社会发展。

子游曰："丧致①乎哀而止。"

【注释】① 致：极致、竭尽。

【译文】子游说："丧事做到尽哀也就可以了。"

【解读】☞ 治丧有度　致哀而止

中华传统文化高度重视丧礼，因为生与死是人生两大关键问题，因此养生与送死尤为重要。然而，传统习俗往往注重排场，导致铺张浪费，盛行厚葬之风。子游基于孔子的思想,主张丧事应注重内心的哀痛,而非过度铺张和形式化。这一观点为丧礼的改革和完善提供了理论依据。现代社会的守丧形式和方法更加科学合理,具体表现为:形式多样、内容丰富、持续时间延长以及意义深远。例如,通过讴歌、回忆、纪念日和祭扫等方式,或利用照片、视频和文章等媒介缅怀先祖的卓越贡献,使逝者的精神得以永存。

【品悟】治丧之事,不在形式,而在内心,尽力而为,量力而行可也。

子游曰:"吾友张也为难能也,然而未仁。"

【译文】子游说:"我的朋友子张是难能可贵的,然而别人还以为他没有达到仁的境界。"

【解读】☞ 志高行远 常人难喻

子张是孔子弟子中的得意门生,然而子张也有一些习惯常被人误解。孔子曾说:"师也辟",认为性格比较开放一些、胆大一些,有时可能出言不逊,所以人们常常误解他。其实子张是一个有大思想、大担当的人。他认为作为读书人应该有"见危致命,见得思义,祭思敬,丧思哀"的责任和担当,这在当时社会已经是很高的境界了。子张还有勇于创新的精神,常引起别人的不解,所以子游的话是在夸自己的朋友,而不是在批评和否定子张。

【品悟】志向高远者,常人难以理解,自古圣贤皆如此。

曾子曰:"堂堂①乎张也,难与并为仁矣。"

【注释】① 堂堂:容貌之盛。

【译文】曾子说:"子张相貌堂堂,人们很难像他一样才貌双全,仁义兼得。"

【解读】☞ 才貌双全　难以与并

　　子游对子张的评价是难能可贵,曾子对子张的评价是才貌双全,难以与并。在现实社会中,有的人长相较好,但文化水平和道德水准却很差。如孔子提到的"宋朝之美"就是一例。有的人虽然相貌丑陋,但是才华和道德却很出众,澹台灭明就是代表。孔子说:"我以貌取人,失之子羽"讲的就是这个道理。所以,本章是曾子对子张肯定的评价,而不是批评子张。

【品悟】相貌堂堂,表里如一,吉人天相,大美之人也。

曾子曰:"吾闻诸夫子:人未有自致①者也,必也亲丧乎。"

【注释】① 自致:自我尽情,自发情感至极致。

【译文】曾子说:"我听老师说过,人没有自我表达情感到极致的,(如果有)一定是在亲人死亡的时候吧。"

【解读】☞ 至亲至情　人之常情

　　人最真实的情感只有在大喜大悲之时才可能表现出来。比如,亲人去世了,家人的情绪就跌到了谷底,伤痛也达到了极致。由此可见,能够让自己悲伤的人是自己最亲的人。这种情感是可以升华的,当一个人把自己的故乡当成自己的父母时,家乡的变化就最能触动他的感情;当一个人把自己的国家当成自己的父母时,国家的变化最能触动他的感情;当一个人把自己所在的组织当成自己的父母时,组织的兴衰最能触动他的感情。这是本章给我们深刻的启示。

【品悟】亲者父母子女,皆为人间真情,亲之伤或丧,如我痛与亡。故乡故土故国情,如我父母养育恩。长大成人不可忘,见危致命难关。

曾子曰:"吾闻诸夫子:孟庄子①之孝也,其他可能也;其不改父之臣与父之政,是难能也。"

【注释】① 孟庄子:鲁国大夫孟孙速。

【译文】曾子说:"我听老师说过,孟庄子的孝,其他人也可以做到,但他不更换父亲的忠臣及其制定的政策,这是常人难以做到的。"

【解读】☞ 小孝治家　大孝治国

孟庄子把对父亲的孝,延伸或提升到了对继承父亲的事业的高度。他当政后继续留用父亲在位时的大臣,并把父亲未竟之事业发扬光大。常言道:"一朝天子,一朝臣",意思是改朝换代后,以前的政策和臣子大部分都要更改。在这方面已形成了惯例。但是,孟庄子在位时却没有这样做,而是继承了父亲在位时的政策,并重用老臣们,这种做法是难能可贵的。

【品悟】不改父之臣,以其忠也;不改父之政,以其正也;不改其父之志,以其不忘也,可谓至孝者也。

孟氏使阳肤①为士师,问于曾子。曾子曰:"上失其道,民散久矣。如得其情,则哀矜②而勿喜。"

【注释】① 阳肤:曾子的学生。② 矜:怜悯。

【译文】孟氏任命阳肤做狱官,阳肤向曾子请教。曾子说:"在上位的人丧失了正道,民心就会长久失散。(你)如果能弄清他们的案情,就应当怜悯他们,而不要沾沾自喜。"

【解读】☞ 百姓之过　为官有责

国家治理关键在于领导阶层能不能带头遵章守纪,坚守道义。如果领导层目无法纪,不守规矩,百姓就会丧失信心。所以,曾子认为,要同情犯错的百姓，不能把完成案件审理工作当作喜事，要时刻反省百姓犯案的根源在哪里，要对犯案者有更多的关怀和同情。因为百姓有过错，执政者有一定责任。这种责任主要体现在以下几个方面：一是"关键少数"没有树立好榜样；二是教育引导不够，百姓不知耻；三是社会治理不到位；四是对人民生活关心不够，百姓不满意才走上犯罪道路等。虽然说案情得到了公正处理，但是领导也应该深刻反思。

【品悟】不可以断案多者为功，应以案多发者为耻。民之所以有案，以其无知、无耻、无信义之故也。居上者应以育民、富民、教民为己任，民若以教，案则少也。

子贡曰："纣之不善，不如是之甚也。是以君子恶居下流①，天下之恶皆归焉。"

【注释】① 下流：即地形低洼处水汇集的地方。

【译文】子贡说："商纣王的不善，不像传说的那样严重。所以君子最担心自己身上有污点，一旦有污点，天下一切坏名声都会归到他的身上。"

【解读】☞ 身居要位　洁身自好

君子是古代社会上有文化、有地位的人，君子之位是人们所追求和向往的目标，众人对君子期望值很高。君子的言论和行为就是社会的风向标，他们的德行往往对社会发展产生巨大的影响。君子行善，则社会向善；君子行不善，则社会也会慢慢变得越来越糟。君子是社会关注的对象，也是人们最崇拜的群体。君子的错往往导致不少追随者跟着学，他们的言行常常会影响一大批人。因此君子之错造成的损失会更大，危害也更深。君子走下坡路就像河流向着下游一样，无论什么样的污泥和脏物都会被带到下方并汇聚在一起成为垃圾的集散地。

【品悟】"关键少数"身居要职，其如君子；若有不善，众人受难；若是楷模，众人所向。

> 子贡曰："君子之过也，如日月之食①焉。过也，人皆见之；更也，人皆仰之。"

【注释】 ① 日月之食：日食、月食，自然之象。

【译文】 子贡说："君子的过错好比日食、月食。他的过错，人们都能看见；及时改过，人们都敬仰他。"

【解读】 ☞ 君子之过　日月之食

纣王身居君主之位，有过不改，导致了天下灭亡，留下了千古骂名。可是，我们可以思考这样的问题：把一个朝代的灭亡归根于某个人的原因，这显然是不科学的，一定还有不少趋炎附势的小人参与其中。可是为什么后人总会把这全部责任归到一个人的头上呢？子贡的话告诉后人一个深刻的道理：身居要位的人责任重大，一荣俱荣，一损俱损。所以，君子必须严以修身，严于律己，谨言慎行，不断完善自己才能被后人所敬仰。

【品悟】 君子之善，如日月之光；君子之过，如日月之食。日月之食者，本为自然之事，不可免也。君子为人亦如此，过错之事，不可免也，知错改错，人敬皆仰之。

> 卫公孙朝①问于子贡曰："仲尼焉学？"子贡曰："文武之道，未坠于地，在人。贤者识其大者，不贤者识其小者，莫不有文武之道焉。夫子焉不学？而亦何常师之有？"

【注释】 ① 卫公孙朝：卫国的大夫公孙朝。

【译文】卫国的公孙朝问子贡："仲尼的学问是从哪里学来的？"子贡说："周文王武王之道，并没有失去，还在人间流传。贤人懂得大道理，不贤的人懂得小道理，到处都有文王武王之道。我的老师哪里学不到呢？又何必要专业的老师传授呢？"

【解读】☞ 人间处处皆学问

大道即真理，如同日月一样永远也不会消亡。不论社会如何变化，人们对美好生活的向往和追求永远不会改变。文王武王所施行的仁政和他们所倡导的社会道德，永远存在人们的心中并且随着时代发展不断被人传承着。正如子贡所说："文武之道未坠于地，在人。"只要用心去学习和发现，就会得到真理。孔子说："我少而贱，故多能鄙事"，讲得就是这个道理。所以说，社会就是最好的老师，百姓也是最好的老师。这段话启示我们：要向实践学习、向社会学习、向百姓学习、只有这样才会发现真理和掌握真理。

【品悟】金子总会发光，是真理永放光芒，此乃实践结论。

叔孙武叔①语大夫于朝，曰："子贡贤于仲尼。"子服景伯②以告子贡。子贡曰："譬之宫墙③，赐之墙也及肩，窥见室家之好。夫子之墙数仞，不得其门而入，不见宗庙之美，百官之富。得其门者或寡矣。夫子之云，不亦宜乎？"

【注释】① 叔孙武叔：鲁国大夫，三桓之一。② 子服景伯：鲁国大夫。③ 宫墙：宫也是墙。围墙，不是房屋的墙。

【译文】叔孙武叔在朝廷上对大夫们说："子贡比仲尼更贤。"子服景伯把这一番话告诉了子贡。子贡说："（这个道理可以）拿围墙来作比喻，如果我家围墙只有齐肩高，那老师家的围墙就是几仞高，如果不从门进去，你就看不见里面宗庙的富丽堂皇和房屋的绚丽多彩。能够找到门进去的人并不多。叔孙武叔那么讲，不也是很自然吗？"

【解读】☞ 不入其门　安知其富

孔子去世后，弟子们到处传授道义，社会上对孔子思想有了更为深刻的认识。有些人错误地认为，这些思想是弟子们所创，所以，对孔子颇有微词。子贡是孔子的得意弟子，他深知孔子学问高深。当有人夸自己比孔子贤时，他实在是不敢认同。他用了一个很好的比喻，把德才比作围墙，自己的墙就如自己的肩一样高，不需上攀，也不需翻越，一目了然。而孔子的墙，有几仞高，外面看不见，又不可攀越。只有找对了入口才可以进门，入门后才可以看到孔子的高大。然而，一般人是难以找到入门路径的。因此，人们常常不理解孔子，甚至对他产生误解也是正常的。如果有人确实认识到孔子思想的伟大，那么可以说他已经入门了。

【品悟】 不登东山，不知鲁小；不登泰山，不知天下小。孔子如泰山，不登其顶，何以知其尊？

> 叔孙武叔毁仲尼。子贡曰："无以为也！仲尼不可毁也。他人之贤者，丘陵也，犹可逾也；仲尼，日月也，无得而逾焉。人虽欲自绝，其何伤于日月乎？多见其不知量也。"

【译文】 叔孙武叔诋毁孔子。子贡说："这是没有用的！仲尼是诋毁不了的。别人的贤德好比丘陵，还可超越去，仲尼的贤德好比太阳和月亮，是无法超越的。虽然有人想要自绝于日月，对日月又有什么损害呢？只是表明他不自量力而已。"

【解读】☞ 鸿鹄之志　燕雀安知

子贡用宫墙作比说明了自己不如孔子的深刻道理。本章又讲述了有人在诋毁孔子的案例，子贡进一步批评了这些妄议孔子的人。他认为孔子的理论是至高无上如日月之光，无论人们如何诽谤都不会对他造成伤害，因为实践证明了孔子学说是放之四海而皆准的理论，堪称圣人之言。那些想损伤孔子的人，真是太浅薄无知和自不量力了。诽谤孔子者就如同一只小小的燕雀一样，"安知鸿鹄之志哉？"

【品悟】诽孔子之人，目光短浅，其如井底之蛙。蛙坐井观天，岂知天地之博大？人见利忘义，岂知道德之高远？

陈子禽谓子贡曰："子为恭也，仲尼岂贤于子乎？"子贡曰："君子一言以为知，一言以为不知，言不可不慎也。夫子之不可及也，犹天之不可阶而升也。夫子之得邦家者，所谓立之斯立，道之斯行，绥之斯来，动之斯和。其生也荣，其死也哀。如之何其可及也？"

【译文】陈子禽对子贡说："你是谦恭了，仲尼怎么能比你更贤能呢？"子贡说："君子一句话就可以看出他睿智，也可以看出他的不知情，说话一定要慎重。孔子的思想是不可攀的，就像天高不能够顺着梯子爬上去一样。如果用其思想来治理国家，就会像人们说的那样，教百姓立身，百姓就会立身；引领百姓，百姓就会顺从；安抚百姓，百姓就会归顺；动员百姓，百姓就会齐心协力。他生的伟大，死的光荣。百姓怀念，我怎么能赶得上他呢？"

【解读】☞ 其生也荣　其死也哀

作为君子应当慎言，因为君子之言影响较大，一句话不慎可能会给自己乃至社会带来不良影响和后果。正如当今一些公众人物一样，身居要位，因说话不慎给自己和社会造成了伤害，实在可惜。子贡作为孔子入室弟子对孔子思想内涵十分了解，他以种种比喻，纠正了社会上对孔子的各种非议。他高度评价孔子"其生也荣，其死也哀"。在他看来孔子一生是光荣的一生，奋斗的一生，伟大的一生。子贡是社会贤达之士的代表，他的评价确立了孔子在中国历史上至圣先师,万世师表的地位!

【品悟】 财富为物,求之者易得而可见也;道德无形,求之者难得而不可触也。重其所见而轻其无视。唯浅薄者为之也。

尧曰第二十

> **导 语**

《尧曰》篇共3章,是全书的结尾。概括总结了三代圣贤治国理政的基本思想,阐述了孔子的为政理念,对君子提出了新的要求。

尧曰:"咨①!尔舜!天之历数在尔躬,允②执其中。四海困穷,天禄永终。"舜亦以命禹。曰:"予小子履③,敢用玄牡④,敢昭告于皇皇后帝:有罪不敢赦。帝臣不蔽,简⑤在帝心。朕躬有罪,无以万方;万方有罪,罪在朕躬。"周有大赉,善人是富。"虽有周亲,不如仁人。百姓有过,在予一人。"谨权量,审法度,修废官,四方之政行焉。兴灭国,继绝世,举逸民,天下之民归心焉。所重:民、食、丧、祭。宽则得众,信则民任焉。敏则有功,公则说。

【注释】① 咨:即"啧",感叹词,表示赞誉。② 允:真诚,诚信。③ 履:这是商汤的名字。④ 玄牡:玄,黑色谓玄。牡,公牛。⑤ 简:阅,这里是知道的意思。

【译文】尧说:"唉!舜啊!上天要把帝位传给你了。你要信守中道!勿使天下百姓陷入穷困,否则你的禄位就会终止。"舜也这样告诫过禹。(商汤)继位时说:"我一定会谨慎用黑公牛来祭祀,向伟大的天帝祷告:有罪的人我不敢擅自赦免,天帝的臣仆我也不会弃之不用。天帝会明察一切。我若有罪,不会牵连天下百姓,百姓有罪,罪过在我。"周朝大封诸侯,使善人都富贵起来。(周武王)说:"我虽然有至亲,但我对有仁德之人更亲近。百姓的过错,都是我的过错。"认真审查度量衡器,精心制定法律制度,清理多余无用的官职,确保国家政令畅通。振兴被灭亡的国家,接续已经断绝了的家族,提拔被遗落的人才,天下百姓就会真心归服了。治国之要有四:重民、重食、重丧、重祭。宽厚就能得到民众的拥护,诚信就能得到民众的任用,勤敏就能获得实惠,公平就能得以和谐。

【解读】☞ 天赋使命　为民而谋

从帝尧到文武积累了治国安邦的丰富智慧。诸如:"朕躬有罪,无以万方;万方有罪,罪在朕躬""百姓有过,在予一人""所重:民、食、丧、祭"

等,字里行间倾注了爱民、为民的情怀和公平、正义的精神,言行举止充满了德治思想。道德是直达内心的,有道德的人会知止,知止就能够自觉。孔子说:"为政以德"讲得就是这个道理。以德治国的根本是以人为本,以人为本就是要以人民为中心,把人民放到心中最高位置,不断满足人民对美好生活的向往,时时处处为民着想,全心全意为人民服务。

【品悟】为政根本在于为民。正是:权为民所用、利为民所谋、情为民所系,不断增强人民群众的获得感、幸福感和安全感。

子张问孔子曰:"何如斯可以从政矣?"子曰:"尊五美,屏四恶,斯可以从政矣。"子张曰:"何谓五美?"子曰:"君子惠而不费,劳而不怨,欲而不贪,泰而不骄,威而不猛。"子张曰:"何谓惠而不费?"子曰:"因民之所利而利之,斯不亦惠而不费乎?择可劳而劳之,又谁怨?欲仁而得仁,又焉贪?君子无众寡,无大小,无敢慢,斯不亦泰而不骄乎?君子正其衣冠,尊其瞻视,俨然人望而畏之,斯不亦威而不猛乎?"子张曰:"何谓四恶?"子曰:"不教而杀,谓之虐;不戒视成,谓之暴;慢令致期,谓之贼;犹之与人也,出纳之吝,谓之有司。"

【译文】子张问孔子说:"怎样才可以治理政事呢?"孔子说:"尊重五种美德,摈弃四种恶习,这样就可以治理政事了。"子张问:"五种美德是什么?"孔子说:"君子惠民而不伤民;劳民而民无怨恨;追求仁德而不贪图财利;庄重而不傲慢;威严而不凶猛。"子张问:"怎样才是惠民而不伤民?"孔子说:"为百姓着想,让百姓得到实惠,这不就是惠而不费吗?选择农闲时让百姓服役,不影响百姓生产,谁会怨恨呢?追求仁德便得到仁德之名，又还有什么贪心？无论男女老少，无论势力大小，都不怠慢，这不就是泰而不骄吗？君子衣冠端整，庄重严肃，使人望而生畏，这不是威而不猛吗？"子张问："什么叫四恶呢？"孔子说："不先教化百姓，有罪就杀叫作虐；不事先告诫百姓，盲目要求成果叫作暴；不从实际出发，盲目追求进度，限定工期叫作贼；该拨付银两与人的，却出手吝啬，叫作小气。"

【解读】☞ 尊五美　屏四恶

提倡什么，反对什么这是为政者首要明确的问题。孔子提出"尊五美，屏四恶"这是对从政者的要求，也是对君子的要求。君子就是"关键少数"。"五美"：一是能给百姓带来实惠而又不损害百姓的政策和行为；二是有劳于百姓的事，不能使百姓产生怨恨；三是追求富贵，但不贪得无厌；四是生活安泰，但不骄横霸道；五是庄重威严，但不傲慢。"四恶"：虐、暴、贼、有司。虐就是不去教化百姓，有罪就惩罚；暴就是没有计划和准备，盲目要求出成果叫作暴；贼就是不结合实际，拍脑袋决策，限时完成工作叫作贼；有司是收税收得多、收得狠，用于百姓时却吝啬。由此可见，"五美"可体现爱民、惠民、利民、重民，使民和谐向上的君子之德。"四恶"则反映了不仁、不义、不利于民的负面德行。不利于调动百姓积极性，甚至还可能招致百姓的怨恨。

【品悟】五美之为美者，以其仁爱；四恶之为恶者，以其不仁、不义、不信、不厚。五美者为他人而谋，四恶者为自己而谋。

孔子曰："不知命，无以为君子也；不知礼，无以立也；不知言，无以知人也。"

【译文】孔子说："不懂得天地万物之规律，就不能成为君子；不懂得礼法规矩，就不能立身处世；不掌握圣人之言，就不能认识世界。"

【解读】☞ 知人知己　可以为圣

作为君子应该达到三个境界："知命""知礼""知言"。所谓"命"，是指世界的本质和规律，即世界的本源。"知命"就是要认识和把握各种规律。"礼"是人们应遵守的行为准则，有了这些准则，世界才会有序发展。"知礼"就是人人守规矩。"言"就是指圣人之言，即反映自然界、人类社会发展规律的理论和学说。"知言"就是要认识和掌握一系列科学理论指导社会实践。做到了这三点，才可以成为一个真正的君子。

【品悟】 认识世界，掌握真理，立德树人，推行仁义，传播大道，天下归一。此为君子使命。

后 记

  一个人，一辈子，只做一件事。这是我十多年来致力于中华优秀传统文化研究的心得。一本通，百本通。流传千年的经典，值得我们倾注一生的心血和精力去学习、研读。

  中华传统经典博大精深，令我爱不释手，我尤其钟情于《论语》。初读时，以为只是一本简单的语录集，深入研读之后，方知此观点过于浅薄。《论语》所传达的思想早已融入中国人的血脉，成为中华民族日常生活中不可或缺的核心价值观。尽管历经千年，书中人物、故事以及道理依然与我们息息相关。特别是关于学习教育、品德修养、为人处世、治国理政等方面的论述，至今仍然具有强大的生命力。它堪称一部涵盖政治、经济、文化、社会和人生等多领域的百科全书。

  在研读过程中，密切联系实际，坚持运用马克思主义观点方法，注重"两个结合"的实践要求，本着"传承不守旧，创新不离本"的原则，对全部章句进行充分考究，系统阐释了《论语》的核心价值。同时，参考了《新华字典》《康熙字典》《尔雅》等注解，参阅了《孔子家语》《孟子》《荀子》《论语别裁》等原著。

  在撰写过程中，笔者多次参与国内高水平的传统文化培训研讨会，并与北京大学、清华大学、中央党校、国防大学、山西省委党校及福州文儒书院等著名学者进行深入交流，吸纳了许多宝贵的建议和意见。文章不仅结合了孔子所处时代的背景，还联系了当代社会的实际需求。尤其是将"三省吾身"与"自我革命"相结合，"子罕言利"与"资本论"相联系，"为政以德"与"德才兼备"相联系。对一些关键章节进行了重点梳理和解读，使得《论语》的理解更加贴近现实。

本书的出版，得到了新华出版社社长匡乐成、霍州籍在外企业家徐玉锁、张新记、赵军军等人的大力支持和帮助。著名学者王杰和朱康有教授为本书的编写提供了宝贵意见和建议。霍州籍学者刘玉及朱泽军、张志勇等老师为本书的出版做了大量工作，对此深表谢意。

本书旨在作为"第二个结合"的普及版，适合党员干部学习参考，同时也可作为中学教师和学生的思想政治课程辅助读物。尽管我们在编写过程中力求完善，但仍可能存在不足之处，恳请广大读者批评指正。

段文洋于中共霍州市委党校
2024 年 10 月